タイの基礎知識

アジアの基礎知識 1

柿崎一郎
Kakizaki Ichiro

めこん

タイの基礎知識・目次

1 タイはどんな国か？

タイのどこが好きかと言われれば、「暑い」、「おいしい」、「人なつっこい」、「安い」などの形容詞が思い浮かぶが、これらはあくまでも私の主観でしかない。とはいえ、私だけではなく、多くの人がこのような印象を抱くのではなかろうか。

なぜタイに惹かれるのか?

タイは東南アジア大陸部、インドシナ半島の中央にある。インドシナ半島はユーラシア大陸の南東に突き出た大きな半島で、さらにそこから細長いマレー半島が南へと延びている。タイの領域はそのインドシナ半島からマレー半島にかけて広がっており、面積は五一・三万平方キロメートルと日本の約一・五倍である。人口は二〇一九年末で約六六五六万人、日本のおよそ半分程度となる。首都はバンコクで、日本との時差はマイナス二時間となる。太平洋側のタイ(タイランド)湾とインド洋側のアンダマン海と二つの大洋に接しており、西のミャンマー、北東のラオス、東のカンボジア、南のマレーシアと国境を接している。

タイと聞くとゾウを思い浮かべる人もいるかもしれない。日本でもタイから来たゾウが各地の動物園で飼育されており、タイの観光地でゾウに乗ったことのある人もいるだろう。特にタイでは白ゾウが王者の象徴として崇められており、かつてのタイの国旗にも赤地に白ゾウが描かれていた。タイの国土の形はこのゾウの顔に似ており、マレー半島がちょうどゾウの鼻となる。もちろんこれには何の必然もなく、偶然そのような形になっただけである。このゾウの顔の形が完成したのは一九〇九年のことであり、今から約一一〇年ほど前でしかない。

タイに惹かれる日本人は多い。タイに来る日本人は年間一五〇万人を超えるが、その多くはタイを気に入って帰っていく。リピーターとなり何度もタイに遊びに来る人も多く、特に目的もなくタイに来て、そのまま長期間滞在してしまう人もいる。これはいわゆる「タイにはまる」人たちである。近年はタイで就職したいという日本人も増えており、老後の生活の場としてタイを選ぶ人も少なくない。彼らがそのような決断をした理由は多岐にわたろうが、何らかの共通項も存在するはずである。なぜ日本人はタイに惹かれるのであろうか?

かく言う私自身もタイに惹かれてタイと関わるようになった日本人の一人である。最初にタイに来たのは中学生の時であった。父の仕事の関係で、私は中学三年間をタイで過ごした。当然ながらそれまでタイという国を全く意識したことはなく、正直行きたいとは思わなかった。

その時は特にタイが好きというわけでもなく、多くの日本人子弟と同様に日本人学校に通い、日本人社会の中で暮らしていたので、タイの人との関わりもほとんどなかった。それでも、学校でのタイ語の授業では一番上級のクラスまで進み、友人とバスに乗ってバンコク市内を廻ったり、学校の帰りにあちこちの店に寄って飲んだり食べたりしてくることはあった。特に好きではなかったと思うが、嫌いでもなかったのであろう。

その後、高校は日本であったが、三年生の時、大学で何を学ぼうかと考えた末、最終的にタイ語を勉強することに決めた。かつてタイに三年間住んでいたので、その経験を活かすにはタイ語ができたほうがいいと思ったからだが、おそらくその根底には懐かしさもあったのであろう。

無事に大学に合格してタイ語の勉強を始め、大学三年生の時に交換留学生として一年間バンコクの大学に通う機会を得た。タイ人の家に下宿させてもらい、通う大学にも日本人がほとんどいないという環境であったことから、事実上、一年間を「タイ人」として生活した。この時に私自身のタイ語の力も向上し、その後タイの研究を行なっていくための基盤が構築されたのだと思う。そして、昔から交通・鉄道に昔から関心があったので、「タイの交通・鉄道」をテーマに卒論を書くことに決め、さらに研究を進めるために修士課程に進学することになった。これが私のタイ研究の始まりであり、それから博士論文も同じようなテーマで書き上げ、大学で教鞭を執るようになっても、相変わらず同じようなことをやっている。

このように、私自身もタイに惹かれたことで過去三〇年間以上にわたってタイと関わってきたのであるが、その理由を客観的に説明することは難しい。タイのどこが好きかと言われれば、「暑い」、「おいしい」、「人なつっこい」、「安い」などの形容詞が思い浮かぶが、これらはあくまでも私の主観でしかない。とはいえ、私だけではなく、多くの人がこのような印象を抱くのではなかろうか。したがって、このような主観的な印象を客観的に説明することはタイをおおづかみに捉える上で重要だと思われる。以下、景観、観光資源、食事、宗教、社会の五つの点から、日本人がタイに惹かれる理由を客観的に考察してみよう。

日本に似た景観

タイの景観は日本に似ている面が少なくない。バンコクは近代的な大都市であり、高層ビルが建ち並ぶ様は日本の大都市と比べても遜色はない。そして、バンコクから地方へ向かうと、やがてどこまでも水田が続く田園風景が見えてくる。日本の地方で車窓から目にする光景と同じである。

また、タイの人々の顔立ちも日本人と大幅にかけ離れたものではなく、中には日本人と見間違うばかりの人もいる。服装も、色鮮やかな独特の民族衣装を身に付けている人もいるが、特に都市部では洋風が主流で、日本人と大きな違いはない。

タイの景観が日本によく似ている最大の理由は、タイが伝統的に稲作に立脚した社会であったことによる。タイの主食はコメであり、コメを生産するための水田が農耕地の大半を占めており、これが日本と共通している。どこまでも水田が延々と続く光景は、日本の農村部と変わらない。農民が暮らす住居についても、伝統的にはタイは高床ではあるものの、木造を基本にした家屋の雰囲気は日本の昔の農家にも通じるものがある。熱帯と温帯という違いから植生は確かに異なるものの、水田と木造家屋の組み合わせは、伝統的な日本の光景と重なる部分も多い（写真1）。

あえて景観的な違いを探すとすれば、平地の多いタイでは水田の背景に山を見ることが少ない点だが、北部上部に行くとそうでもなくなる。北部上部は山と谷の世界であり、水田は盆地に広がっている。チエンマイに典型的なように、北部ではどこにいてもまず山が遠望でき、山がちな日本の景観に似てくる。さらに、このあたりはヒマラヤ中腹から雲南、中国江南山地を経て西日本に至る照葉樹林地帯の一部となり、カシなどの常緑広葉樹の森林は日本とよく似ている。この照葉樹林地帯には日本と同じような食文化が認められたことから、「照葉樹林文化」という概念も出てきたほどである。気候的にも比較的涼しくなる時期があることから、この北部上部はタイの中でも日本に最も似ている地域と言えよう。後述するように、近年日本人高齢者のロングステイがチエンマイで増えているのには、このような理由もあるのかもし

写真1　東北部・シーサケートの農村風景(1995年)

れない。

一方、都市の景観は別の意味で日本に似ている。バンコクの旧市街を中心に伝統建築のきらびやかな寺院も見られるが、近代建築が林立する街並みは日本と変わりはない。近年はコンビニエンス・ストアも急増しており、街を歩いていても日本でお馴染みの店がすぐに見つかる。ショッピングセンターやハイパーマーケットと呼ばれるような大規模小売店も多数あり、日本で日常的に売られているモノはほとんどが手に入る。家電売り場に並ぶ商品はかつて日系ブランドが大半を占めていたが、最近は韓国や中国ブランドが幅を利かせている。しかし、路上を行き交う自動車は圧倒的に日系メーカーのものが多く、「日本車」天国となっている。そして、近年はバンコクの都市鉄道も整備されてきたので、日本と同じように電車であちこち行けるようにもなってきた。

タイで日本と似ていると感じるもう一つのポイントは、自動車が左側通行である点であろう。左側通行であるということは走っている自動車も右ハンドルであり、これも日本と同じである。タイからマレーシア、シンガポールを経てインドネシアまでが左側通行であるが、ミャンマー、カンボジア、ラオス、ベトナム、中国、韓国、台湾と、東南アジアから東アジアにかけては右側通行の国のほうが多い。国によって道路と鉄道の通行方法が異なる場合もあるが、後述するようにタイは在来線も都市鉄道もすべて左側通行である。タイは伝統的にイギリスの影響が強く、おそらくイギリスが植民地としていたシンガポールやマラヤ、あるいはインドを真似て左側通行にしたものと思われる。右側通行の国では、道路を横断しようと自動車が来ていないか確認する際に、日本にいる時とは逆の方向から見なければならないため注意を要するが、タイではその心配は必要ない。ただし、道路は自動車優先のため、日本にいる時よりはるかに気をつけて横断する必要がある。

このように、日本とタイの景観を比べてみると、実はよく似ている面がたくさんある。特に、古き良き時代の日本を彷彿とさせる景観が農村部を中心に残っていることが、タイに来る日本人に「懐かしさ」を感じさせるのであろう。そして、都市機能は日本と比べても大きな違いはなく、景観面でも生活面でも特に違和感を覚えないものと思われる。

多様な観光資源

タイの魅力の一つは、その豊富な観光資源であろう。タイは世界中から観光客が訪れる有数の観光国となっており、二〇一九年の年間入国者数は三五五九万人と過去最高を記録した。二〇一八年の時点でタイへの入国者数は世界で第一四番目、アジアでは中国・香港・トルコに次いで第四位となっている。中国と香港は相互の往来が非常に多く、トルコはヨーロッパと陸続きであることから、空路での入国者数はタイがアジアで最も多くなっているはずである。もちろん、東南アジアでは他国に大差を付けて最多を誇っており、タイはアジア有数の観光大国といっても過言ではなかろう。

タイには実に多様な観光資源が存在し、それがタイを訪れる外国人への魅力となっていると思われる。歴史面では、タイ族の王国のかつての都であるアユッタヤーやスコータイの遺構が残っており（写真2）、どちらも世界文化遺産に指定されている。北部上部の中心地チエンマイもラーンナータイ王国のかつての都であり、ビルマの

写真２　スコータイ遺跡（1992年）

影響を受けたラーンナータイ様式の寺院が多数存在する。東北部にはかつて勢力をふるったクメール族のアンコール朝の下で作られた寺院や療養所の跡が各地に点在しており、また紀元前の土器や青銅器が出土して世界文化遺産にも指定されているバーンチエン遺跡も存在する。首都バンコクの歴史は二四〇年弱とそれほど古くはないが、旧市街には数多くのきらびやかな寺院が並んでいる。

タイはタイ湾とアンダマン海と二つの海に接していることから、ビーチリゾートも多数存在する。タイ湾側ではタイ最古のビーチリゾートであるフアヒン、東部臨海地域最大のビーチリゾートのパッタヤー、南部東海岸のサムイ島など、海岸沿いに数多くの観光地が並んでいる。アンダマン海側でも世界有数のビーチリゾートとして知られるプーケットを筆頭に、美しい砂浜を誇る数多くのリゾートが存在する。このようなビーチリゾートは欧米からのバカンス客に特に人気であり、歴史遺産と並ぶタイの観光資源の中でも重要な稼ぎ頭となっている。

タイには海のみならず山も存在する。タイは比較的平地が多いが、北部上部は山と谷の世界となり、この地を訪れる観光客の目的地は主に山となる。ただし、山といっても単に自然を楽しむエコ・ツーリズムの要素のみならず、その地に住む少数民族の村を訪れるエスニック・ツーリズムもまたこの地域の魅力となる。北部上部の山地にはさまざまな山地民(チャーオ・カオ)が居住しており、民族衣装をはじめとする独自の文化を維持している。このような山地民の村々を巡るトレッキング・ツアーも行なわれており、中にはゾウに乗ったり筏で川を下ったりとアドベンチャーの要素が強いものも存在する。なお、タイには中部と東北部の境にあるドンパヤーイェン・カオヤイ森林地帯と北部下部のトゥンヤイ・フワイカーケン野生生物保護区の二ヵ所が世界自然遺産に指定され、前者は観光開発が進んでいる。

スポーツや健康・医療面でもタイの魅力は高い。ビーチリゾートでのマリンスポーツはもちろんのこと、バンコク周辺にある多数のゴルフ場も日本からのゴルフ客を多数呼び寄せている。常夏の国でのスポーツはあまり魅力的ではないかもしれないが、安さと手軽さが最大の売りであり、毎週末はゴルフという日本人の駐在員も珍しくない。また、近年はスパも増加しており、日本でも知名度が上がっているタイマッサージとも組み合わせてリラクゼーションを目的とする観光客も増えている。さらに、バンコクを中心に多国籍の外国人に対応した最先端の医療施設が増えていることから、健康診断や治療を兼ねた医療ツーリズムも急速に広まっている。

また、タイはショッピング天国でもある。バンコクにはモダンなデパートやショッピングセンターが多数存在し、タイの伝統工芸品や食品のみならず、世界中のブランド品も簡単に手に入る。中心街のやや北に位置するチャトゥチャック市場、通称ウィークエンドマーケットは土日しか開かれていないが、その中には一万五〇〇〇点以上の店舗が並び、衣料品、雑貨、乾物などの生活必需品から工芸品、古美術品といった土産物、さらには植木やペットなど、様々なものが売られており、毎週末は大勢の買い物客でにぎわう。日本よりも物価水準が低いので、日本円に換算すればいずれも「安く」手に入ることから、ショッピングを目的としてタイを訪れる人も多い。特にバンコクには日本人が数多く住んでいるので、日本の食材の品揃えも良く、周辺国に住んでいる日本人が買い出しに来ることも珍しくない。

そして、観光にせよ買い物にせよ、タイは非常に多様なサービスや商品を提供しており、格安旅行のバックパッカーから富豪の観光客に至るまで、さまざまな階層の観光客のニーズを満たしている。これは国内の貧富の格差とも関係しているが、できるだけ安く済ませてサバイバルを楽しもうというバックパッカーの夢を叶える一方で、超高級ホテルで贅沢なバカンスを楽しみたいという富裕層の欲求も満たすことができる。このような観光サービスや商品の幅が非常に広いことが、タイに来るさまざまな層の人々の満足につながっているのである。

しかし、一方でタイはナイトライフを楽しもうという人々を惹きつける場所ともなっている。バンコクのパッポン通りのような歓楽街にはバーやカラオケの店が林立し、夜にはたくさんの客でにぎわっている。元来はタイ人客を相手にしたものであったが、現在では外国人観光客も重要な顧客となっており、残念ながらこれを目的にタイに行く人も少なからず存在する。サービスの提供者は圧倒的に女性が多かったが、最近では男性の参入も増えてきている。このような観光客は「招かざる客」ではあるが、後述するタイの「居心地」のよさも相まって、タイへのリピーターになる人も少なくない。

似ている食べ物

タイ料理といえば誰でも「辛い」料理を思い浮かべるであろう。タイ料理で最も有名な料理は「トムヤムクン」というエビの入った辛いスープの類であり、世界三大スープなどと呼ばれている。しかし、タイ人の主食はコメであることから、食文化の基本は実は日本料理とよく似ているのである。

スコータイ朝の第三代王の偉業を伝えるラームカムヘーン王碑文に「水中に魚あり、田に稲あり」と書かれているように、コメと魚はタイ人の食べ物の主役であり、かつての日本と全く同じであった。後述するように地方によってはモチ米を常食とする人々もいるが、一般的には日本のコメよりもパサパサとしたウルチ米が食されている。品種的にはインディカ種と呼ばれる長粒米で、日本のジャポニカ種と比べて粒が長く、粘り気が少ないのが特徴である。伝統的にはコメを水分が残らないように炊いていたので、炊きあがったコメは非常にパサパサとしていたが、炊飯器で炊くようになるとやや粘り気が出るようになった。このようなパサパサしたコメは炒め物や汁気の多いおかずと一緒に食べる際には相性が良いが、日本の「おにぎり」のようにコメをまとめるには不向きである。最近は日本料理店向けの需要や将来の日本への輸出を見越してジャポニカ米も生産されるようになり、バンコクの日本人もタイ産の「日本米(カーオ・イープン)」を食べられるようになった。

　一方、魚は最も簡単に手に入るタンパク源として長い間重要な役割を果たしてきた。仏教が動物の殺生を忌避していた面もあるが、日本と同じく魚はタイのおかずの主役であった。現在はアジに似たプラー・トゥーと呼ばれる海水魚が最もメジャーな魚であるが、かつては淡水魚が主役であった(写真3)。先のラームカムヘーン王碑文のごとく、タイでは雨季に淡水魚が豊富に手に入り、雨季になると水田でも魚を獲ることができた。しかし、乾季になると魚が獲れなくなることから、雨季に獲った魚を乾季の間に食べられるように保存する必要があった。このため、タイでは発酵食品が生まれ、日本の塩辛に似た「プラー・ラー」が作られていたのである。プラー・ラーの上澄み液が「ナムプラー(魚の水)」と呼ばれる魚醤であり、これがタイの基本的な調味料となった。

　この魚醤の存在が、タイと日本の食文化面でのもう一つの共通点である「うまみ」の存在につながっている。日本では大豆を発酵させて製造した穀醤、いわゆる醤油が一般的に用いられているが、秋田の「しょっつる」など一部地域では魚醤も使われている。どちらも同じ発酵食品であり、甘味、塩味、酸味、苦味に次ぐ第五の味とされた「うまみ」が含まれている。すなわち、発酵食品を使う料理にはうまみが含まれており、これが日本とタイで共通しているのである。ただし、日本料理はうまみをなにより大切にするのに対し、タイ料理はうまみ以外の味も重視する。したがって、日本人はタイ料理にはあまりうまみを感じないかもしれない。

　このように食文化の基層はよく似た日本とタイであるが、食材、調理法、味付けは異なっている面も多い。もともとタイ料理の基本は魚であったが、現在では肉類もごく普通に用いられており、魚を使った料理はどちらかというとマイナーで、かつ値段が高いことも多い。最近は海水魚のほうが主流であるが、ナマズやライギョなどの淡水魚も依然として重要な食材となっている。肉類で

写真３　モチ米とプラー・トゥーが並ぶ東北部の農村の食事(1994年)

は鶏と豚が多く使われ、このうち豚は一九世紀後半以降に華人が多数入ってきたことで消費が増えていったものと考えられている。

調理法でも中国の影響が見られる。元来のタイ族の調理法は煮る、焼くなど簡単なものが多く、現在も北部上部や東北部の料理ではこのような調理法が中心である。たとえばトムヤムクンのトムは「煮る」という意味であり、焼鳥を意味する「カイヤーン」のヤーンは「焼く」という意味である。ところが、バンコクや中部では炒める、揚げるといった調理法が多い。これらは中華料理の影響であると思われ、通常日本人がタイ料理として認識している料理にも、このような炒め物や揚げ物が多く含まれている。たとえば、焼飯の「カーオパット」の「パット」は「炒める」、タイ風さつま揚げと呼ばれる「トートマン」の「トート」は「揚げる」の意味である。また、米麺の「クイッティオ」や小麦麺の「バミー」も中国から来たものであり、クイッティオは中国語で米麺を意味する「粿条」が語源である。

味付けは日本料理と比べて全体的に濃く、しかも辛味が効いている点が大きな特徴である。伝統的には塩味と辛味が主流であったようであるが、現在はこれに甘味や酸味を加え、先述のうまみも含めて多様な味を混ぜ合わせるのが特徴である。麺の店にはナムプラー、砂糖、トウガラシ、酢が調味料として置かれており、客は自分の好みでこれらの調味料を足していく。タイ料理の特徴である「辛さ」はもちろんトウガラシのなせる技であるが、トウガラシは一六世紀以降に新大陸から入ってきた食材であることから、それまでのタイの辛味はコショウによって付けられていたものとも思われる。辛味は発汗作用によって清涼感を得られることから、コショウよりもより辛味の強いトウガラシがタイで重宝されるようになったのだろう。

このように、日本とタイの食文化の基層は共通しているが、現在は違う点もたくさん見られる。それでも、バリエーションも豊富で多様な味が楽しめるタイ料理は日本人の好みに合ったようであり、現在では日本にも多数のタイ料理店が存在している。一方、以前は「味が薄い」とあまり評判のよくなかった日本料理も、現在は健康ブームに乗ってタイ人の間で大人気となっている。やはり、日本料理とタイ料理の基層は似ているのであろう。

宗教の共通性と相違点

日本人がタイに惹かれる理由の一つとして、日本もタイも同じ仏教国であるという理由も考えられる。仏教を国教に定めているわけではないが、タイの人口の九割以上が仏教徒である。タイに行くと、金色を多用したきらびやかな仏教寺院(ワット)が目に留まり、日本の茶色が主体の地味な寺を見慣れた人は派手な印象を持つかもしれない。黄色の衣をまとった僧侶の姿も、日本の僧侶と比べると派手である。それでも、同じ仏教を信奉している人が多いという点で、日本人は安心感を得るのかもしれない。

ただし、仏教ということでは同じであるが、日本とタイでは流派が異なる。日本に伝わってきた仏教はインドから中国、朝鮮半島を経由して伝わってきた大乗仏教であるが、現在のタイで信奉されているのはインドからスリランカ経由で入ってきた上座仏教(小乗仏教)である。大乗仏教は他者を救済することを目的としているが、上座仏教は自己の救済を目的とする実践仏教であり、自分自身の徳を積む（タム・ブン）ための行為が来世のよりよい生活に結び付くと考える。

徳を積む近道は出家をすることであり、タイ人の男子は一生に一度は出家することが求められている。もちろん、出家したらその後一生僧侶として生きることが求められているわけではなく、僧侶をやめて俗人に戻ること（還俗《げんぞく》）はいつでも可能である。出家者と在家者は厳しく区別されており、出家者（僧侶）は黄色い衣をまとって二二七条の戒律を守らなければならない。出家者は戒律に従って厳しい生活を行ない、解脱《げだつ》を目指す。たとえば、僧侶は昼間以降には食べ物を口にすることはできず、朝の托鉢を終えて食事をとった後は、翌朝まで水以外のものを口にしてはならない。僧侶は女性に触れることを禁じられているため、バスなどの乗物には僧侶専用席が設けられており、僧侶が乗車してきたらその席を譲るとともに、女性は僧侶の隣の席から離れなければならない。このような厳しい戒律を守る僧侶を支えるために、在家者は托鉢の際に供物を捧げたり、寺院に寄進するという形で徳を積んでいく。

タイでは女性が出家できないことから、母親は自分の息子が出家することで徳を積むことを願っている。このためもあって、タイでは男子が必ず一回は出家することが期待されているのである。出家の期間は特に決められてなく、短い場合は一日だけ出家するという場合もある。伝統的には雨季の間の入安居《あんご》（カオパンサー）から出安居（オークパンサー）までの三ヵ月間が出家にふさわしい時期とされ、この時期は僧侶の数が最も多くなる。この間だけ普段より厳しく戒律を守る在家者もおり、たとえば最近では飲酒を減らそうと入安居から出安居まで酒を断つことを奨めるキャンペーンも行なわれている。ただし、近年は厳しい戒律が守れず、酒を飲んだり女性と密会したりする「破廉恥坊主」が後を絶たず、仏教界の廃退を嘆く声も聞かれる。このような場合は強制的に還俗させられ、もし法を犯した場合は還俗後に逮捕されることになる。

一方、日本とタイに共通する点は、仏教の他に土着の信仰が並行して存在している点である。日本にも祖先や自然に宿る神を崇拝する土着の信仰が存在し、それがやがて体系化されて神道となったが、タイにも同じような精霊信仰がある。タイではこのような精霊を「ピー」と

写真4 バンコクのラック・ムアン(2014年)

呼んでおり、祖先の霊、地域の守護霊、自然に宿る霊など多くの霊がある。たとえば、タイの町(ムアン)には必ず町の守護霊を祀るラック・ムアンと呼ばれる柱があり、バンコクのラック・ムアンもワット・プラケーオ(エメラルド寺院)や王宮のすぐ東側にある(写真4)。農村にも仏教寺院とは別に村の守護霊の祠があり、簡素なことが多いものの供物は絶えない。また、バンコクや中部では民家や学校、官公庁には必ず土地神(プラプーム)を祀る祠があり、一本柱の上に小さな高床式住居や祠が載っている形態が一般的である。伝統的にタイでは心身の不調を悪霊のためと考えており、そのような場合は呪術師(モー・ピー)が儀式を行なって、ピーによって危害を加えられたクワン(霊魂)を取り戻してもらう。

このような精霊信仰は仏教が広く受容される前から存在しており、その後も仏教と並行して存在してきた。仏教寺院と精霊信仰の祠は日本の寺と神社の関係と似ており、村ではそれぞれ別の場所に立地している。精霊崇拝の儀式は呪術師によって執り行なわれ、仏教の僧侶は関係しないのが普通である。近代医療の普及によって呪術師による治療は行なわれなくなったが、通過儀礼の時の招魂儀式(スー・クワン)は現在でもごく一般的に見られる。仏教が来世のよりよい生活のために現世において徳を積むことを教えるのに対し、精霊信仰は現世のよりよい生活を目指すための信仰であることから、両者の棲み分けがなされたまま現在に至っているのである。

同じ仏教国でも日本の仏教とタイの仏教は異なっている面は大きいが、それでも他の世界宗教を信奉している人が多い国に比べれば違和感は少ないであろう。そして、精霊信仰というもう一つの伝統的な信仰の存在も、実は日本によく似ているのである。

「居心地」の良い社会

　タイに惹かれる日本人が多いもう一つの理由は、タイ社会の「居心地」の良さであろう。タイの居心地の良さは、この国の社会の基本が個人と個人の間の二者関係によって構築されているためと思われる。タイではこの二者関係が非常に重要であり、保護・被保護の関係、あるいはパトロン・クライアント関係と呼ばれる。タイ語ではこれをピー・ノーンと呼び、ピーがノーンに対して保護を与え、ノーンはピーに対して忠誠を尽くすのである。元々はピーが兄・姉、ノーンが弟・妹を表すが、このピーとノーンという語はきょうだい以外にも用いられており、自分よりも目上の人がピー、目下の人がノーンとなる。目上か目下かは年齢や社会的立場によって決まってくるが、対等の友人同士以外ではタイ人はどちらがピー、どちらがノーンになるのかを決めたがる。他人に呼びかける場合も、自分より目上のように思える人に対しては「ピー」と呼び、逆の場合は「ノーン」と呼ぶ。

　ピー・ノーンの関係は、伝統的な支配構造にもよく表れている。近代的な領域国家が成立する前に存在していた国は、このピー・ノーン関係に基づいて成立していた国であった。カリスマ性を持った政治権力者がピー・ノーン関係を用いて他の政治権力者を従えていき、やがて国王の地位を獲得する、言い換えればピー・ノーン関係の頂点に立つことになる。彼の権威が高ければノーンとなる町（ムアン）の領主の数も増えるが、逆に権威が低下すると反旗を翻す領主が出現し、ノーンの数が減る。各ムアンの領主も同じくピー・ノーン関係を利用して自分の支配する町に住む人々を従えており、この二者関係の末端に被支配者である庶民が存在しているのである。

　このような二者関係が卓越した社会が成立した背景には、このあたりが土地よりも人が重要な地域であったことが挙げられよう。二〇一九年の人口密度は一平方キロメートルあたり一三〇人と、日本の三三九人と比べても圧倒的に少ない。タイを含め、東南アジアはベトナム、ジャワ（インドネシア）、ルソン（フィリピン）など一部を除いて元来人口が少ない「小人口世界」であり、土地よりも人のほうが重要な場所であった。このため、伝統的な戦争においては、ピーである王がノーンである地方のムアンの領主の数を増やすという目的はさておき、実際に戦利品として得るものは土地よりもむしろ人であった。新たなマンパワーは戦勝国における未開地の開拓に投入され、自分の支配する国の富を増やすことが期待されたのである。

ピー・ノーン関係が重要となる社会では、個人主義的な傾向が強くなる。後で述べるように、タイは「緩い」社会であるという説が唱えられたことがあるが、これは典型的な集団主義の社会であった日本と比較して提示されたものであった。タイ社会の居心地の良さは、この個人主義的な傾向が強い点と関係があるように思われる。たとえば、私がタイに留学した際にお世話になった家では食事も皆でまとまって食べるわけではなく、腹が減った人が一人ずつ好きな時に食事を食べていた。また、親戚が突然やってきて居候を始めることも珍しくなく、留学後に時々訪ねていくといつも知らない人がいた。もっとも、私自身もそのような「よそ者」の一人であり、居候が珍しくなかったことが受け入れてもらえた理由かもしれない。

個人主義的な傾向が強い社会とは、言い換えればよそ者に対しても包容力のある社会ということができよう。とりあえず社会の構成員の誰かと二者関係を構築すれば、新参者もすぐに社会の一員となれるのである。歴史的にもタイは能力があれば出自にかかわらず誰でも登用する傾向があり、アユッタヤー朝で要職に就いた山田長政や、ラッタナコーシン朝で多数登用された外国人顧問などがその好例である。タイ社会の持つこのような包容力が、外国人をすんなりと受け入れてしまい、それが居心地の良さにつながっているのかもしれない。

ただし、包容力があるからといって、何をしてもいいわけではない。タイに来て日本でできないことができた、と喜んでいる日本人も多い。何でも好きなことができるのはタイの魅力の一つかもしれないが、日本でできないことをすべてタイで行なおうという考えが間違っているのは当然である。日本ですべきでないことは、タイでもすべきではない。日本人も含めて、「羽目を外す」ためにタイに来る外国人が少なからず存在するが、そのような人はタイ人からも白い目で見られることになる。現在は親日的なタイであるが、かつては反日運動が起こったこともあった。居心地の良さに甘え過ぎて羽目を外すような人は、包容力のあるタイ社会でも歓迎されることはない。

タイの15人

ラームカムヘーン王（?～一二九八年頃）

スコータイ朝第三代目の王で、スコータイ朝を興したシーインタラーティット王の子。在位一二七九年頃～一二九八年頃。スコータイの版図はラームカムヘーン王の時代に最大となり、現在の北部を除くタイの大半の領域を支配下に置くことに成功したとされている。このため、ラームカムヘーン王はナレースワン、チュラーロンコーンとともに大王（マハーラート）と称されている。王についての情報源はスコータイ第一碑文――通常ラームカムヘーン王碑文と呼ばれる石碑が唯一のものであり、その文字は王が発明したタイ文字の起源とされている。

この碑文は、当時のスコータイの素朴で牧歌的な状況を後の世に伝えている。「水中に魚あり、田に稲あり」と書かれているように、スコータイは水も豊富で食物に困らない場所であったと思われる。「国民の父（ポークン）」と呼ばれる家父長的な王であり、住民の困窮に何でも耳を傾け、争い事は公平に裁くという温情主義的な王であった。この「国民の父」としての王の姿が、二〇世紀後半に国王の権威が高められる際の手本となり、現在のプーミポン王のイメージ作りに重要な役割を果たした。

また、ラームカムヘーン王は上座仏教を庇護し、上座仏教の普及を図ったと言われている。王は既に上座仏教が入っていた南部のナコーンシータムマラートから高僧を招き、スコータイの地に多数の寺院を建立した。現在世界文化遺産に指定されているスコータイに行けば、当時数多く建立された仏教寺院の遺構を見ることができる。このラームカムヘーン王の偉業を記したスコータイ第一碑文は、一九世紀前半に即位前のモンクット王が「発見」したものである。しかし、この碑文がモンクット王によって作られたとの説もあり、結論はまだ出ていない。（写真5）

写真5　ラームカムヘーン王碑文
(Government of Thailand. 1968.)

タイの15人

プーミポン王（一九二七～二〇一六）

ラッタナコーシン朝第九代目の王であり、ラーマ九世とも呼ばれている。チュラーロンコーン王の子ソンクラーナカリン親王の次男で、兄アーナンタマヒドン王の後を継いで一九四六年に即位した。長らくスイスに居住しており、一八歳で王位を継承した後もスイスで学業を続け、一九五〇年にシリキット王妃と結婚した後、一九五二年にタイに帰国した。

一九五九年にサリットが政権を獲得し、開発独裁の正当化のために国王の権威を利用しようとタイ式民主主義を標榜すると、王もそれに積極的に対応し、妻子を連れて精力的に国内各地を訪問した。その姿が国民の間にメディアを通じて広まり、国王や王室の存在感が高まった。また、自らの博学を活かして王は「王室プロジェクト」と呼ばれる開発計画を進め、主に開発の恩恵が最も届きにくかった国境地域の少数民族の居住地を対象に、彼らの生活状況の改善のためのさまざまな施策を行なった。

こうして国王の権威は高まり、やがてそれが政治的な面でも発揮されることになった。一九七三年にタノーム政権の退陣要求の声が高まった際には、国王はタノームに退陣を命じ、暫定首相を任命した。一九九二年の「暴虐の五月」でも国王が仲裁に入り、スチンダー首相の退陣という形で幕引きが図られた。プーミポン王の在位期間は七〇年を超えて歴代最長を記録したが、晩年は入院生活を余儀なくされ、二〇一六年一〇月一三日に八八歳で逝去した。多くの国民が王の死を悼み、翌年葬儀が行なわれるまでの間、国内は喪に服す人々で黒一色に覆われた。王の死去に伴い長男のワチラーロンコーン皇太子がラーマ一〇世として即位したが、王室のあり方は変貌を余儀なくされている。（写真6）

写真6 プーミポン王とシリキット王妃
(กระทรวงคมนาคม. 2552.)

2 自然と地理

バンコクとそれ以外の都市の規模が大きく異なるのがタイの大きな特徴である。これはバンコクが政治・行政、経済、社会・文化の中心地として中央集権化を進めた結果でもあるが、バンコクへの一極集中は環境、住宅、交通面などでさまざまな大都市特有の問題を引き起こし、首位都市の負の側面が露呈されている。

気候

タイは熱帯に位置することから一年中「暑い」と思いがちであるが、時期によって気温の変化が存在する。また、場所によっては「寒い」経験をすることもある。

ケッペンの気候区分によると、タイは熱帯モンスーン気候とサバナ気候に区分されることになる。両者の違いは乾季の降水量の違いのみであり、主にマレー半島が熱帯モンスーン気候、それ以外の地域がサバナ気候となる。図1のように、雨が降る時期と降らない時期があるのがこれらの気候区分の特徴であり、バンコクやチエンマイでは五月から一〇月が雨季、一一月から四月が乾季となる。プーケットは乾季の降水量がバンコクやチエンマイよりも若干多いことから、熱帯モンスーン気候に区分されている。雨季といっても、日本の梅雨とは異なり、一日中雨が降り続けることは少なく、通常は午後から夕方にかけてスコールが降る。

このような雨季と乾季の存在をもたらしているのは、この地域の季節風「モンスーン」である。モンスーンにはインド洋から吹いてくる南西モンスーンと南シナ海から吹いてくる北東モンスーンの二つがあり、五月から一〇月にかけては南西モンスーンが卓越してタイ上空で雨雲が発生する一方で、一一月から四月の北東モンスーンが卓越する時期にはタイの上空には雨雲が発生せず、雨が非常に少なくなる。この乾季の存在のために、マレー半島を除く地域では乾季の乾燥に耐えられるような疎林が多くなり、乾季の降水量が若干多くなるマレー半島では熱帯雨林も見られる。タイの気候と植生を考える上で、このモンスーンの存在は非常に大きい。

日本などの温帯では四季が存在するが、タイでは雨季、寒季（冬）、暑季（夏）の「三季」となる。通常、サバナ気候では雨季と乾季が存在すると言われているが、乾季を寒い時期と暑い時期に分けているのである。

雨季は上述のようなスコールが定期的に降る時期であり、全体的に曇り空の日が多く、最高気温もバンコクでは三二～三三度程度である。日本の夏の猛暑の時期がちょうどタイでは雨季にあたるが、この時期は湿度、気温とも日本とタイでそれほど変わらなくても、タイのほうがはるかに過ごしやすい。

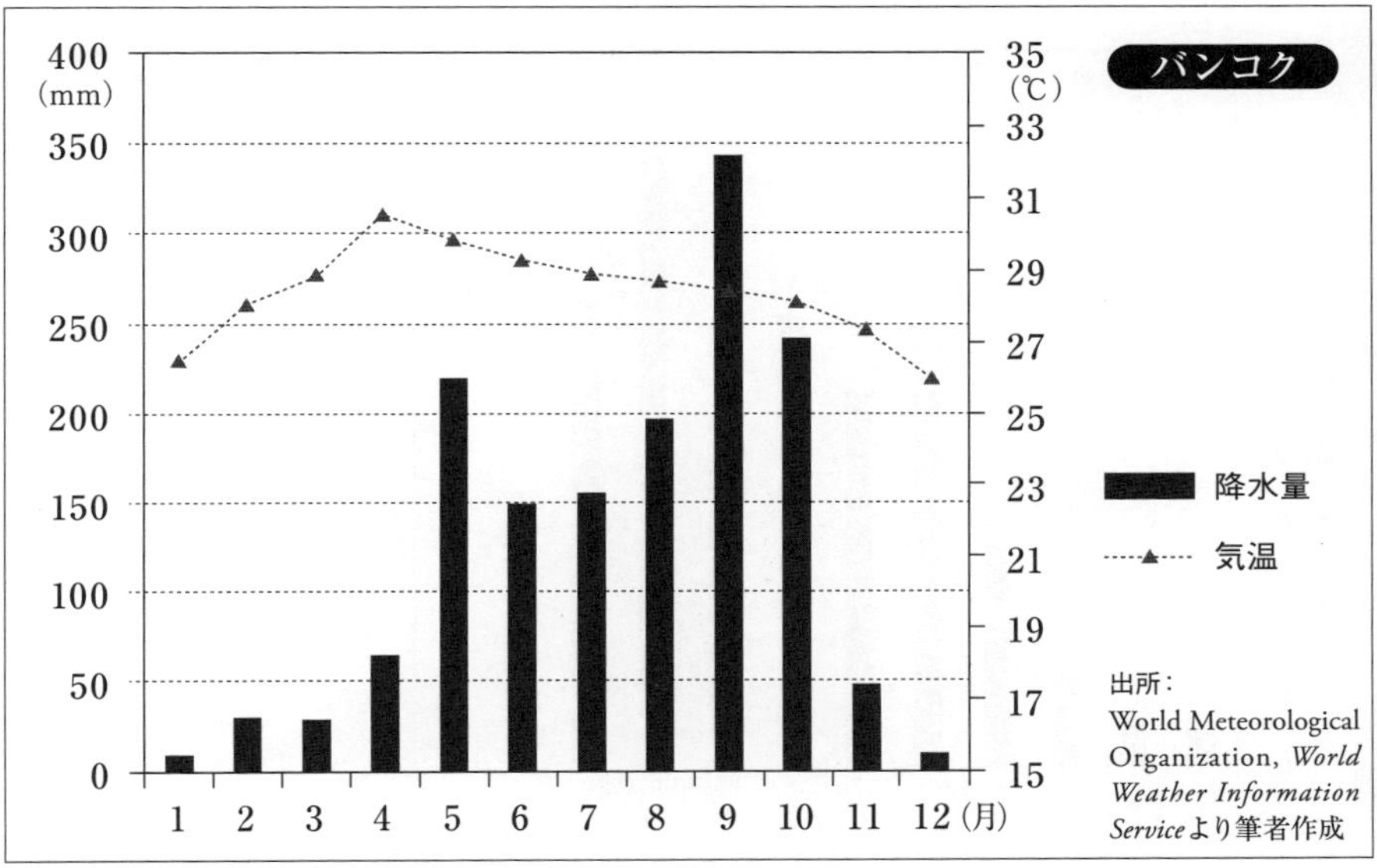

図1-1　タイの気候

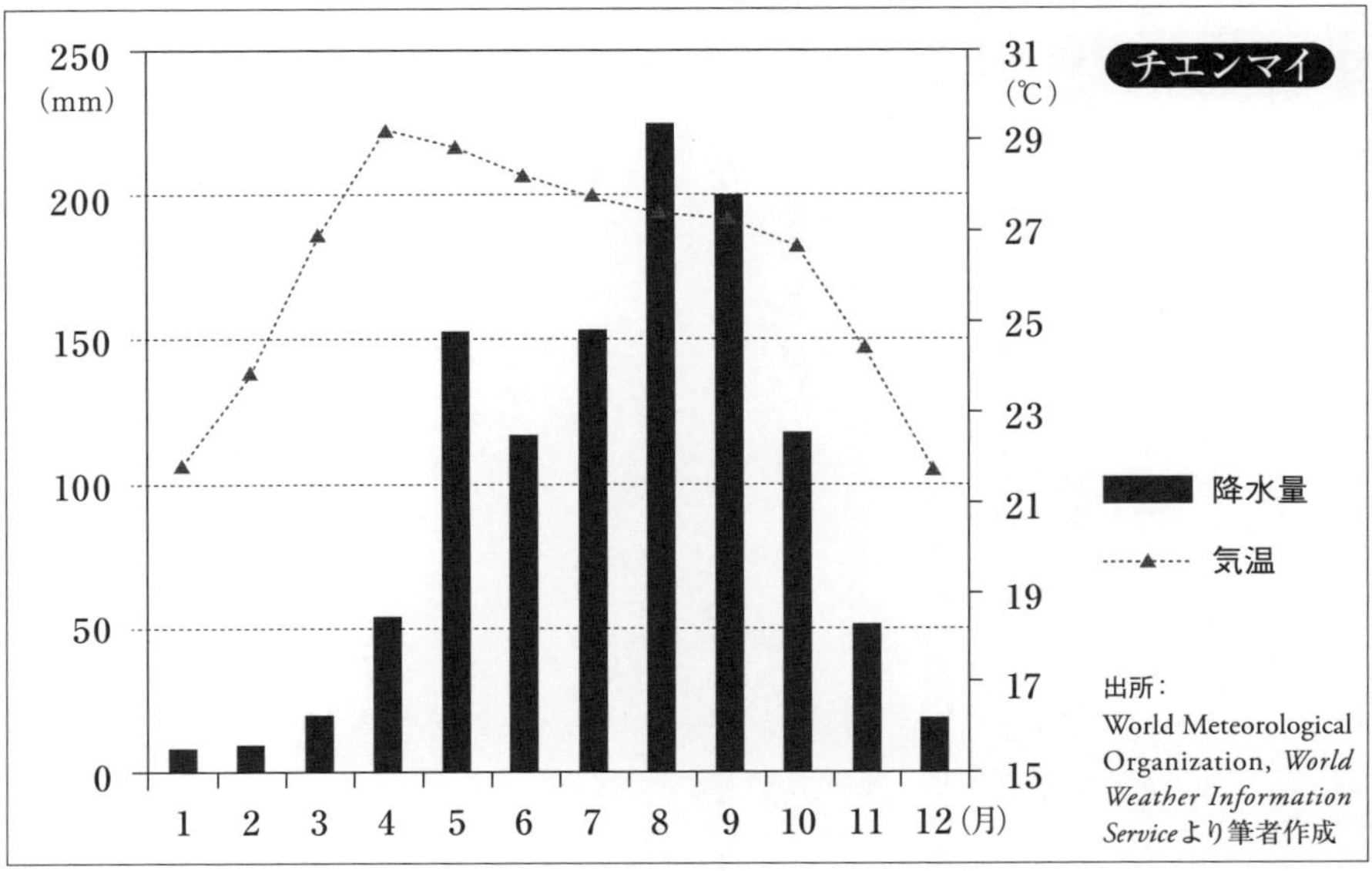

図1-2　タイの気候

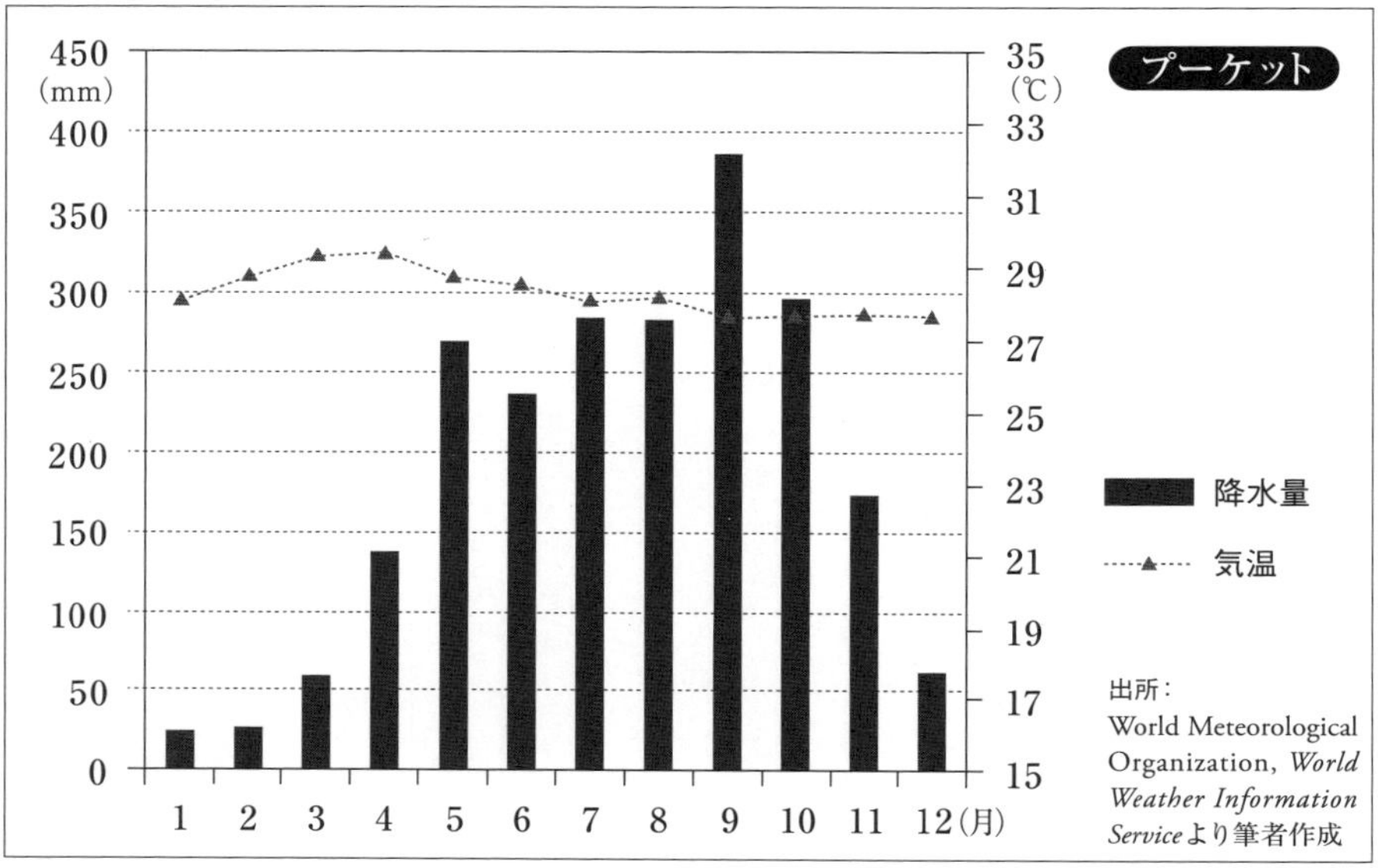

図1-3 タイの気候

雨季は出家の時期でもあり、僧になる人が増える。また、南西モンスーンが卓越することから、プーケットなどマレー半島西海岸の天気は良くなく、海は荒れている日が多い。

雨季が終わると、タイも「冬」の時期を迎える。熱帯モンスーン気候のマレー半島ではそれほど大きな気温変化はないが、バンコクやチエンマイでは平均気温が一二月から一月にかけてかなり下がる。平均最低気温はバンコクで約二〇度、チエンマイで約一五度となる。日本人から見れば大した寒さではないが、タイの人にとってはかなり「寒い」時期となり、普段は縁のない防寒着を引っ張り出しておしゃれを楽しむ季節でもある。また、北部の標高の高いところでは朝晩に〇度くらいまで冷え込む場所もあり、雪は降らないものの霜が降りて雪景色のように白く染まる日もあることから、これを見るために山上でキャンプをする人も増えている。また、この時期の水浴びはかなりつらく、温水がなければ一番気温の高くなる日中でないと厳しい。

この寒い時期が終わると、今度は急激に気温が上がって「夏」を迎える。三月に入ると暑さが復活し、四月がもっとも暑い。雨も少ないことから、タイのビーチを満喫したい人には寒季の終わりから暑季にかけての時期がベストシーズンとなる。タイの観光もこの時期がハイシーズンで、このもっとも暑い季節にタイ正月「ソンクラーン」がある。タイ正月は「水かけ祭り」とも呼ばれるが、気候面でもちょうどよいタイミングとなっているのである。

このようにタイには三つの季節が存在するが、現在では一年中「寒い」中で生活している人もいる。それは都市の富裕層の一部で、彼らは朝から晩までエアコンの効いた部屋で過ごしている。家とオフィスが冷房完備なのはもちろんのこと、移動中のマイカー、仕事帰りによるショッピングセンターやレストランなど、外気にほとんど触れずに生活することも可能なのである。だいたいタイのエアコンの設定温度は低く、二〇度台前半は当たり前で、一〇度台にしている場合さえある。節電のステッカーに書いてある推奨温度は二五度であるが、これを守る人はまずいない。このため、オフィス、ホテル、ショッピングセンター、乗物などで「寒さ」に悩まされる日本人も少なくない。暑くて寒い国――これが現在のタイの一つの姿なのである。

北部

タイの地域区分は、四つに分ける場合と六つに分ける場合がある。四つに分ける場合はバンコクを中心に「中部」、「北部」、「東北部」、「南部」となり、六つの場合は「東部」と「西部」が追加され、中部と北部の範囲が一部変更となる。ここでは四区分に従って各地域の概要を見ていこう（図2参照）。

北部はゾウの「頭」にあたる部分であり、地理的にはタイの中央を流れるチャオプラヤー川の中・上流域となる。バンコクから約二〇〇キロのナコーンサワン、ウタイターニー以北の各県が含まれ、中流域までは平原と丘陵、上流域は山と谷の世界となる。タイの中央を流れるチャオプラヤー川は、ナコーンサワンで最終的に一本の川になる前に東から西へナーン、ヨム、ワン、ピンの四つの支流によって構成されており、北部の主要都市はこれらの支流沿いに位置している（図3参照）。

北部下部、すなわちチャオプラヤー川の中流域は、上述の四つの支流と、さらにその東を流れるパーサック川

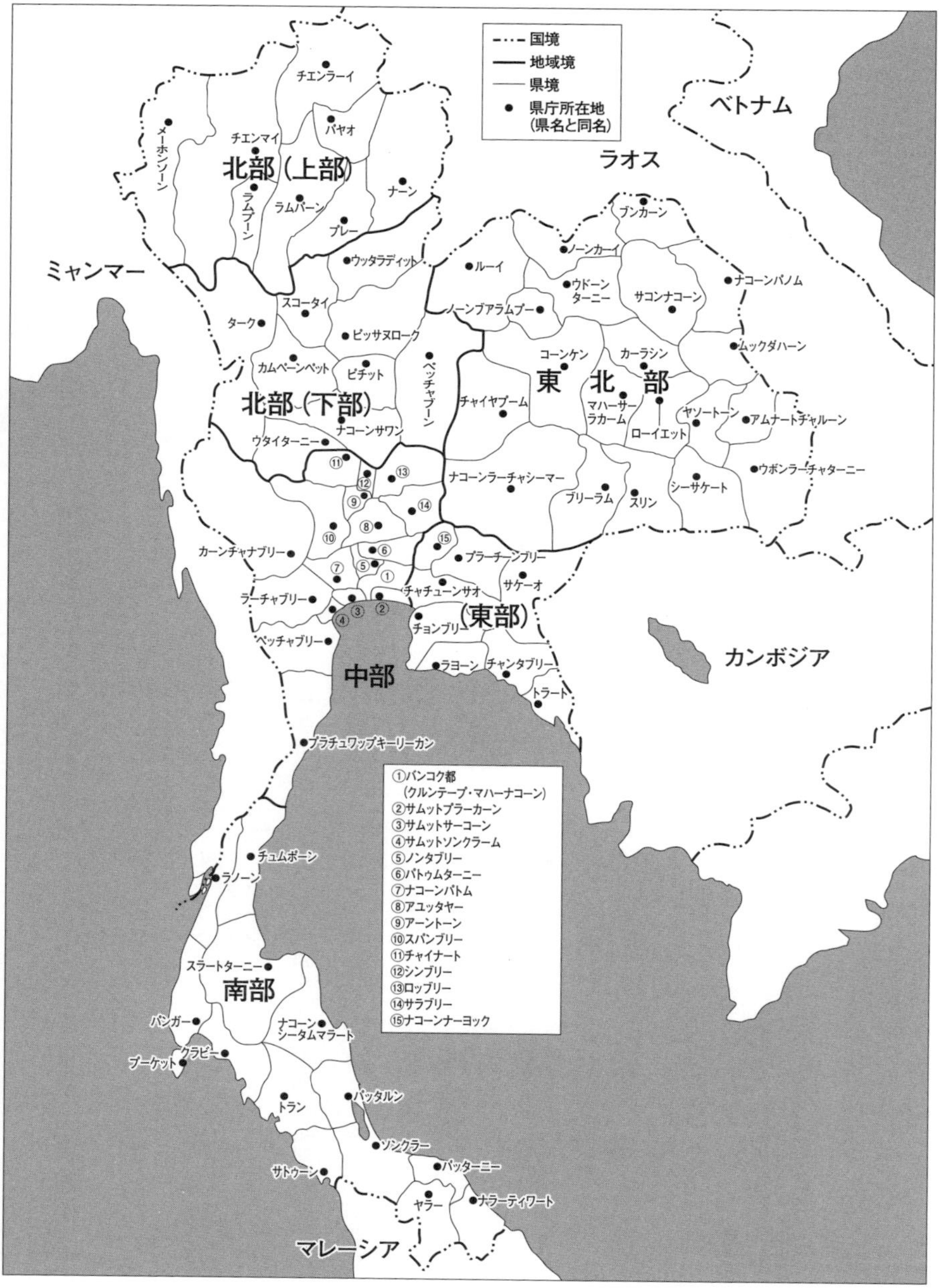

図2　タイの地域区分

出所：日本タイ学会編. 2009. に加筆修正。

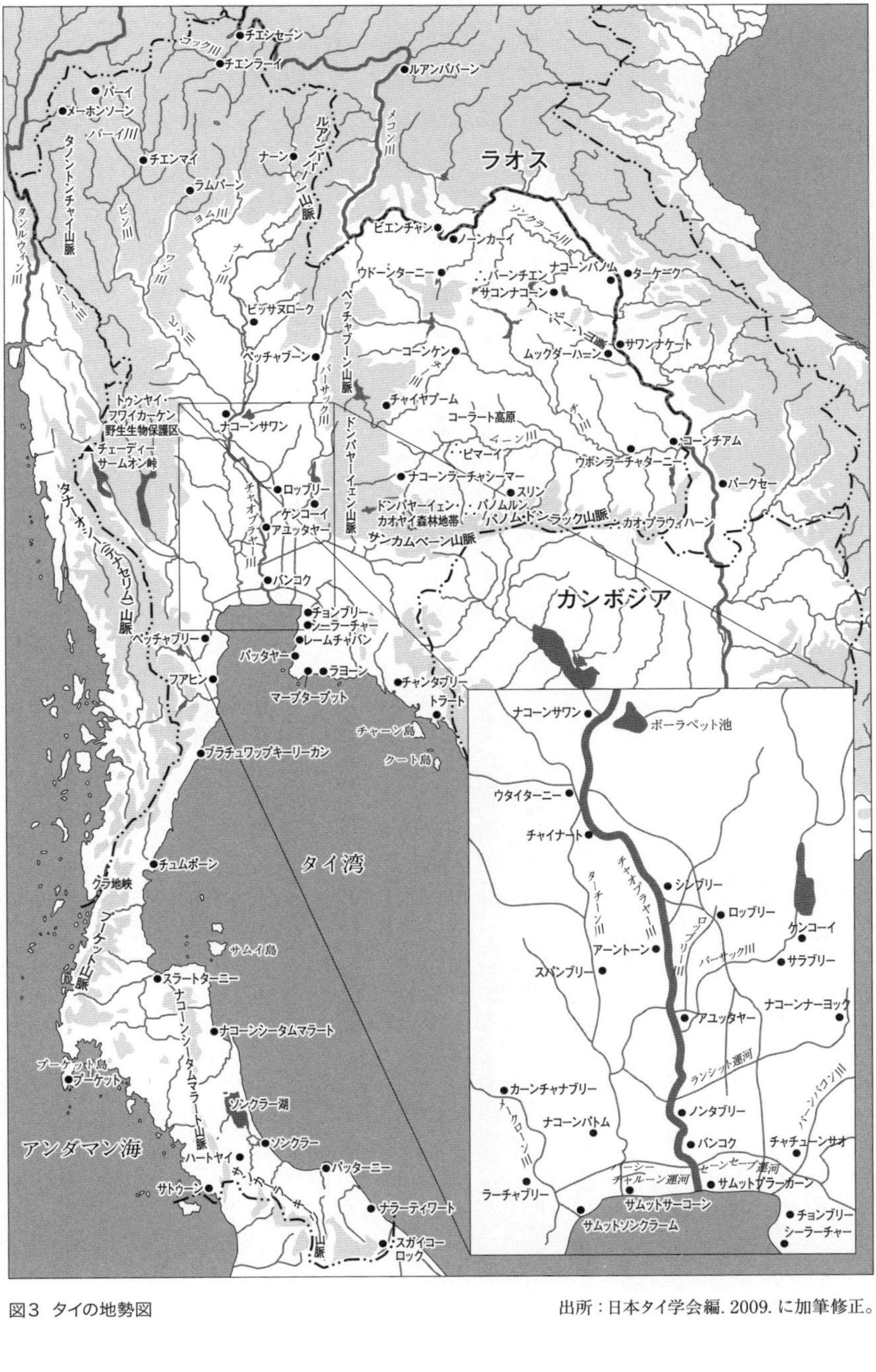

図3　タイの地勢図　　出所：日本タイ学会編. 2009. に加筆修正。

流域を含む一帯である。四つの支流が流れている一帯は平原と丘陵が多く、平原は主に水田に、丘陵は畑に開拓されている。パーサック川流域との間には低い山脈があり、パーサック川流域は両側を山脈にはさまれた谷間となっている。一方、四支流のうちの一番西を流れるピン川の西にも山地が広がっており、その先にはミャンマーとの国境線となるムーイ川が流れている。この川はタンルウィン（サルウィン）川の支流であり、最終的にインド洋へと注いでいる。

北部下部の主要な都市は、ナコーンサワンとピッサヌロークである。ナコーンサワンはチャオプラヤー川の四支流のうち、ヨム川を合流したナーン川とワン川を合流したピン川が最終的に交わってチャオプラヤー川になる地点に立地しており、河川水運の中継点として重要であったことから、古くから商都として栄えてきた。町の東、ナーン川の東岸にはボーラペット池というタイで最大の沼沢地があり、野鳥の宝庫として有名である（写真7）。

このナーン川をさらに一五〇キロほど遡るとピッサヌロークがある。この町は西に位置する歴史都市スコータイへの玄関口としての機能を果たしており、古くからの要衝であった。ピッサヌロークのチンナラート仏はスコータイ時代に作られたもので、タイで最も美しい仏像であるとされており、年間を通して参詣者が絶えない。またこの町は後述する大メコン圏（ＧＭＳ）の東西回廊と南北回廊との交点にあたることから、近年は「インドシナの十字路」として地の利をアピールしている。

一方、北部上部はチャオプラヤー川の四つの支流に沿って形成された盆地に主要都市が立地している。北部の最北端はメコン川の流域で、チエンラーイ県にはタイ、ミャンマー、ラオスの三つの国が接する場所があって、「黄金の三角地帯」と呼ばれている。また、西側はタンルウィン川の流域で、メーホンソーン県がある。この地域は山と谷の世界であり、山には山地民と呼ばれる少数民族が主に居住している。かつては「黄金の三角地帯」という名の由来となったケシを作る人々も多かったが、現在はさまざまな畑作物や果樹が栽培されるようになり、冷涼な気候を生かしてイチゴなど温帯の植物の生産も行なわれている。

一方、谷の盆地には主にタイ系の民族が暮らしており、稲作で生計を立ててきた。盆地の水田は日本と同じような灌漑田で、生産性も比較的高く、盆地に出現した政治

写真7　ボーラペット池（2014年）

権力の経済的基盤となっていた。こうして長らく農業が重要な産業であったが、一九八〇年代にチエンマイの南のラムプーンに工業団地が設置され、以降、エレクトロニクス関連業を中心に北部随一の工業地帯となっている。

北部上部で最も重要な都市は、ピン川の盆地に位置するチエンマイである。後で述べるように、この町はタイ系民族のラーンナータイ王国の王都として一三世紀末に建設された。ラーンナータイ王国の版図はチャオプラヤー川上流域に広がり、チエンマイは政治的、経済的に長らくこの地域の中心地として機能してきた。現在でも方形の堀で囲まれた旧市街が残っている。町のすぐ西側にはドーイ・ステープという山がそびえており、中腹にあるプラタート・ドーイステープという仏塔のある寺院からはチエンマイの町を一望できる。

マンラーイ王がチエンマイの都を築く前に一時都を置いたのが最北端の県庁所在地チエンラーイである。チエンマイから北東約一八〇キロに位置するこの町はメコン川の支流コック川の畔にあり、周辺の山地に住んでいる山地民の村へのトレッキングやマンラーイ王の故郷チエンセーンの遺跡などの観光地への玄関口ともなっている。

中部

中部はチャオプラヤー川下流域を中心に、東はバーンパコン川流域やタイ湾東海岸、西はメークローン川流域からマレー半島の一部までを含む地域となる。六つに区分する場合は、東側が東部、西側が西部となる。ゾウで言えば「顔」にあたる地域である。東はカンボジア、西はミャンマーに接し、ほぼ中央にバンコクがある。

チャオプラヤー川下流域はチャオプラヤー・デルタが大半を占めている。このデルタは河口から約二〇〇キロに位置するチャイナートを頂点とする広大な三角州であり、チャオプラヤー川から西に分流したターチーン川との間に形成されている。このデルタはきわめて平坦であり、上流から流れてきた水で雨季には冠水し、逆に乾季には水が不足するという生活の便の悪い場所であった。このため、河口から一〇〇キロ程は長らく人跡稀な未開地であり、猛獣が跋扈するような土地であった。このデルタ地帯の開発が本格的に始まるのは一九世紀後半からである。運河網が掘削されて導水・排水の便が向上し、水田が開拓されて、デルタ地帯はタイの輸出米生産の中心地となった。さらに二〇世紀後半になってチャオプラヤー川にダムが建設されると、灌漑網が整備されて、乾季作も可能となり、コメの生産量は飛躍的に増加した。近年はバンコクの都市機能が拡大し、周辺ではニュータウンや工業団地の建設が進んでいる。

バーンパコン川流域からタイ湾東海岸地域にかけては、近年急速に工業化が進行している。元来バーンパコン川流域は稲作が、タイ湾東海岸は畑作や果樹生産が盛んな地域であったが、一九六〇年代からタイ湾東海岸に工場が立地し始め、その後一九九〇年代にバンコク港に代わる新たな港として商業港レームチャバンと工業港マープタープットが建設されたことで、この地域には工業団地が多数建設されていった。その波はバーンパコン川流域にも及び、イースターン・シーボードと呼ばれる東部臨海地域はタイでも屈指の工場集積地帯となっており、近年は東部経済回廊（EEC）と称して活性化が進められている。また、この地域には、一九六〇年代から開発が始まったパッタヤーを筆頭に、ビーチリゾートとしての側面もあり、最近はカンボジア国境に近いチャーン島、クート島の観光開発も盛んである。

一方、メークローン川流域からマレー半島頸部にかけては、山がちで、稲作よりも畑作が盛んな地域が多い。メークローン川は第二次世界大戦中に日本軍が建設した泰緬鉄道のルートにあたり、この川の支流クウェーヤイ川を渡る橋が「戦場にかける橋」として有名なメークローン川橋梁である。泰緬鉄道がタイ＝ミャンマー間の国境を越えていたチェーディーサームオン（三仏塔）峠には、その名の由来となった小さなモーン風の仏塔が三つ並んでおり、かつてビルマ軍がタイを攻めてくる際によくこのルートを用いていた。沿線には戦跡や滝などの観光資源も多く、バンコクにも程近い観光地となっている。

また、メークローン川の河口に位置するサムットソンクラーム（通称メークローン）には市場の中を列車が通過することで有名な「傘閉じ市場」もあり、近年観光客が増加している。この付近は古くから製塩が盛んであり、現在もメークローンに向かう列車は塩田の中を抜けていく。

マレー半島では中部最南端となるプラチュワップキーリーカン付近がタイの領土が最も狭くなる場所で、最狭部では海岸から国境までの距離がわずか一二キロほどしかない。タイ湾の西海岸にあたるこのあたりにも美しい海岸線が連なり、中でもフアヒンはタイで最古のビーチリゾートである。

バンコクの肥大化と東部臨海地域の経済発展に伴い、中部にはタイでは比較的規模の大きい都市が多数出現しているが、歴史的にも政治権力の中心地として発展してきた都市がいくつも存在する。最も重要なものは、アユッタヤー王国の都であったアユッタヤーである。河口から一〇〇キロ程度遡った場所にあるこの町は、チャオプラヤー川と支流のロッブリー川、パーサック川が合流する地点に位置し、合流点の川中島に都が作られていた。世界遺産にも指定された歴史都市であるが、町の東側には工業団地がいくつも作られ、工業都市としての側面も強まってきている。

アユッタヤーから六〇キロほど北に位置するロッブリーはアユッタヤーよりも古い町であり、かつてカンボジアのアンコール帝国の要衝の一つであったことから、クメール様式の遺跡が残っている。その後、一七世紀にアユッタヤー朝のナーラーイ王がこの町を副都として重視し、王宮も建造した上で在位期間の大半をこの地で過ごした。さらに、この町は二〇世紀前半に軍都としても整備され、旧市街地の東側に新市街が作られ、軍の駐屯地が多数作られた。このため、西が遺跡、東が軍都の顔を見せている。他にもスパンブリー、ナコーンパトムなど、古くから政治権力が発生していた都市がデルタ地帯の中部から北部にかけて存在している。

一方、東部臨海地域では新興都市が急速に成長してきている。特にチョンブリー県のシーラーチャーとパッタヤーの成長が著しく、ともに県庁所在地であるチョンブリーに追随する都市規模を誇っている。シーラーチャーはレームチャバン港を擁し、背後に多数の工業団地を控える商業・工業都市であり、近年は日本人の居住者も急増し、バンコクに次いで日本人学校も建設された。パッタヤーは観光都市として発展してきたが、近年は商業都市としての機能も高めている。さらに南のマープタープット港のあるラヨーン県の県庁所在地ラヨーンの都市規模も拡大しており、バンコクから東部臨海地域沿いにラヨーンに至る一帯はタイ最大の経済回廊の様相を呈している。

東北部

東北部はメコン川流域に位置し、北部や東部とは山脈で隔たれていることから、地理的にも独自性が強い地域である。ゾウの顔では「耳」がこの地域に該当する。

この東北部はコーラート高原と呼ばれる台地上の土地であり、南のサンカムペーン、パノムドンラック（ダンレック）山脈が中部とカンボジアとの境界に、西のドンパヤーイェン、ペッチャヤブーン山脈がチャオプラヤー川流域の中部、北部との境界となっている。高原といっても標高は一〇〇〜二〇〇メートルと高くはなく、気候的には中部とさほど変わらない。デルタ地帯と同じく雨季と乾季が明瞭に分かれる地域であり、乾季には雨がほとんど降らず水不足が度々発生するのに対し、雨季には逆に各地で浸水が起こる。このメコン川中流域の右岸に広がる台地が、通称イサーンと呼ばれる場所なのである。

この東北部は、タイ系民族の一派であるラーオ族が多く住み、対岸のラオスとの文化的共通性が非常に強い。

コーラート高原の北方には東西にプーパーン山脈とい

写真８　ムーン川がメコン川にそそぐ合流点・コーンチアム（1997年）

う山並みが延びており、これを境に南をコーラート盆地、北をサコンナコーン盆地とも呼んでいる。コーラート盆地にはメコン川の支流であるムーン川、チー川という二本の川が西から東へと流れ、両者が合流した上でタイの最東端、コーンチアムでメコン川に合流している（写真8）。コーラート盆地に降った雨はすべて最終的にムーン川に流れ込むため、ムーン川とチー川の合流点付近では毎年のように洪水が発生する。サコンナコーン盆地はコーラート盆地よりも面積ははるかに狭く、メコン川に注ぐ支流もソンクラーム川をはじめいくつも存在する。境となるプーパーン山脈はせいぜい標高一〇〇〇メートルのそれほど高くない山脈であるが、一九七〇年代には多くの共産主義者が立てこもる拠点であった。

コーラート高原はなだらかな起伏が続く比較的平坦な土地で、かつては一面疎林が広がっていた。川沿いの水利の良い場所から水田が開発され、やがて人口の増加とともに稲作可能な土地はほとんどが水田へと変わっていった。さらに一九六〇年代頃から水田としての利用が難しい丘陵地もトウモロコシやキャッサバなどの商品作物栽培のための畑に開拓され、かつての疎林は大幅に減少した。平坦な土地が多いので、北部上部の盆地のように川から導水することが難しく、この地域では雨水に依存する天水田が中心となってきた。そのため降水量の多寡でコメの生産は大きく変動し、水利条件の悪い水田が増えることで全体の生産性も低下していった。こうしたことで、東北部はこれまでタイの中で最も「貧しい」地域と見なされてきた。しかし、現在では、稲作が主要な生業であるのは変わりないが、ジャスミン・ライス（香り米）と呼ばれる高級米の産地としても頭角を現しており、チャオプラヤー・デルタ地帯を抜いてタイ最大のコメの産地となっている。

東北部で最も重要な都市は、バンコクから東北部に向かう際に最初に到達するナコーンラーチャシーマーである。通称コーラートとも呼ばれるこの町は、古くからタイ族のメコン川流域支配の拠点として機能しており、民族的にも中部のシャム族の系統であるタイ・コーラート族が主流である。東北部の玄関口とも言えるこの町は戦略的にも重要な場所にあり、バンコクから延びる鉄道や高規格の舗装道路が最初に到達したのもこの町であった。ここから南へ向かうと東部臨海地域へも抜けられることから、近年は工業団地も建設され、東北部における工業化の中心地ともなっている。

ナコーンラーチャシーマーから北へ向かうと、約二〇〇キロでコーンケンに到達する。この町の歴史はそれほど古くないが、一九六〇年代の「開発」の時代に東北部の中心都市として行政機能が集積し、東北部で最初の大学となったコーンケン大学も設置されたことから、急速に都市規模を拡大させてきた。また、同じ頃ナコーンラーチャシーマーから延びてきた高規格道路（フレンドシップ・ハイウェー）沿いには農産物加工業を中心とした工場も立地し、ナコーンラーチャシーマーと並ぶ東北部の工場集積地としても機能してきた。二〇一〇年のセンサス（国勢調査）人口によると、コーンケンは東北部最大の都市規模を誇っている。

コーンケンの北約一二〇キロに位置するウドーンターニーも比較的新しい都市であるが、近年は都市規模が拡大している。元は北のメコン河畔の町ノーンカーイの機能を代替するために作られた町であるが、飛行場が整備されたことからナコーンラーチャシーマーと共に一九六〇年代のベトナム戦争時に米軍基地として使われ、都市機能が拡大した。現在はラオスの首都ビエンチャンからの買物客や通院客も多く、バンコクとの間の航空路線も充実していることからラオスへの空路の玄関口としても機能している。

一方、ナコーンラーチャシーマーから東に向かうと、ゾウ祭りで有名なスリンを経て約三〇〇キロでウボンラーチャターニーに到達する。通称ウボンと呼ばれるこの町は東北部最東端の県庁所在地であり、チー川と合流したムーン川の畔に立地する。タイの標準子午線である東経一〇五度がちょうどこのウボン付近を通過しており、日本からバンコクへ向かう飛行機もこのウボンの上空からタイの領空に入ってくる。町自体の歴史はそれほど古くはないが、東北部の東の要衝として重要な役割を果たしており、ウドーンターニーなどと同じく米軍特需で沸いた町でもある。ラオス南部の要衝パークセーまで道路が延びており、バンコクとの間には鉄道と空路もあることから、ウドーンターニーと同じくラオスへの玄関口としても機能している。

南部

ゾウの「鼻」にあたる南部は、マレー半島に位置している。中部にあたるプラチュワップキーリーカンまではタイの領域はマレー半島の東海岸のみに限定されるが、チュムポーン以南の南部は東西両岸がタイの領土となり、南端のマレーシア国境に至る。

マレー半島の中央には脊梁山脈が南北に伸び、プーケット山脈、ナコーンシータムマラート山脈などと呼ばれている。この山脈を境に東海岸、西海岸に分けられ、東海岸は太平洋側のタイ湾に、西海岸はインド洋側のアンダマン海に接する。全体的には東海岸のほうが平地は広く、特にナコーンシータムマラートからソンクラーにかけては平地が続き、その大半はタイ最大の湖である汽水のソンクラー湖が占めている。このあたりが南部最大のコメの産地であるが、現在は南部のみではコメを自給できず、他地域からのコメに依存している。南部は平地が少ないことから天然ゴムやパームヤシ園が多く、水田の多い他地域とは主要産業が異なっている。現在は衰退したが、かつては西海岸を中心に錫鉱の掘削も多く、錫と天然ゴムが南部の主要産品であった。

　マレー半島の両岸には美しい海岸線が連なることから、南部はビーチリゾートとしても名高く、観光資源に恵まれている。西海岸のプーケット島、東海岸のサムイ島がその代表であり、特にプーケットはタイを代表するビーチリゾートとして国際的にも広く知れ渡っている。プーケットは国際線の就航も多いことから、多くの外国人が国外からバンコクを経由せず直接プーケットに到着し、島内各地のビーチや近隣の島々へと移動していく。東海岸に比べて西海岸のほうが島は多く、観光客の数も多い。二〇〇四年のスマトラ沖大地震による津波で、これらの西海岸のビーチリゾートで多くの犠牲者が出たことは記憶に新しい。現在は津波警報のシステムを構築し、被害を最小限に食い止める施策がなされている。

　マレー半島は古くは中国とインド、ヨーロッパ方面を結ぶ「海のシルクロード」が通っていた場所であり、東西両岸を結ぶ交易ルートが何本も存在したと考えられている。タイの領域が最も狭くなるのはプラチュワップキーリーカンであるが、南部北端のチュムポーン付近はマレー半島が最も狭くなるクラ地峡に位置し、東西両岸の間は六〇キロ程度しかない。一九世紀半ばからここにクラ地峡運河を掘削する計画があったが、現在はより南のソンクラー＝サトゥーン間に道路と鉄道を建設して東西両岸を結ぶランドブリッジ構想へと引き継がれている。

　現在南部で最大の都市は、東海岸のハートヤイ（ハジャイ）である。この町はソンクラー県内の一郡に過ぎないのであるが、商業都市として南部最大の都市規模を誇っている。バンコク近郊や東部臨海地域の新興都市を除き、タイの地方都市はほぼすべて県庁所在地に位置する行政の中心地であるが、このハートヤイは行政の中心地としての機能を持たない純粋な商業都市である。この町の発展のきっかけは鉄道建設であり、バンコクから東海岸に沿って南下してきた鉄道が二つに分かれる分岐点として一九一〇年代に駅が作られたのがその始まりであった。この駅で西海岸へ向けて分岐する路線はそのままマラヤ（現マレーシア）のペナンやシンガポール方面へと向かうことから、ハートヤイはその後商業都市として繁栄することとなった。マレーシア国境からの距離も近いことから、タイに買い出しに来るマレーシア人観光客が主

写真9　ワット・マハータートの仏塔(2015年)

要な顧客となり、マレーシアからの商品を買い求めに来るタイ人観光客の増加も相まって、ショッピングの町としての機能を高めた。

一方、歴史的には東海岸のナコーンシータムマラートが重要である。ここにはタイ族が入ってくる前からタンブラリンガ（単馬令）と呼ばれる国が存在しており、やがてタイ族の南下とともにアユッタヤーのマレー半島支配の拠点となった。その機能はラッタナコーシン朝にも引き継がれ、その後勢力を強めた南のソンクラーとともに、南部の要衝として機能してきた。町の中心に立つシュリーヴィジャヤ時代に起源を持つワット・マハータートの仏塔が、この町のシンボルである（写真9）。

また、東海岸のパッターニーにも古い歴史がある。この町の前身はランカスカと呼ばれた国であり、その後イスラーム化した歴史を持つ。朱印船貿易の時代には「大泥」と呼ばれ、日本人町も存在した。パッターニー王国は現在深南部と呼ばれる東海岸のマレーシア国境付近一帯を支配していたが、アユッタヤー時代からタイ族に断続的に支配されていた。一九世紀後半からの帝国主義の嵐の中で他のイスラームの属国がイギリスに引き渡されたが、このパッターニーのみタイ領内に残され、タイの中央集権国家に組み込まれていった。しかし、その後も独立を指向する動きは続き、後述するように二〇〇〇年代に入ってから急速に治安が悪化している。マレー系ムスリムが多いパッターニーはタイの他の都市とは違う独特の雰囲気を持っているが、訪れるのが難しくなってしまったのは残念なことである。

一方、西海岸で最大の都市はプーケットである。この町は錫鉱山の開発とともに栄えた町であり、マレー語の「ブキット（小山）」が名称の起源である。プーケットは西海岸一帯の行政の中心地となり、西海岸最大の貿易港としても機能した。特にマレーシアのペナンとの関係が強く、天然ゴムや錫鉱がペナンへ向けて輸出された。マレーシアと同じく福建系の華人が多数流入し、旧市街の街並みはペナンなどマレーシアの都市によく似ている。戦後はペナンとの関係も希薄となり、プーケットの繁栄を支えてきた錫鉱生産も衰退した。代わりに脚光を浴びたのが観光業であり、一九九〇年代以降急激に発展した。プーケットの町自体はビーチリゾートからは離れているが、都市規模は拡大を続けている。

バンコク

バンコクはタイの首都であり、タイで最大の都市である。チャオプラヤー川が町の中央を流れ、河口からは五〇キロほど遡った場所に位置するものの、長らくタイの海の玄関口としての機能を担ってきた。人口規模は登録人口で約六五〇万人、二〇一〇年のセンサス人口で約八三〇万人であり、近隣の五つの県（サムットプラーカーン、サムットサーコーン、ナコーンパトム、ノンタブリー、パトゥムターニー）を加えたバンコク首都圏の人口規模は一〇〇〇万人を超えるメガシティーとなる。

バンコクの歴史はそれほど古くなく、バンコクに都が置かれた一七八二年から数えても二三〇年あまりしかない。もともとこのあたりのチャオプラヤー川西岸にはアユッタヤー時代に砦が置かれ、タイ湾からアユッタヤーを目指す船が最初に通過する関門であった。ここには「バーンコーク」という村があり、その後「トンブリー」と命名された。一八世紀後半にアユッタヤーが滅びると、タイの独立をビルマから奪還したタークシン王がこのト

写真10 ワット・アルン(2012年)

ンブリーの地に都を置き、ここが政治の中心地となった。現在「暁の寺」と呼ばれるワット・アルンのあるあたりが、タークシン王の都があった場所である(写真10)。だが、タークシン王の後を継いだチャオプラヤー・チャックリーがラーマ一世として即位すると、新たな王宮を川の対岸(東岸)に建設し、「クルンテープ・マハーナコーン(天使の都)」と命名した。これが現在のバンコクの始まりである。ちなみに、バンコクの正式名称はこの「クルンテープ・マハーナコーン」から始まる計六九音節の世界一長い首都名となっており、タイの人は通常「クルンテープ」と呼んでいる。一方、外国人は昔の村名をそのまま用いており、「バンコク」が英語の正式名称となっているのである。

バンコクに都が作られると、王宮を取り囲む二つの運河が掘削され、外側の運河(ロープクルン運河)とチャオプラヤー川に沿って城壁が築かれ、これが城塞都市バンコクの原型となった(図4参照)。この城壁の東側の川沿いには華人街が形成され、やがて華人街の東端付近にもう一本の運河(パドゥンクルンカセーム運河)が掘削された。この三番目の運河までがバンコクの旧市街であり、当時

写真11　プーカオトーンから眺める新市街方面(2014年)

は道路がほとんど存在せず、運河や水路に依存する「東洋のベニス」と呼ばれていた。一方で、一九世紀半ばから、チャオプラヤー川沿いに南下するチャルーンクルン通り、東のクローントゥーイに至るトゥロン通り（現ラーマ四世通り）が整備され、「水の都」が「陸の都」へと変わっていくきっかけとなった。

二〇世紀に入ると北と東への道路整備が徐々に進み、旧市街地の範囲を越えて新市街地が道路沿いに形成されていった。旧市街の北方にはラーマ五世によって新たにドゥシット離宮が作られ、東方にも王族の離宮が多数作られた。一九世紀末にチャルーンクルン通りから始まった市内軌道（路面電車）の運行も北方と東方へと拡大し、北はバーンスー、東はプラトゥーナームまで到達し、総延長は約五〇キロに達した。長らくバンコクの道路網は孤立した状態であったが、一九三〇年代に入って南のサムットプラーカーンや北のドーンムアンへ向けて道路が整備されると、市街地はさらに郊外へと広がっていった。前者が、現在日本人が多く住むスクムウィット通りである。また、一九三二年にはチャオプラヤー川を渡る初の道路橋「メモリアル橋」も完成し、西岸のトンブリーで

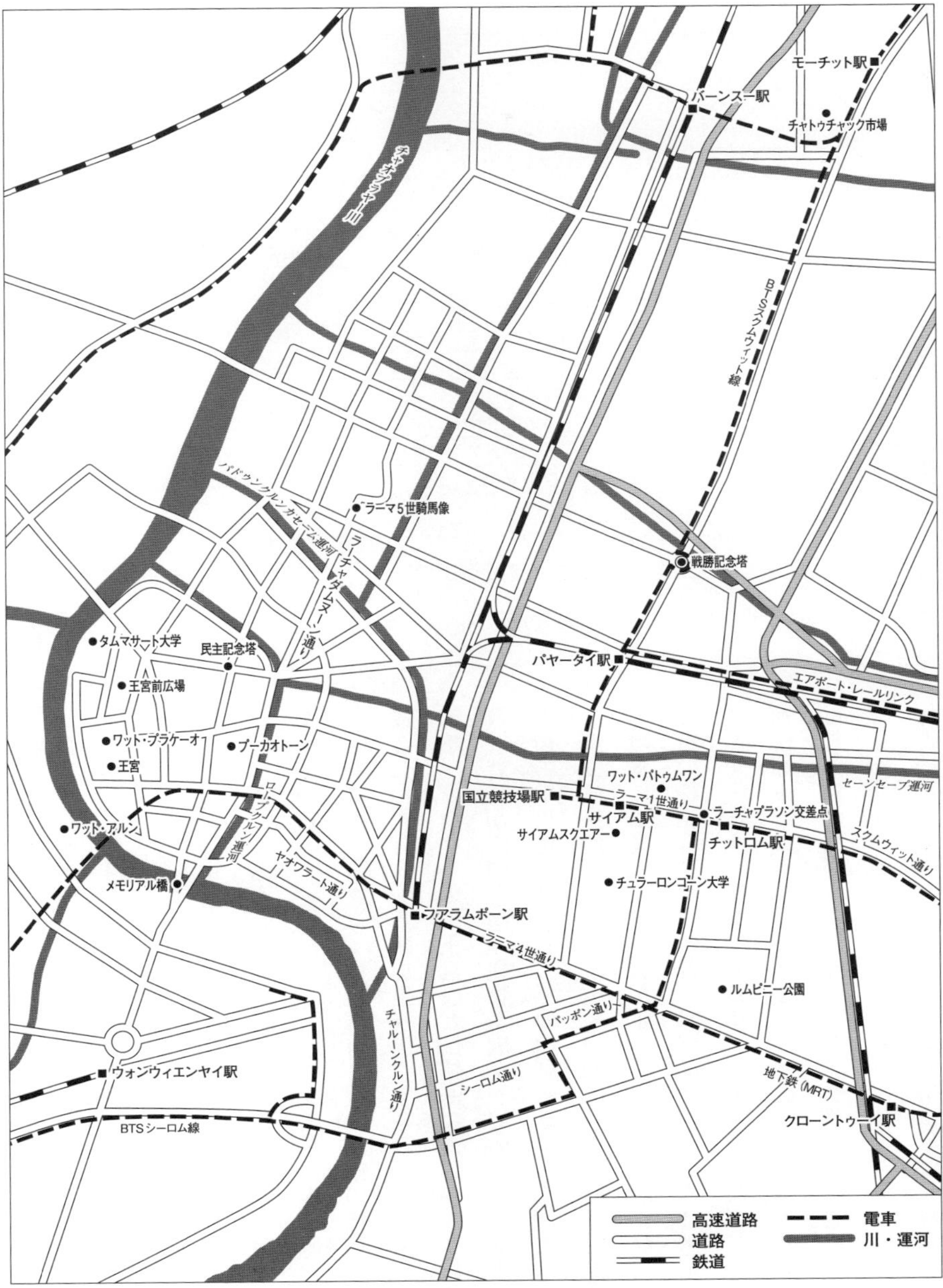

図4　バンコク中心部(2020年)

出所：柿崎. 2014. に加筆修正。

表1 主要都市人口(2010年センサス)

都市名	県名	地域	人口(千人)
バンコク	バンコク	バンコク首都圏	8,305
サムットプラーカーン(パークナーム)	サムットプラーカーン	バンコク首都圏	681
コーンケン	コーンケン	東北部	416
ノンタブリー	ノンタブリー	バンコク首都圏	415
ハートヤイ	ソンクラー	南部	393
チエンマイ	チエンマイ	北部	336
チョンブリー	チョンブリー	東部	321
バーンラムン(パッタヤー)	チョンブリー	東部	320
シーラーチャー	チョンブリー	東部	277
クローンルワン	パトゥムターニー	バンコク首都圏	275
ラヨーン	ラヨーン	中部	268
プーケット	プーケット	南部	258
サムットサーコーン	サムットサーコーン	バンコク首都圏	248
プラプラデーン	サムットプラーカーン	バンコク首都圏	246
パーククレット	ノンタブリー	バンコク首都圏	231
タンヤブリー	パトゥムターニー	バンコク首都圏	228
ナコーンラーチャシーマー(コーラート)	ナコーンラーチャシーマー	東北部	214
ウドーンターニー	ウドーンターニー	東北部	201

注：各郡の市(テーサバーン)内人口を示す。
出所：สำนักงานสถิติแห่งชาติ. 2555.(各県版)より筆者作成

も市街地の拡大が見られるようになった。

長らく行政単位はチャオプラヤー川東岸のバンコク（プラナコーン）と西岸のトンブリーに分かれていたが、一九七一年に両県を合併した上で、翌年バンコク都が設置された。現在でも川の西側はトンブリー側（ファン・トン）と呼ばれているが、行政上は川の両岸ともバンコク都となっている。

現在のバンコクは、伝統都市と近代都市の様相が織り成された複合的な景観を生み出している。旧市街にはワット・プラケーオや王宮など伝統的な景観が残されており、昔ながらの低層の建物が広がっている。ちょうど旧市街の中央付近にある人工の山プーカオトーンに上ると、眼下に伝統的なバンコクの景観が広がっている（写真11）。その奥には高層ビルが建ち並ぶ新市街が遠望され、近代都市の様相を見せている。旧市街と新市街では道幅や街並みが明らかに異なっており、内側が伝統都市、外側が近代都市となっている。しかし、近代都市の中にも伝統的建造物が残されており、バンコク最大の商業センターであるサイアムスクエアーからラーチャプラソン交差点付近にかけてのショッピング街の中に、取り残されたように存在する仏教寺院ワット・パトゥムワンは、その典型である。

また、バンコクは典型的な首位都市でもある。表1のように、タイの大都市を人口順に並べると、バンコクと二番以降の都市の人口規模が大きく異なっていることがわかる。しかも、二番手となるサムットプラーカーンはバンコク首都圏の衛星都市であることから、地方都市に限ればバンコクに次ぐ都市の規模はせいぜい人口四〇万人程度となる。地方都市における市（テーサバーン）の範囲が急速な都市化に追いついていないため、地方都市の人口規模が過小評価されているという問題もあるが、バンコクとそれ以外の都市の規模が大きく異なるのがタイの大きな特徴である。これはバンコクが政治・行政、経済、社会・文化の中心地として中央集権化を進めた結果でもあるが、バンコクへの一極集中は環境、住宅、交通面などでさまざまな大都市特有の問題を引き起こし、首位都市の負の側面が露呈されている。近年は地方都市の成長も著しいが、バンコク一極集中の状況が改善されるまでにはまだ時間がかかるであろう。

交通

交通網もやはりバンコク一極集中型となっており、主要な交通路はバンコクと地方を結ぶ形で構成されている。

タイの道路距離は総計約七〇万キロであり、うち幹線道路に該当する道路局管轄の国道・県道は約五万キロある。バンコクから地方へ延びる幹線道路はほとんどが上下車線の分離された四車線以上の車線を有する道路となっており、高速道路と遜色ないような区間も存在する（図5参照）。国道や県道のみならず、近年では村道の舗装化も進んでおり、道路水準は年々向上している。しかし、高速道路はバンコク＝東部臨海地域間のみに限定されており、今後はバンコクから北、東北、南へ延びる高速道路の建設が進められることになっている。

道路の増加もさることながら、自動車の急増も著しい。図6のように、自動車とバイクの登録台数は急激に増加してきた。二〇一八年の自動車とバイクの台数はそれぞれ約一七八〇万台、約二一〇〇万台であり、国民の約三・七人に一台の自動車、約三・二人に一台のバイクが

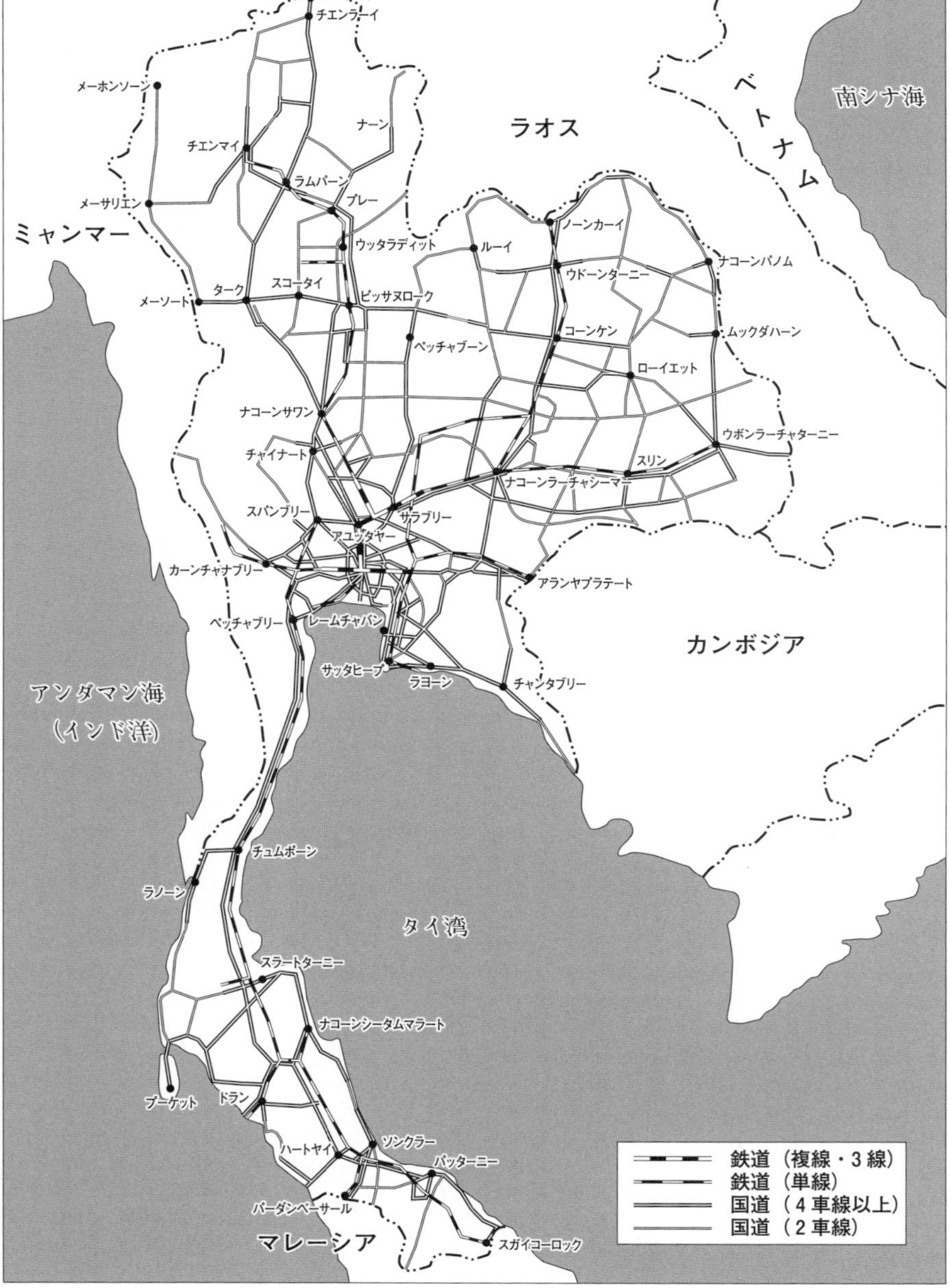

図5　タイの鉄道・国道網（2020年）　　出所：柿崎. 2010. に加筆修正。

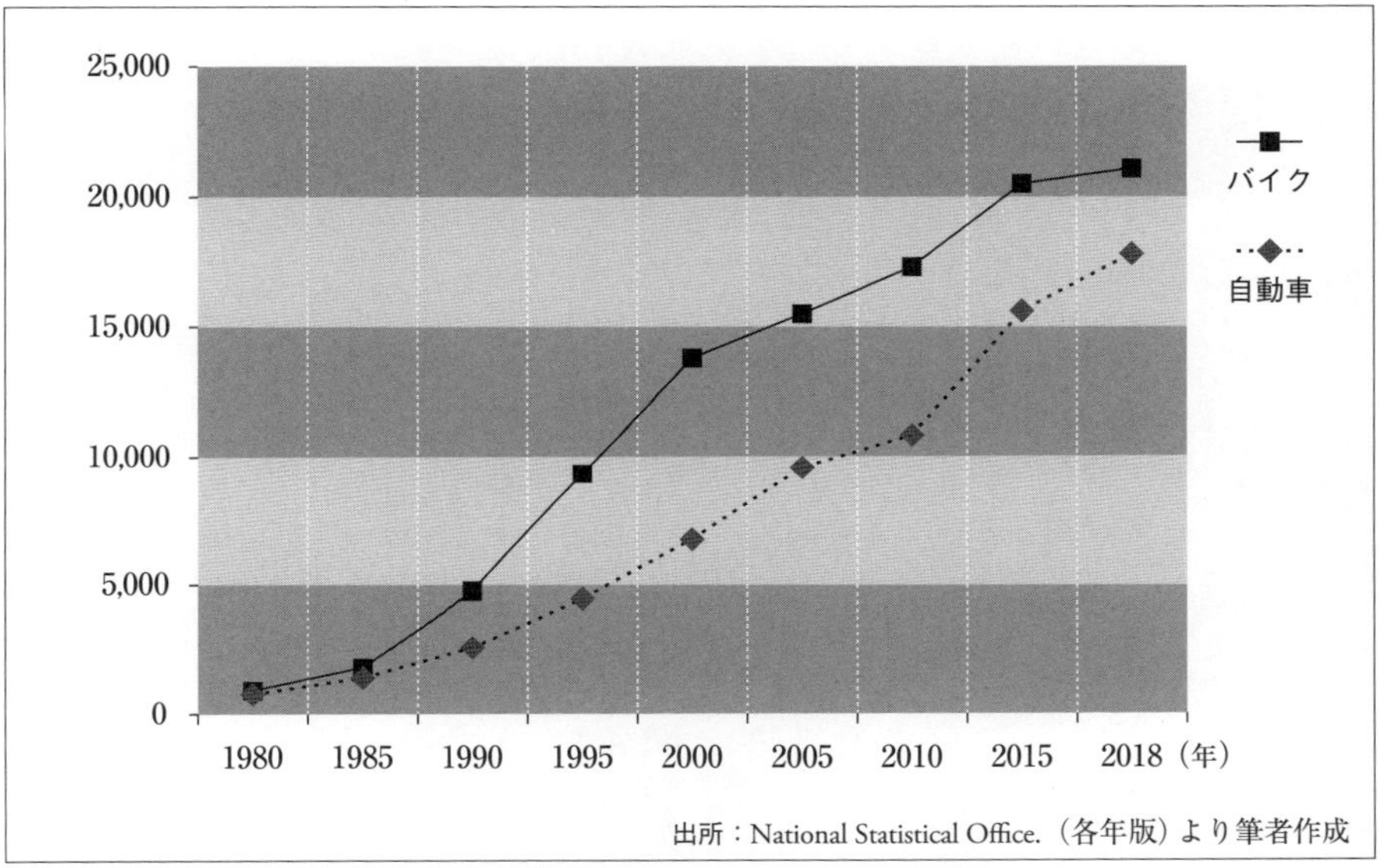

図6　自動車台数の推移（単位：千台）

登録されていることになる。このような急激な自動車の増加に対して道路距離の伸びははるかに低く、かつてはバンコクのみの名物であった交通渋滞が地方都市やバンコクと地方を結ぶ幹線道路でも見られるようになった。また、自動車輸送への依存度がきわめて高い状況も続き、二〇一八年の貨物輸送のシェアを見ると自動車輸送がトンベースで七八％、トンキロベースで九〇％と高水準となっている。このため、鉄道や水運へのモーダルシフトが声高に唱えられている。

道路上を走る自動車にも特徴がある。タイではピックアップトラックが人気であり、一度に多くの人やモノを輸送できることから、長らくセダン型乗用車よりも数が多かった。このピックアップトラックや小型トラックはバスとしても用いられており、荷台に屋根を付けてロングシートを置いたソーンテオ（二つの列）と呼ばれるトラック型のバスが全国各地で活躍している（写真12）。トゥックトゥックあるいはサームローと呼ばれる自動三輪タクシーも有名であり、その原型である三輪自転車型のタクシーも地方都市に残っている。三輪のみならず二輪のタクシーもバンコクをはじめ各地で見られ、バイクタ

写真12　ピックアップトラックを用いたバス・ソーンテオ（2015年）

クシーもタイに人々の生活に欠かせないものとなった。

一九六〇年代以降、急激に発展してきた道路に比べ、鉄道は相対的に斜陽化している。タイの鉄道網（在来線）の総延長は約四〇〇〇キロであり、全線非電化で複線・三線区間は約三六〇キロと全体の一〇%にも満たない。バンコクから北のチエンマイまでの北線、途中で分岐してナコーンラーチャシーマーを経て、ウボンとノーンカーイに至る東北線、南のマレーシア国境パーダンベーサールとスガイコーロックに至る南線が幹線である。長距離列車は主に夜行列車であり、日本から来たブルートレインの車両も一部活躍している。「開発」の時代以降もそれなりに近代化を遂げてきたが、旅客輸送は一九九〇年代半ばから、貨物輸送も二〇〇〇年代後半から減少傾向にある。二〇一八年の貨物輸送のシェアはトンキロベースでわずか一・三%に過ぎない。このため、鉄道は時代遅れの乗物と見なされているが、自動車一辺倒の状況を変えるべく、在来線の複線化や高速鉄道計画が進められており、後者はバンコク=ナコーンラーチャシーマー間で工事が始まっている。

一方、交通渋滞が深刻となったバンコクでも一九七〇年代から新たな都市鉄道の導入計画が浮上し、紆余曲折を経て一九九九年末にようやく最初の都市鉄道であるBTS（バンコク・マストランシット・システム）が開通した。その後地下鉄や空港アクセス鉄道（エアポート・レールリンク）も作られ、二〇二〇年現在で都市鉄道の総延長は一六五キロに達し、一日平均約一一〇万人もの人が利用している。路線網の拡張は遅々とした歩みだったが、新線建設がようやく軌道に乗ってきており、二〇二五年頃までには三〇〇キロ程度の路線網が構築されるものと予想されている。

水運は伝統的に重要な役割を果たしてきたが、現在は道路輸送に主役を取って代わられている。タイは熱帯に位置していることから、高温多湿な中での家畜を使った陸上輸送が難しく、水運の優位性は高かった。このため、沿岸水運はもちろんのこと、河川水運も盛んに用いられており、アユッタヤー時代以降は交通路としての運河の掘削もチャオプラヤー・デルタ地帯で活発に行なわれてきた。しかし、「開発」の時代以降の急激な道路整備の影響で水運の重要性は低下しており、外国との貿易は相変わらず水運が主体であるもの、国内輸送については貨物輸送での水運のシェアはトンキロベースで河川水運が四％、沿岸水運が五％に過ぎない。長距離の旅客輸送も消滅したが、バンコクではチャオプラヤー川やセーンセープ運河で通勤輸送の急行船が運行され、バンコクの都市交通手段として活躍している。

航空輸送は近年急激に利用者が増加している。タイの国内線は長らくタイ国際航空の独占状態であったが、一九九〇年代から徐々に規制緩和が進み、二〇〇〇年代に入って参入規制や運賃の下限が撤廃された。これによってタイ・エアアジアをはじめとする格安航空会社が相次いで参入し、航空利用者は急増した。バンコク＝チエンマイ間、バンコク＝プーケット間などの幹線では各社間の競合も激しく、高速バスや鉄道の利用者も航空へと転移が進んでいる。このような格安航空の台頭により、当初バンコクの空港機能は二〇〇六年に開港したスワンナプーム空港に一本化する予定であったが、結局いったんは定期便の就航を止めたドーンムアン空港も共用されることになり、現在では格安航空がドーンムアンに集結している。国際線でも格安航空が急速に路線網を拡張しており、周辺諸国の経済成長とも相まってタイへの入国者数を急増させている。

スリヨータイ（?～一五四九年）

アユッタヤー朝第一七代のチャックラパット王（在位一五二二?～一五六九年）の王妃であり、夫である王を守ってビルマ軍の侵略に立ち向かい、最終的に戦死したことから、タイの四大女傑として崇められている。

一六世紀に入ってビルマにタウングー朝が興ると、創始者のダビンシュエティー王は版図を広げるため、一五四九年、軍勢を率いてアユッタヤーを攻めてきた。カーンチャナブリーのチェーディーサームオン峠からアユッタヤーを目指して攻め込んできたビルマ軍を、チャックラパット王はアユッタヤーの西のスパンブリーで迎撃した。しかし、タイ側は劣勢となり、王はアユッタヤーまで退却してきた。その際に王妃スリヨータイは王を助けようと男装してゾウに乗り、二人の王子とともに出陣した。王妃は王の窮地を助けようと敵将との間に入ったが、最後は身をもって王を守り、戦死してしまった。チャックラパット王はアユッタヤーに仏塔を建立して遺骨を納め、現在プラ・スリヨータイ仏塔と呼ばれている。

献身的に国王に尽くしたタイ女性の鏡として、スリヨータイの話は教育を通じてタイ人の間に浸透していったが、二〇〇一年公開の映画『スリヨータイ』によって改めてその存在が認識されるところとなった。この映画は現代タイ映画を代表する監督チャートリーチャルーム・ユコンによるタイ史上最大の歴史映画である。総額五・五億バーツもの費用を費やして作成された映画は史上空前の興行記録を樹立した。歴史考証も充実しており、当時の生活やゾウを使った戦闘シーンなども史実に忠実に再現されており、タイの歴史映画のレベルを大幅に引き上げた。この成功により、さらに壮大なスケールの歴史映画『ナレースワン大王』が作成されることになる。（写真13）

写真13 旧アユッタヤー県庁舎のスリヨータイ像（2009年）

3 タイの歴史

スコータイの三代目の王ラームカムヘーンが版図を広げ、北はラオスからタイ中部を経てマレー半島に至る広大な地域を支配下に置いたとされている。このため、スコータイがタイにおける最初のタイ族の王国であるとタイのナショナル・ヒストリーでは規定されている。

タイ族の王国の成立

タイの歴史を遡る際には、民族の歴史と国土の歴史を分けて考える必要がある。これは次に述べるようにタイ系民族は元々現在のタイの領域よりも北に居住しており、後から現在のタイの領域に移動してきたためである。民族移動の歴史は後で述べることにして、ここでは国土の歴史を追う。

現在のタイの領域に政治権力が発生したのは、紀元前後に中国とヨーロッパを船で結ぶ交易ルート「海のシルクロード」が形成された頃であると考えられるが、最初に現れた大国はドヴァーラヴァティーであったとされている。この国は七～一一世紀頃に中部を中心に栄えたモン・クメール系のモーン族の国であり、中心はバンコクの西五〇キロに位置するナコーンパトムにあったと言われている。この町のシンボルであるプラパトム仏塔の元の塔が最初に作られたのが、このドヴァーラヴァティーの頃であった。その影響力はメコン川中流域にも広がっており、東北部にもドヴァーラヴァティー時代の環濠集落跡が多数残っている。

写真14　ワット・プラボーロムマタートチャイヤーの仏塔（1991年）

一方、マレー半島では七世紀頃にシュリーヴィジャヤという国が誕生し、タイの南部を含むマレー半島一帯がこの国の勢力下に置かれたと言われている。この時代に作られたスラートターニー県チャイヤーにある仏塔がシュリーヴィジャヤ様式の典型例であり、ナコーンシータムマラートのワット・マハータートもこの時代に起源を持つと言われている（写真14）。都が置かれたとされているスマトラ島のパレンバン付近には当時の遺構が少ないことから、タイではシュリーヴィジャヤの中心地はタイ南部にあったという説が強かった。

その後、クメール族の強大な国がタイの領域を支配す

写真15　チエンマイのラーンナー様式の寺院ワット・ロークマニー（2013年）

ることになった。七世紀に現在のカンボジアで成立した真臘という国がタイの東北部を支配下に置き、これを継いで九世紀初めにアンコール朝が成立すると、タイの中部から東北部にかけての広い範囲がアンコール朝の影響下に置かれることになった。そして、東北部を中心に多数のクメール式寺院や療養所が造られた。ピマーイ遺跡やパノムルン遺跡などがその代表である。クメールの勢力はチャオプラヤー川流域にも及び、クメール式遺跡の残るロッブリーが支配の拠点であった。チャオプラヤー川中流域のスコータイ周辺までクメール式寺院の遺構が残ることから、このあたりまでがアンコール朝の支配域であったものと考えられる。

一一〜一二世紀頃になると、現在のタイの領域へ向けてタイ族が徐々に南下を始めていた。タイ族の「くに」はムアンと呼ばれ、山と山の間の盆地に成立し、稲作を基盤としていた。彼らがメコン川沿いに徐々に南下してきて、やがてタイの領域にムアンを作ることになった。最初のムアンはタイ最北端のチエンセーンに一一世紀頃成立したと考えられており、一三世紀にこのムアンの領主となったマンラーイ王が更なる南下を試み、チエンラーイを経て一二九六年にチャオプラヤー川の支流のピン河畔に「新しい都」チエンマイを作った。これがチエンマイを中心として以後二〇世紀初頭まで続くラーンナータイ王国の始まりである(写真15)。

一方、これより少し前の一二四〇年頃に、さらに南のヨム河畔のスコータイにもタイ族のムアンが成立した。スコータイはアンコール朝の支配する町であったが、これを南下してきたタイ族が奪ったのである。この王国の三代目の王ラームカムヘーンが版図を広げ、北はラオスからタイ中部を経てマレー半島に至る広大な地域を支配下に置いたとされている(図7参照)。このため、スコータイがタイにおける最初のタイ族の王国であるとタイのナショナル・ヒストリーでは規定されている。

しかし、当時のムアンの力は権力者の権威の強弱に応じて変化することが多く、ラームカムヘーン王の後はスコータイの勢力も低下し、最終的にはアユッタヤーに併合されてしまう。

チャオプラヤー川中流域に王国を興したタイ族はさらに南下を続け、一四世紀に入ると下流域にもタイ族のムアンがいくつも出現していった。クメールの要衝であったロッブリーも、ドヴァーラヴァティーの時代に成立したナコーンパトムなどの古くからの町も、タイ族のムアンに変わっていった。そのような中で、一三五一年にウートーン王がアユッタヤー朝を興し、新たなタイ族の王国が出現した。この国は当初アヨータヤーと呼ばれていたと考えられており、アユッタヤーという名前が使われるのは一七世紀以降である。アユッタヤー朝は東のアンコール朝から入ってきたインド的な宗教や儀礼を用いて国王の権威を高め、支配域を拡大していった。一五世紀に入ってからはアンコール朝を崩壊させ、北のスコータイも併合した。マレー半島へも支配域を拡大し、ラーンナータイ王国を除くほぼすべての地域がその支配下に置かれることになった。

このように強大化したアユッタヤー朝であったが、一六世紀に入って西隣のビルマにタウングー朝が出現すると、危機に直面することになった。タウングー朝のバインナウン王は支配域の拡大のためにラーンナータイとアユッタヤーに軍勢を送り、ラーンナータイは一五五八年に陥落して、以後約二〇〇年間ビルマの属国の扱いを受けることになる。その後、アユッタヤーも一五六九年にビルマ軍の手に落ち、一時的にビルマの属国となった。

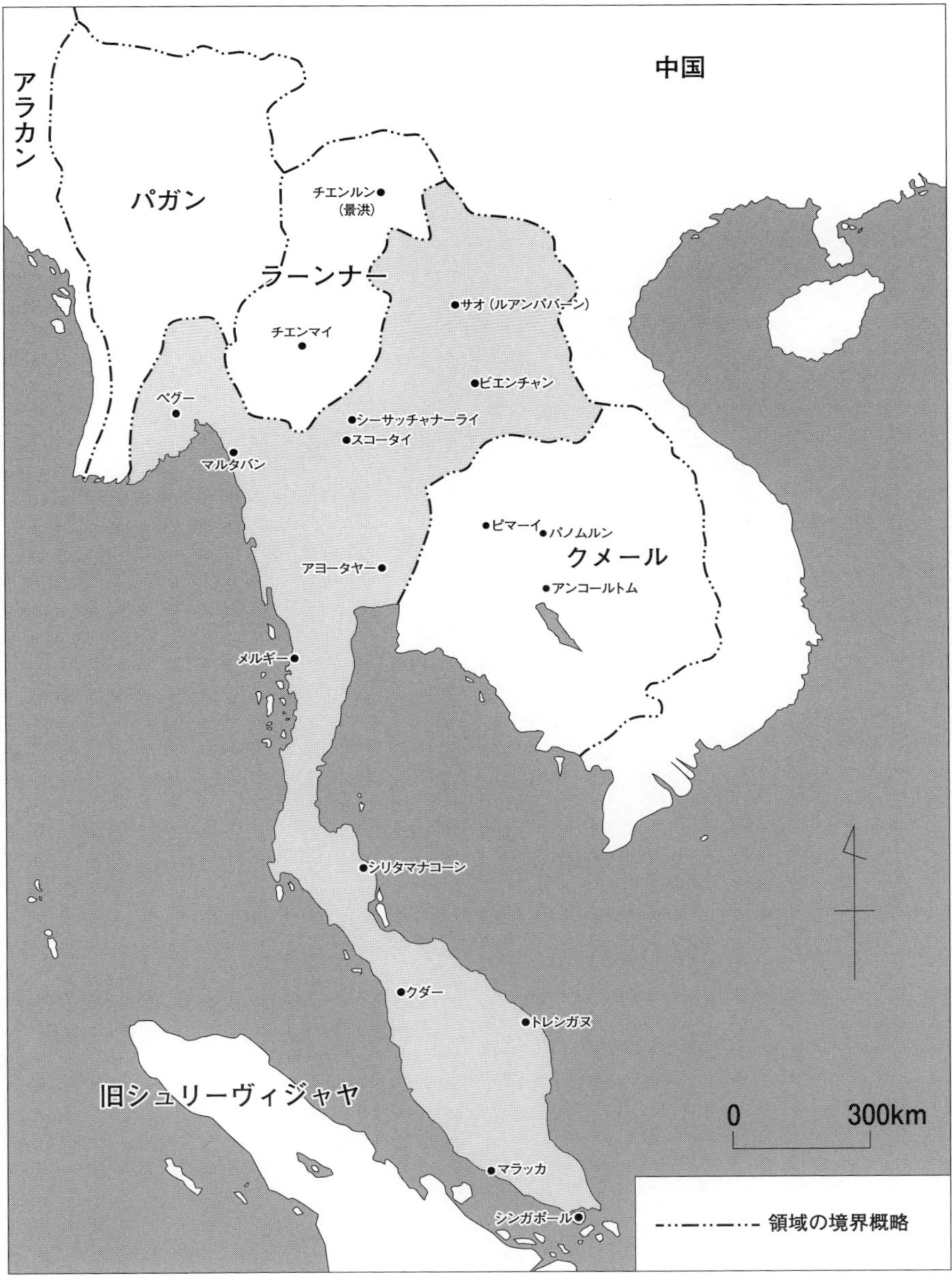

図7　スコータイ朝の領域(ラームカムヘーン王期)　出所：柿崎. 2007.

シャムの隆盛

ビルマに支配されたアユッタヤーの危機を救ったのはナレースワン王であった。ナレースワンはビルマに人質として連れていかれたが、その後タイに戻って独立の機会を狙っていた。彼はバインナウン王の死去に伴うタウングー朝の勢力低下を察知して、一五八四年に独立を宣言し、これを阻止しようとするビルマ軍の攻撃を食い止めた。

王位を継承したナレースワン王はアユッタヤー国の中央集権化を進め、ラーンナータイ王国も一時的に支配下に置くなど、支配域の拡大に努めた（図8参照）。この頃東南アジアは「交易の時代」として繁栄し、アユッタヤーにもアジアやヨーロッパから貿易船が盛んに入港し、多くの外国人町が形成された。一七世紀初頭には日本人町も出現し、その頭領であったとされる山田長政が登用されて要職に就いていた。

アユッタヤーの繁栄は一七世紀後半のナーラーイ王の頃まで続いた。一六五六年に王位に就いたナーラーイ王はヨーロッパ諸国との関係を構築しようとし、フランスのルイ一四世に使節を派遣した。ところが、フランスはナーラーイ王に対してキリスト教への改宗と貿易港の割譲を求めたことから、アユッタヤーは態度を硬化させた。ナーラーイ王の死後、アユッタヤーはフランスとの関係を断ち切り、フランスが送り込んできた軍勢を一掃した。この後、アユッタヤーではヨーロッパ商人に代わって華人商人が台頭していったが、「交易の時代」の終焉とともにアユッタヤーの威光も徐々に薄らいでいった。

一八世紀に入ると、ビルマにコンバウン朝という強大な王国が出現し、再びタイに干渉してきた。一七六二年に王位に就いたシンビューシン王はラーンナータイ王国やラオスのラーンサーン王国へも遠征を行ない、着実にその勢力を拡大していった。これに対してアユッタヤーは十分な対応を取ることができず、最終的にビルマ軍はアユッタヤーを北と南から包囲し、一七六七年四月に陥落させてしまった。これによりアユッタヤーは、四〇〇年以上続いた歴史の幕を閉じることになった。

アユッタヤーの陥落後、タイ国内では各地の領袖がビルマ勢を追い出してタイの独立を回復させようと画策した。そのひとり、北部下部のタークの領主であったター

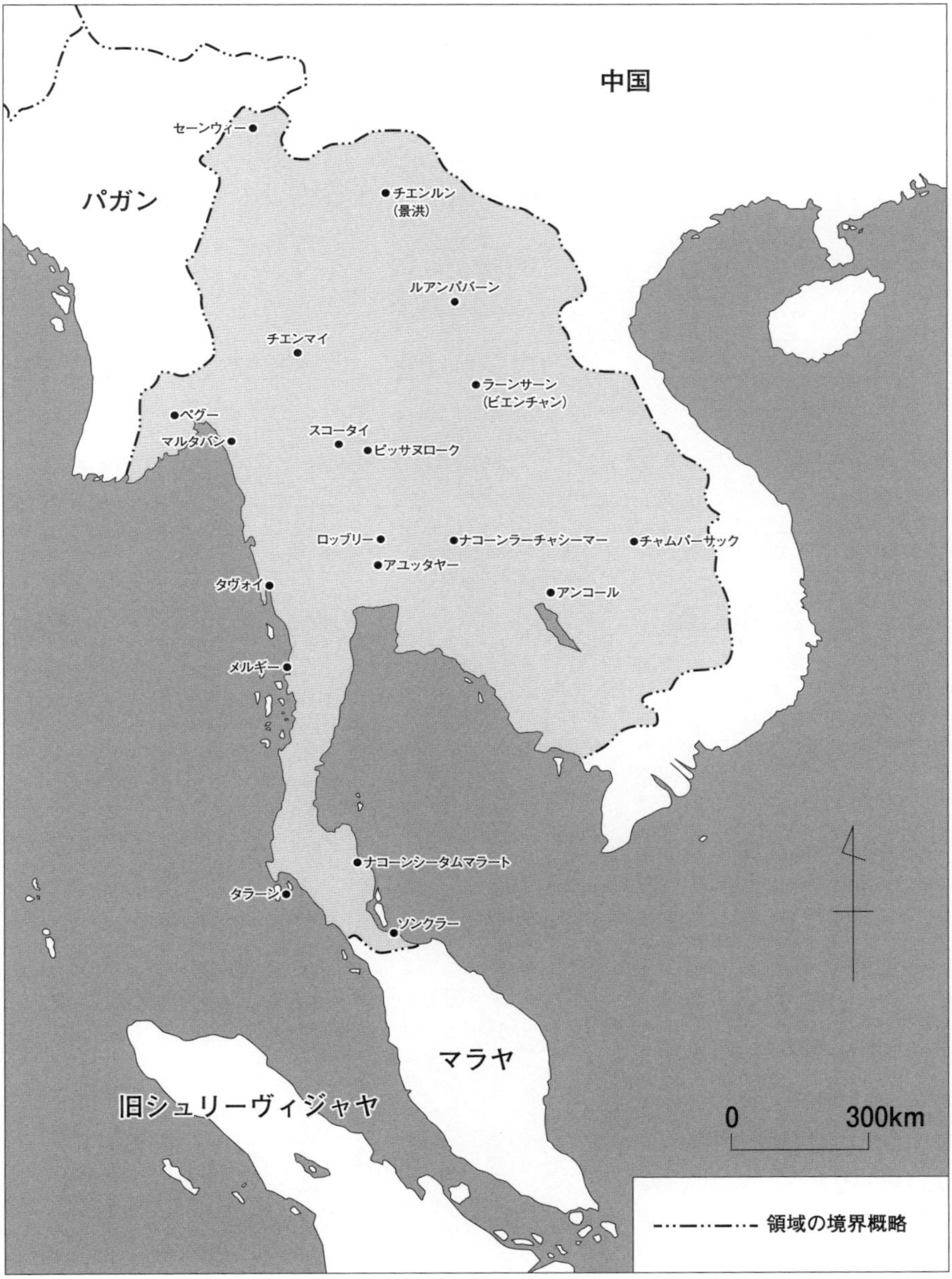

図８ アユッタヤー朝の領域(ナレースワン王期)　　出所：柿崎. 2007.

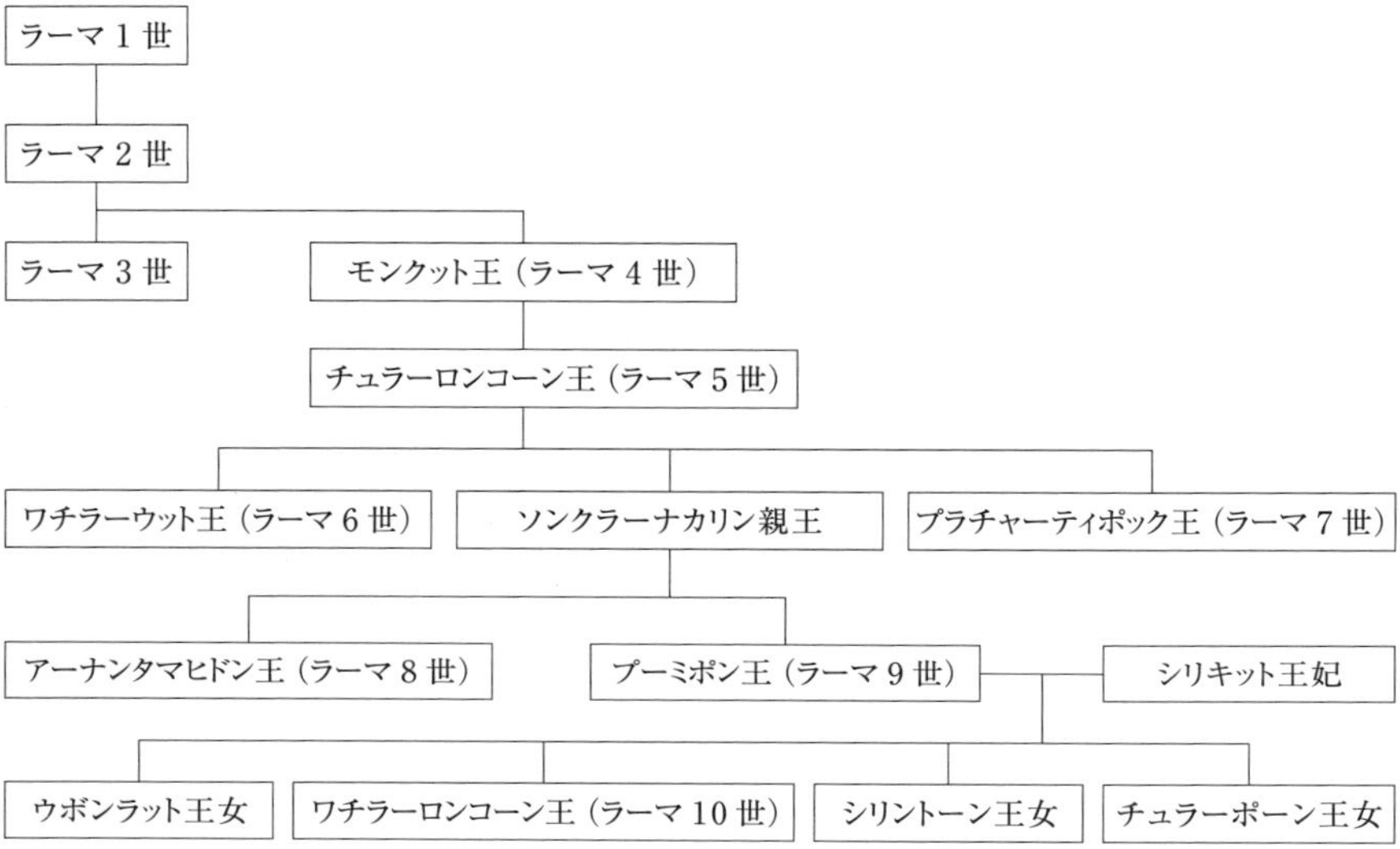

図9　ラッタナコーシン朝王統譜　　出所：日本タイ協会編，2009. に加筆修正

クシンがいったんタイ湾東海岸のチャンタブリーに退却して勢力を固めた後、トンブリーの砦を占領していたビルマ勢を駆逐し、一七六七年中にアユッタヤー周辺のビルマ軍をすべて排除した。タークシンはトンブリーの地に都を建設し、新王として即位すると、国内各地や隣国の平定を進めて、現在のラオスからカンボジアに至る広大な領域を支配下に置いた。この領域拡大に活躍したのが、チャオプラヤー・チャックリーとその弟であった。

ところが、タークシンによってビルマ勢が一掃されて落ち着きを取り戻すと、タークシンとアユッタヤー時代の有力者たちとの間に対立が生じ、旧来勢力はチャオプラヤー・チャックリーを支持するようになった。そして、チャオプラヤー・チャックリーがカンボジア平定に出向いた際に旧来勢力による「クーデター」が発生し、彼は急遽トンブリーに戻ってタークシン王を「処刑」し、一七八二年に即位した。これが現在まで続くラッタナコーシン朝（チャックリー朝）の始まりであり、チャオプラヤー・チャックリーはラーマ一世と呼ばれるようになる（図9参照）。ラーマ一世はトンブリーの都の対岸に新たな都を築き、ここを「天使の都」と命名した。

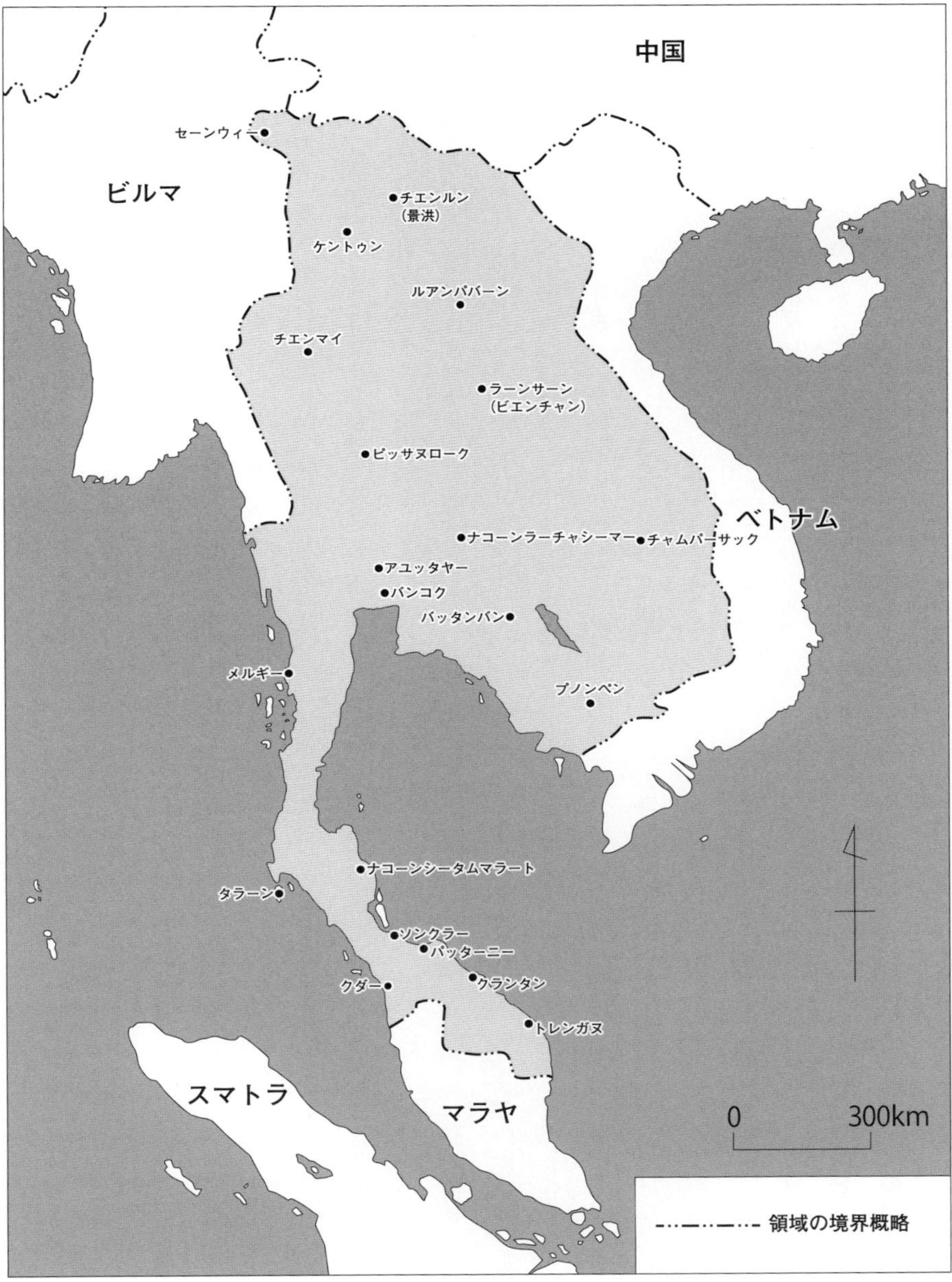

図10　ラッタナコーシン朝の領域(ラーマ1世王期)　出所：柿崎. 2007.

ラッタナコーシン朝も支配域の拡大に努め、現在のラオス、カンボジア、マレーシア北部を属国とし、全盛期のアユッタヤーに匹敵する強大な国を築き上げた（図10参照）。ビルマも何回かタイに攻撃を仕掛けてきたが、タイはそれを撃退することに成功した。しかし、カンボジアを巡ってはベトナムの阮《グエン》朝との間で対立が発生し、一九世紀半ばまで断続的に戦争が続いた。また、一八二七年にはラーンサーン王国のアヌウォン王が反乱を起こし、タイはこれを平定して首都ビエンチャンを廃墟とした。しかし、その過程でアヌウォン王がベトナムに庇護を求めたことで、ラオスを巡るタイとベトナムの対立も発生した。

一九世紀に入るとタイの周辺諸国にもヨーロッパの大国が触手を伸ばし始め、イギリスがマレー半島とビルマに、フランスがベトナムへと接近してきた。一八二六年には第一次英緬《えいめん》戦争の結果、ビルマが領土の一部をイギリスに割譲することになり、ベトナムも一八五〇年代からフランスとの対立に本格的に悩まされることになる。このため、タイの敵も周辺諸国から列強へと変わり、周辺諸国の状況を見ながらこの危機を切り抜ける方法を模索していくことになる。

シャムの危機

一八五一年に即位したモンクット王（ラーマ四世）は、ビルマとイギリスの戦争や一八四〇年のアヘン戦争による中国の敗北を目の当たりにして、タイの進むべき道を熟考した。そして、列強と対立をするのではなく、可能な限り列強の要求を受け入れて良好な関係を構築する道を選んだ。その結果、モンクット王は一八五五年にイギリスとの間にバウリング条約という不平等条約を結ぶことになった。この条約は、これまでの伝統的な王室独占貿易を完全に廃止し、自由貿易を認めるというものであった。また、タイ国内の法制度の不備を理由にイギリス人の治外法権を認め、植民地の住民を想定した保護民に対する裁判権も相手国の領事に委ねることになった。

この条約は事実上タイの「開国」であり、これによって最大の財源である王室独占貿易からの収入を失ったことから、これに代わる収入源として輸出を奨励することになった。その最大の品目が東南アジアの植民地化に伴って需要が高まっていたコメであった。このコメ輸出の拡大が、従来未開地が広がっていたチャオプラヤー・デルタ下部の開拓を促進したのである。

モンクット王の後を継いで一八六八年に即位したチュラーロンコーン王（ラーマ五世）は、タイの近代化と外圧への対応という難しいかじ取りを迫られることになった。タイの伝統的な統治機構は分権的な要素が強く、中央政府においては有力貴族が大きな権限を握っており、地方では領主や属国の王が「自由」に統治を行なっていた。列強は徐々にタイの宗主権が及んでいると思われる領域にも触手を伸ばしてきており、このような分権的な国家を中央集権化することがタイの独立を守る上で最も重要であるとチュラーロンコーン王は考えた。そして、王は一八七〇年代から大幅な統治改革に乗り出すが、改革が本格化するのは一八九〇年代からで、中央省庁の再編、地方統治の集権化（テーサーピバーン制）、教育制度の導入、奴隷制の漸進的廃止、徴兵制の導入などが行なわれた。これら一連の改革を「チャックリー改革」と呼んでいる。

しかし、チュラーロンコーン王の改革よりも先に、タイの支配域は徐々に縮小していった。一八六三年にはカンボジアがフランスの保護国となり、モンクット王は宗主権はタイにあるとしてこれに異を唱えたものの、最終的には容認せざるを得なかった。その後、一八八〇年代にフランスがベトナム全土を確保すると、メコン川流域への勢力拡大を本格化させた。一八八八年にタイの属国ルアンパバーンが支配していたベトナム北部のシップソーンチュタイ（現ディエンビエンフー周辺）がフランスに譲渡されると、フランスはベトナムの宗主権を理由にメコン川左岸を割譲するようタイに要求した。タイはこれに応じず、フランスはバンコクに軍艦を派遣して港を封鎖し、タイに要求を呑むよう迫った。タイはイギリスの助けを期待したがイギリスは動かず、結局タイはこの要求に応じ、一八九三年にメコン左岸はフランスに割譲された。

この「シャム危機」の後、イギリスはフランスを牽制するためにタイの扱いについて交渉し、チャオプラヤー川流域を「緩衝地帯」とすることを取り決めた。これによってタイの独立は保たれることになったが、東北部をフランスが、南部をイギリスが確保することを互いに認め合うものであった。しかし、タイは結果として緩衝地帯よりもはるかに広い領域を維持することに成功した。これにはチャックリー改革による中央集権化の推進と、鉄道

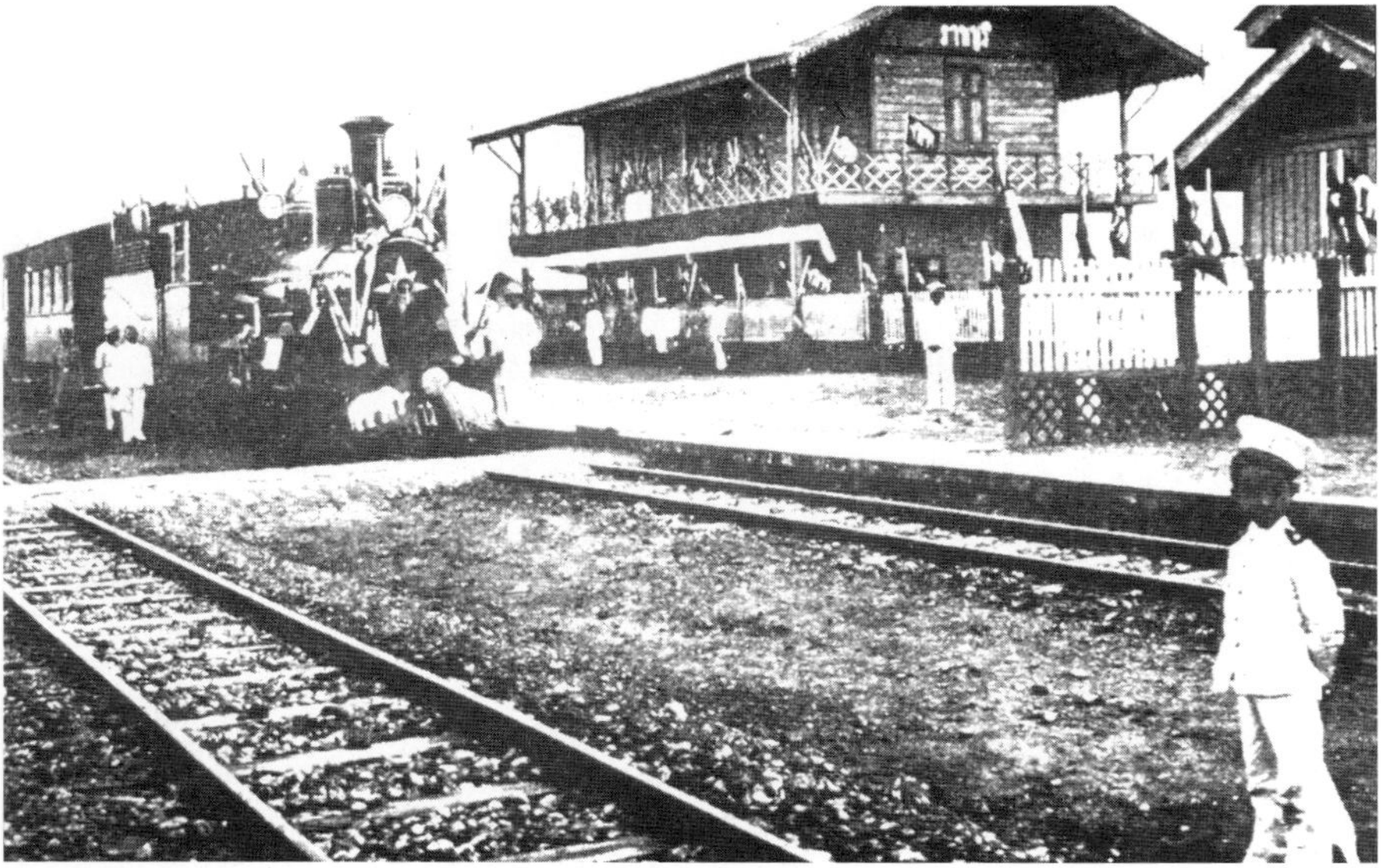

写真16　鉄道の開通式（ラーチャブリー駅、1903年）（タイ国立公文書館）

の建設による領域の経済的な統合が貢献していた（写真16）。

二〇世紀に入ってからは、タイはアジア系保護民に対する領事裁判権の廃止と引き換えに領土を一部割譲するという手法を用いて、不平等条約の中でも特に問題となっていた治外法権の解消を進めた。一九〇九年のマレー四州のイギリスへの割譲をもって領土の「喪失」は終わり、現在のゾウの顔のかたちが完成した（図11参照）。

一九一〇年にチュラーロンコーン王の後を継いだワチラーウット王（ラーマ六世）は、ナショナリズムを鼓舞して、人々に「タイ人」としての自覚を持つよう説いた。王は「タイ人よ目覚めよ！」、「東洋のユダヤ人」といった論説を発表し、タイ国内の華人の危険性を訴えた。その後、後述する「ラック・タイ」と呼ばれるタイの国家原理である「民族・宗教・国王に対する忠誠」を説いたのも王であった。この原理を視覚化したものが、一九一七年に制定された現在の国旗である。この年にはタイは第一次世界大戦に参戦し、連合国側に立って部隊の派遣も行なった。これは大戦後に列強と肩を並べようとの意図から行なわれたものであり、無事に戦勝国となったタイは、戦後不平等条約の解消を求めていくことになる。

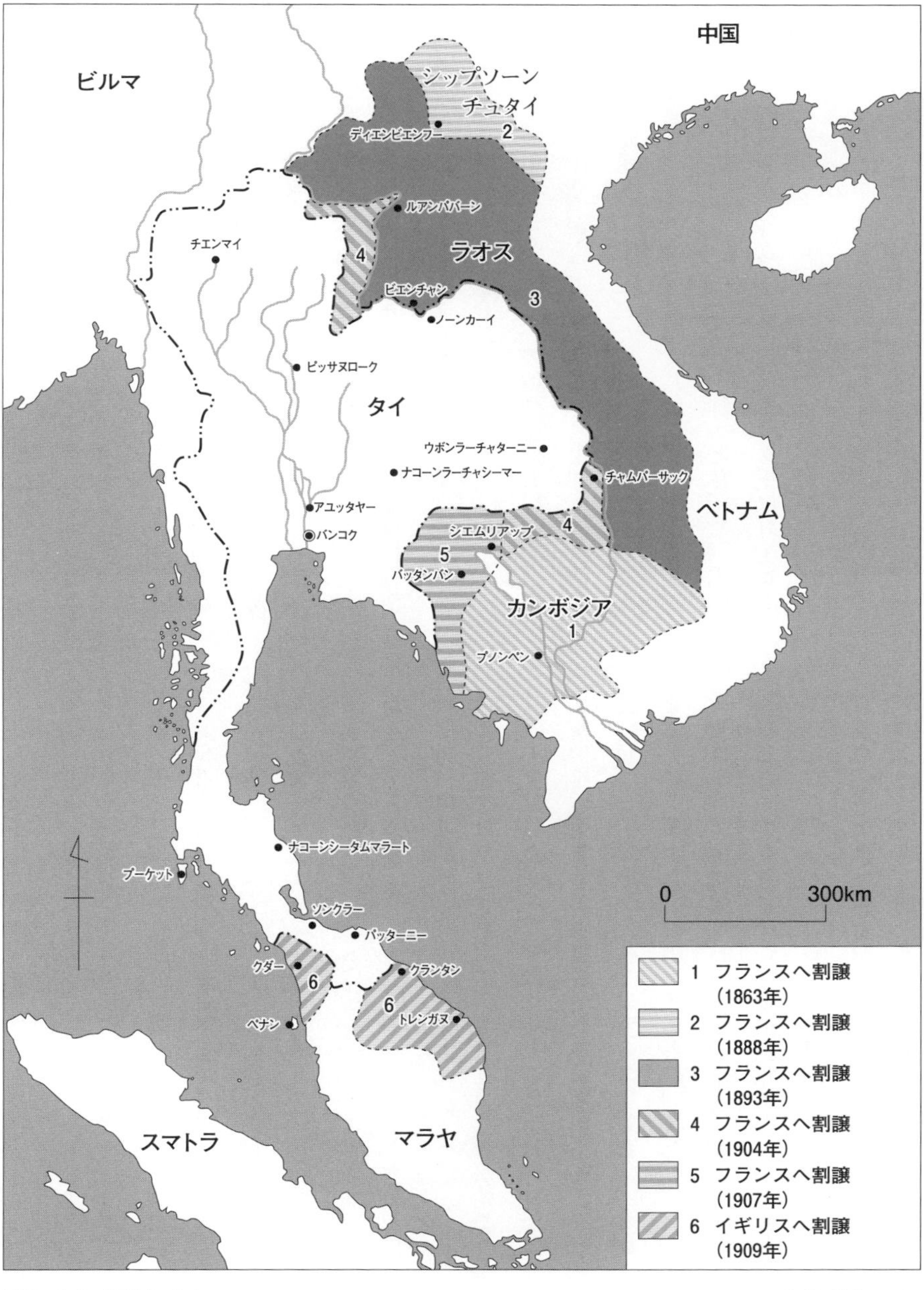

図11　タイの支配域の縮小　　出所：柿崎. 2007.

シャムからタイへ

ワチラーウット王が一九二五年に死去し、プラチャーティポック王（ラーマ七世）が後を継ぐと、タイ国内でも絶対王政への不満が高まってきた。ワチラーウット王が浪費を重ねて財政状況が悪化したことへの反発のみならず、議会制民主主義の導入を求める声も徐々に強くなっていったのである。特に一九二九年の世界恐慌後に経済状況が悪化し、公務員の解雇や減俸が行なわれると、バンコクの中産階層による政府批判が強まった。

そのような中で、ヨーロッパの留学生が人民党を名乗る秘密結社を作り、絶対王制から立憲君主制への政治体制の変革を追求することにした。彼らは国内で同志となる軍人を巻き込み、一九三二年六月にクーデターを起こした。これによってタイは立憲君主制へと移行し、人民党政府との対立からプラチャーティポック王はヨーロッパに渡り、一九三五年に退位を宣言してしまう。後継ぎとして即位したアーナンタマヒドン王（ラーマ八世）はまだ幼少であり、国王や王室の存在感は希薄となった。

民主主義を謳った人民党であったが、実際には内部の路線対立から分裂し、初代首相のプラヤー・マノーパコーン率いる内閣はわずか一年でクーデターによって崩壊した。その後、人民党設立時のリーダーの一人であったプレーク・ピブーンソンクラーム（ピブーン）が頭角を現し、一九三八年に首相の座に就いた。彼はナショナリズムを鼓舞して、「大タイ主義」を唱えていった。一九三九年には国名を「シャム」から「タイ」へと変更し、国家信条（ラッタニヨム）を公布して西洋的な服装を推奨するなど、タイの西欧化、近代化を指向した。

この頃、ヨーロッパでは第二次世界大戦が始まっており、フランスがドイツに敗れると、日本はベトナム北部に軍勢を派遣することをフランスに認めさせた。これを見たピブーンは弱体化したフランスに対して、メコン川をフランス領インドシナとタイとの国境とし、メコン右岸でフランスに割譲した領土をタイに「返還」するよう要求した。フランスがこれを拒絶したことから一九四〇年一一月に戦いが起こるが、最終的に日本が仲介役を果たして、一九四一年五月、タイは無事に「失地」を回復することに成功した（写真17）。日本はこれでタイに恩を

写真17　フランスへの「勝利」を記念して造られた戦勝記念塔（2009年）

売り、迫り来る戦争への協力を期待したのである。

一九四一年一二月八日、日本軍はタイに侵入し、タイは第二次世界大戦に巻き込まれることになった。タイは開戦まで日本軍に協力するかどうか決めかねていたが、大タイ主義を推進していたこともあり、日本軍の快進撃を見て枢軸国側に立つことを決め、米英に対して宣戦布告を行なった。タイ軍はビルマのシャン州に進軍し、やがて日本からシャン州東部の宗主権を認められた。しかし、枢軸国側の戦況の悪化とともにタイは徐々に日本と距離を取るようになり、連合国側との関係改善を模索した。それを推進したのが英米で抗日運動を展開していたタイ人が設立した「自由タイ」という組織で、彼らはタイ国内の抗日グループとも連携して勢力の拡大を図った。タイで活動の中心となったのは、ピブーンと敵対していた元人民党のプリーディー・パノムヨンである。摂政の座に就いていた彼は日本の敗戦直後に英米への宣戦布告の無効を宣言し、枢軸国側に反旗を翻した。この行動が認められ、タイは敗戦国の扱いを受けずに済んだのである。

戦争中の一九四四年に首相を辞任したピブーンは、しばらく政治の表舞台から去っており、自由タイの立役者であるプリーディーが一九四六年に首相の座に就いた。彼は議会制民主主義を実現するために民主的な新憲法を制定したが、複数政党制が認められた結果、多数の小政党が乱立することとなった。さらに、戦後タイに戻ってきたアーナンタマヒドン王が同年六月に王宮で怪死するという事件があり、プリーディーは結局国外へ去った。この事件の後に即位したのが、アーナンタマヒドン王の弟であるプーミポン王（ラーマ九世）である。しかし、政情は安定せず、プリーディーがタイに戻って復権を画策したことから、ピブーンの退陣以降冷遇されていた陸軍が危機感を抱き、一九四七年にクーデターを起こした。

クーデター後に文民内閣ができるが、ピブーンが翌年またクーデターを起こして、首相の座に返り咲いた。ピブーンは反共を前面に掲げて親米路線を取ったので、当初はかつて日本軍に協力していた彼に不信感を抱いていたアメリカからも支持を得ることになった。一方、ピブーンに反発するプリーディーは、陸軍に反感を持つ海軍と手を組んで一九四九年にクーデターを起こすが失敗し、再び海外へ逃亡する。海軍は一九五一年にもクーデターを起こすが再び失敗し、その後二度とクーデターを起こすことはなかった。

西側陣営の一員となったタイはアメリカから経済援助や軍事援助を受けて、インフラの復興や軍備増強を図った。東南アジア条約機構（ＳＥＡＴＯ）の本部も誘致し、アメリカの歓心を買う努力を続けた。

このように対外的にはアメリカなど西側からの信頼を獲得したピブーンであったが、国内では政治活動への規制など不満が高まっていた。総選挙で合法的な首相の座を確保しようとしたピブーンは、一九五五年に政党活動を自由化し、労働組合活動も合法化するなど緩和政策を進め、国民の支持を高めようとした。一九五七年の総選挙でその成果が問われることになったが、何としても勝利したいピブーンは不正を行なって選挙に勝利した。これが発覚したことから反政府デモが起こり、ピブーンの下で鎮圧を指示されたサリット・タナラットが反旗を翻し、市民を味方に付けてクーデターを敢行した。これによって第二次ピブーン政権は崩壊した。

「開発」と「民主化」

サリットは病気療養のため直ちに首相の座には就かなかったが、一九五八年に「革命（パティワット）」と称するクーデターを行なって、翌年首相の在に就いた。彼は「開発（パッタナー）」を旗印に掲げた独裁体制、いわゆる開発独裁体制を築いて、立憲革命以降低迷していた国王の権威を復活させ、これを利用して自らの権威も高めようとした。国王を元首とした民主主義が「タイ式民主主義」であると主張し、権威主義体制を正当化しようとしたのである。

経済面ではこれまでの経済ナショナリズムから外資導入型の工業化へと舵を切り、西側先進国から積極的に投資を受け入れて工業化を進めようとした。政府の役割はそのためのインフラ整備に特化し、西側諸国からの潤沢な資金協力も活用して道路やダムの建設を進めていった。アメリカの援助によって一九五八年に開通したサラブリー＝ナコーンラーチャシーマー間のフレンドシップ・ハイウェーを皮切りに、タイは急速に高規格道路の整備を進め、王族の名を冠したプーミポン・ダム、シリキット・ダムなどの大型ダムも相次いで完成していった。この「開発」は共産主義への対抗措置としての意味合いも強く、既に共産勢力が浸透していた山間部の僻地で双方の対立が顕著となっていった。

サリットが一九六三年に死去するとタノーム・キッティカチョーンが後を継いだが、彼は副首相のプラパート・チャールサティエンと二人三脚で強権的な支配を進め、一九六八年にようやく憲法を制定して総選挙を行なった。そして、どうにか選挙によって首相の座を確保したものの、議会運営に苦慮したことから一九七一年に再びクーデターを起こして憲法と国会を廃止してしまった。

一方、憲法によって自由な活動を保証されていた学生たちは、世界的なベトナム反戦運動の影響も受けて、強権支配に対する抗議活動を展開した。彼らは一九七二年に日本商品不買運動を組織し、これに成功するとその矛先を開発独裁政権へと向けた。タノーム政権はこの動きを武力で鎮圧しようとし、一九七三年一〇月一四日に反政府デモ隊と軍・警察が衝突した（写真18）。これをプーミポン王が仲裁し、タノーム政権を退陣させることで開発

写真18　10月14日事件（1973年）（คณะกรรมการดำเนินการจัดงาน 20 ปี 6 ตุลา. 2539.）

独裁体制は終焉を迎えた。

この「一〇月一四日事件」の後、タイは民主的な政治体制を指向する「民主化」の時代に入った。しかし、議会制民主主義のルールの下では不安定な連立政権しか成立せず、政情は不穏になった。また、開発独裁体制の崩壊により、それまで抑圧されていた農民や労働者などさまざまなグループが待遇の向上を求めて要求を突き付け、集会やストが頻発して社会状況は混乱した。さらにオイルショックの影響もあり、それまで順調に伸長してきた経済も陰りを見せた。

他方で、インドシナ半島では共産勢力の拡大が著しく、軍をはじめとする右派は学生など左派の台頭に危機感を抱いた。右翼組織による農民、労働者、学生への攻撃が頻発し、一九七六年一〇月六日にはタムマサート大学に集結していた学生を右派グループが襲撃する事件が発生した。軍はこの「一〇月六日事件」を収束する名目でクーデターを起こし、「民主化」の時代は幕を閉じた。

この後、強権的なターニン・クライウィチエン政権が出現したが、軍との関係が悪化して、一九七七年のクーデターで退陣を余儀なくされ、クリエンサック・チャマナン、プレーム・ティンスーラーノンと軍人首相の政権が続いた。彼らはサリットやタノームのような独裁的な手法は取らず、議会制民主主義のルールを堅持しつつ、調整型の政治を行なった。特にプレーム政権は一九八〇年から一九八八年まで五期にわたって続き、議会制民主主義の原則を重視しながらも国王や軍の意向も尊重する「半分の民主主義」と呼ばれる政治スタイルを貫いた。この調整型の政治は共産勢力にも適用され、投降者に対して寛大な処置を約束したことと、「民主化」の時代の終焉後にタイ共産党に合流した学生らと旧来からの武闘派との間の内部対立も相まって、共産勢力は一九八〇年代半ばまでにほぼ消滅した。

一九八〇年代後半になるとタイは経済ブームに沸き、国民の民主化への要求も高まって、一九八八年の総選挙によって政党政治家のチャートチャーイ・チュンハワンが首相に就任した。久々の政党政治家の登場に国民も期待したが、彼をはじめ主要な閣僚はビジネスを行ないつつ政界にも進出した政治的実業家であり、好景気による公共事業の拡大や規制緩和という利権に喰らいつき、さらなる蓄財を行おうとした。「ビュッフェ内閣」と揶揄されたこの政権は政党政治に対する国民の不満を高め、軍との関係も悪化したことから、一九九一年のクーデターで崩壊してしまった。

クーデターの首謀者、軍の総司令官スチンダー・クラープラユーンは、アーナン・パンヤーラチュン暫定政権を発足させた上で一九九二年に民政復帰のための総選挙を行なったが、自らが首相に就任したことで批判が高まった。抗議運動を指導したのは元バンコク都知事のチャムローン・シームアンである。スチンダーは反政府デモを武力鎮圧しようとして、多くの死傷者を出した。これが「暴虐の五月」と呼ばれる事件である。混乱は最終的にプーミポン王が介入することで収束し、スチンダーは首相の座を辞任した。この時の反政府デモに多数参加したのが中間層と呼ばれるホワイトカラー職従事者や学生・知識人で、彼らが「民主化」推進の中心とみなされるようになった。

「対立」の時代

「暴虐の五月」の後、タイの政治は再び「民主化」の方向に向かった。しかし、総選挙後に成立した民主党のチュワン・リークパイ政権も連立政権で、中間層が期待したほど大胆な施策は実行できず、閣僚の汚職問題で一九九五年には国会解散に追い込まれた。次に出現したタイ国民党のバンハーン・シンラパアーチャー首相は政治的実業家であり、またも金権政治のうわさが絶えない内閣となった。翌年再び国会は解散され、次の首相となったのは農村部を地盤とする新希望党のチャワリット・ヨンチャイユットであった。

中間層にとってはこのような政権の誕生は民主化の後退でしかなく、より民主的な新憲法の制定に期待が高まった。国会議員の既得権に触れるようなこの憲法が国会で簡単に可決されるとは思われなかったが、一九九七年七月に通貨危機が発生し、一刻も早く政治改革を行なって危機を脱出すべきだという認識が高まり、同年九月の国会で可決された。この「九七年憲法」は、従来の憲法とは異なり、政治権力の抑制や国民の政治参加が強調されていた。しかし、チャワリットは辞職し、チュワンが連立工作を行なって新内閣を成立させたことから、新憲法の下での総選挙はすぐには行なわれなかった。

二〇〇一年にようやく新憲法の下での総選挙が行なわれ、タックシン・チンナワットの愛国党が圧勝した。彼は中国系タイ人であり、典型的な政治的実業家であった。一九九〇年代に政界に入り、一九九八年に自ら愛国党を結成し、有力議員を一本釣りでスカウトして勢力を拡大した上で、地方の農民層に受けるポピュリスト的政策を公約に掲げて選挙戦に挑んだ。タックシンは首相に就任後、これらの貧困解消策と経済成長を同時に進める「デュアル・トラック」路線を採用し、彼の経済政策は「タックシノミクス」と呼ばれた。ポピュリスト的政策が功を奏したこともあり、愛国党は二〇〇五年の総選挙で大幅に議席を伸ばし、史上初の文民単独政権を成立させた。

しかし、トップダウン的で利益追求型の政権運営に対する不満の声も高まり、二〇〇六年一月に多額の株式売却益を得たと報じられると、守旧派と呼ばれる都市の中間層を中心に反タックシン運動が発生した。タックシン

โลกวันนี้ ข่าวด่วน
ปฏิวัติ!

写真19　2006年クーデターを報じる新聞

は国会を解散して総選挙を行なうが、野党である民主党はこれをボイコットした。その結果、同年四月に行なわれた総選挙は愛国党の圧勝となったものの、国王がこの総選挙に疑問を呈し、その後憲法裁判所が選挙の無効を宣言した。このため、総選挙は一〇月にやり直しと決まるが、その選挙を迎える前の九月に軍が久々のクーデターを起こし、タックシン政権は崩壊する（写真19）。

　この後、反タックシン派と親タックシン派の対立が続き、現在に至ることになる。反タックシンは黄シャツを、親タックシン派は赤シャツを着たことから、この対立は「黄」と「赤」の対立と呼ばれるようになり、親タックシン政権が成立すると「黄」が活動を活発化させ、反タックシン政権が成立すると「赤」が反発するという構図が繰り返された。クーデター後のスラユット・チュラーノン暫定政権は「強すぎる」政権に歯止めをかけるための新憲法を制定して総選挙を行なったが、二〇〇八年の総選挙で勝利したのは「赤」であった。このため、「黄」の反発が高まり、首相府やスワンナプーム空港の封鎖を行なうなど強硬策に出た。結局、親タックシン派のサマック・スンタラウェート、ソムチャーイ・ウォンサワットとも憲法裁判所の判決で失職し、ソムチャーイの失職後に多数派工作を行なった反タックシン派の民主党が組閣に成功したことから、二〇〇八年末にアピシット・ウェーチャーチーワが首相となった。

　反タックシン派の政権ができると、今度は「赤」が解散・総選挙を求めて活動を活発化させることになった。「赤」は二〇〇九年にはパッタヤーでのＡＳＥＡＮ（東南アジア諸国連合）会議の開催を妨害し、その後のバンコクでの抗議行動は軍と警察によって強制的に排除された。次いで「赤」はタックシンの恩赦を求める嘆願書を出す作戦を取り、三五〇万人分の署名を集めて提出したが、具体的な成果は得られなかった。さらに、二〇一〇年には「赤」のデモ隊がバンコクの繁華街を占拠し、軍が強制排除に乗り出したものの、ショッピングセンターが放火されるという「火の五月」事件が起き、多数の死者が出た。アピシットは度重なる「赤」の解散・総選挙要求に応じなかったものの、任期満了に伴う総選挙は免れないことから二〇一一年に解散、総選挙を行なった。その結果、またもや「赤」が勝利し、タックシンの妹インラック・チンナワットが初の女性首相となった。

直後に発生した大洪水の影響もあり、反タックシン派の動きはしばらく沈静化していた。黄シャツ派も解散し、その後散発的な反タックシン運動が何回か起こったものの、いずれも長続きしなかった。ところが、二〇一三年に入ってインラック政権がタックシンの恩赦を目論むと、反タックシン派がデモを再開した。彼らは恩赦法案を撤回させることに成功すると、今度はインラック政権の退陣を要求するようになった。これに対してインラックは解散・総選挙で対応したが、野党民主党は再びボイコットを決め、反タックシン派は選挙妨害を行なった。このため二〇一四年二月の総選挙は混乱の中に終わり、憲法裁判所が再び違憲判決を出して無効となった。さらに、憲法裁判所は五月に入ってインラックの失職も命じ、その直後に陸軍司令官プラユット・チャンオーチャーがクーデターを起こし、インラック政権は崩壊した。

クーデター後プラユットは自ら首相に就任し、新憲法を制定した上で総選挙を行ない、民政復帰に至るというプロセスに従うものと見られたが、彼は国民の「和解」の実現を優先すると主張し、民政復帰は遅延した。二〇一六年八月には国民投票で新憲法が決まったが、その直後の一〇月にはプーミポン国王が逝去したことで葬儀が終わるまで民政復帰はお預けとなった。その後もワチラーロンコーン王の即位式などの行事で総選挙はさらに遅れ、二〇一九年三月にようやく総選挙が行なわれた。タックシン派のタイ貢献党が第一党となったものの、第二党となった親軍政党・官民協調の力党が連立工作を成功させ、第二次プラユット政権が成立した。しかしながら、二〇二〇年二月に反軍政を掲げて躍進した新未来党が憲法裁判所によって解党させられると、支持層である学生らが反発を強め、プラユット退陣を求める運動が始まった。このように、「対立」はそう簡単に解消するものではなく、「対立の時代」は今後も続くものと思われる。

ナレースワン王（一五五五〜一六〇五年）

アユッタヤー朝第二〇代目の王で、一時ビルマの属国化したアユッタヤーの独立を回復した王として崇められている。在位一五九〇〜一六〇五年。先代のマハータムマラーチャー王の子として一五五五年に北部下部のピッサヌロークに生まれ、一五六三年にこの地がビルマによって攻撃されるとナレースワンは人質としてビルマのペグー（バゴー）に送られ、バインナウン王が養育した。一五六九年にアユッタヤーが陥落すると父がビルマの属国アユッタヤーの王に即位したことから、一五七一年にナレースワンもアユッタヤーに戻された。

その後一五八一年にバインナウン王が死去するとタウングー朝の勢力が衰退したことから、一五八四年にアユッタヤーの独立を宣言し、その後ビルマから送られてくる軍勢と何度も交戦し、最終的に一五九三年の戦闘で最終的にビルマとの戦いにけりをつけることに成功した。この間一五九〇年に父が死去したことで王位に就き、その後一五年間は版図の拡大のために各地に赴き、一六〇五年に外征中に死去した。ナレースワン王によるタイの救国物語は高く賞賛され、三大王の一人とされている。

ナレースワン王の活躍によって独立を取り戻したアユッタヤーは、この後港市として繁栄していく。王は現ミャンマー領のタヴォイ（ダウェー）、メルギー（ベイッ）といった港町も確保し、インド洋側の玄関口を手に入れた。これらの港とアユッタヤーを結ぶことで両者を「ツインポート」として機能させ、外国船が多数入港することを期待したのである。期待通りに外国船は次々にアユッタヤーを訪れ、日本人などの外国人居住者が急増していくことになった。このようなアユッタヤーの繁栄への道筋を付けたのが、ナレースワン王であった。（写真20）

写真20 ドーンチェーディーのナレースワン王騎象像（1993年）

タイの15人

チュラーロンコーン王（一八五三〜一九一〇年）

ラッタナコーシン朝第五代目の王であり、ラーマ五世とも呼ばれている。在位一八六八〜一九一〇年。一九世紀後半から二〇世紀初頭にかけて帝国主義の嵐が吹き荒れる中でタイの舵取りを担い、最終的に独立を維持したとして、タイの三大王の一人として尊崇されている。また、日本の明治天皇の在位期間と近く、それぞれ外圧に直面しながら近代化を進め、独立を維持したアジアの君主として、比較されることも多い。父のモンクット王が早くに亡くなったことからわずか一五歳で即位したが、即位当初は有力貴族が権勢を誇っていたため摂政を置かれ、チュラーロンコーン王が自分の意志で政権運営を行なうことは難しく、一八七〇年代にいったんは改革を進めようとしたものの、時期尚早としてすぐに断念した。

その後、一八八〇年代に入ると有力貴族が相次いで死去したことから、王は改革を再開し、中央集権型の国家を作るための省庁改革、教育制度の確立、徴兵制の導入などを矢継ぎ早に実施していった。こうしてそれまでの分権的な統治体系は名実ともに集権型に変わり、ようやく国王に権力が集中する絶対王政的な機構を作り上げることができた。

チュラーロンコーン王は外国へも頻繁に出かけ、タイの近代化の見本となるような事物を見聞するとともに、タイの存在を国際社会へアピールしようとした。一八七一年にはシンガポール、ジャワ、インドを訪問し、植民地諸国における近代化の進展状況を見て回り、インドでは初めて鉄道に乗車した。また、一八九七年と一九〇六年にはヨーロッパを訪問し、各国の王室との交流を深めた。このように国王が見聞と交流を深めるために外国を訪問したのは、タイでは初めてのことであった。（写真21）

写真21 チュラーロンコーン王（Carter ed. 1988）

4 タイに住む人々

世界中の多くの国と同じくタイも多民族国家であり、タイ族以外にも多くの民族が住んでいる。タイ族がマジョリティーを占めるものの、それ以外にもクメール族、モーン族、マレー族など多様な民族が暮らしており、彼らも「タイ人」である。また、タイ族といっても一つの民族ではなく、さまざまな民族に分けることができる。

タイ人とは誰か？

タイに住んでいる人は誰かと問われれば、「タイ人」と答えるのが一般的であろう。世界中に国民国家が存在する現在では、その国家名に「人」を付けて「〇〇人」と呼ぶのはごく普通のことである。しかしながら、一口にタイ人といっても実にさまざまな人が存在する。タイに行って道行く人を眺めれば、色黒でいかにも熱帯地域の人といった風貌の人から、一見日本人と見間違うような人、明らかにムスリムとわかる人など、さまざまなタイ人がいる。いったいタイ人とは誰なのであろうか？

タイ人とはタイという国民国家に住む人々、言い換えれば「タイ国民」と考えればよい。世界中の多くの国と同じくタイも多民族国家であり、タイ族以外にも多くの民族が住んでいる。タイ族がマジョリティーを占めるものの、それ以外にもクメール族、モーン族、マレー族など多様な民族が暮らしており、彼らも「タイ人」である。また、タイ族といっても一つの民族ではなく、さまざまな民族に分けることができる（写真22）。

現在のタイ人の大半を占めているタイ族は元々中国の南西部に居住しており、その後徐々に南と西へ移動して現在のタイに入ってきたものと考えられている。第二次世界大戦頃に大タイ主義が唱えられたが、その頃には、タイ族の出自は現モンゴルのアルタイ山脈付近であり、中国各地にも住んでいた彼らは漢民族の膨張により西へ南へと移動し、現在の東南アジア大陸部まで南下してきたとされていた。そして、雲南省の大理に八〜一〇世紀頃存在した南詔王国がタイ族の最初の王国であると理解されていた。このアルタイ山脈起源説は現在では否定されているが、四川から雲南にかけての一帯がタイ族勃興の地であることは間違いなさそうである。現在も雲南省を中心にタイ族が数多く住んでおり、西双版納《シーサンパンナー》傣族自治区のようなタイ族自治区もある。南詔王国にもタイ族がいたことは間違いないが、支配層はタイ族ではなくチベット・ビルマ系の民族であったと思われる。

タイ族の西進、南下の結果、現在のタイの領域にタイ族が入ってきて政治権力を築き始めるのが一一世紀頃となる。そして、一三世紀に入ってスコータイ王国が出現し、一三世紀末にチエンマイのラーンナータイ王国、一

写真22 仏教寺院に参拝する「タイ人」(2008年)

四世紀に入ってラオスのルアンパバーンにラーンサーン王国、というように、タイ族の強大な政治権力が相次いで勃興した。この一三世紀から一四世紀にかけての時期は「タイ族の沸騰」の時代と呼ばれており、東南アジア大陸部でタイ族の存在感が急速に高まった。それまでこの地域の主役はドヴァーラヴァティーのモーン族、アンコールのクメール族といったモン・クメール系の民族であったが、そこに新参者のタイ族が流れ込み、政治的主導権を奪ったのである。このため、モン・クメール系の民族はこの後タイでは「少数民族」となっていった。

南下してきたタイ族はコーラート高原やチャオプラヤー川下流域まで来た後、さらにマレー半島へも下っていった。マレー半島には既にマレー族が居住していたと考えられるが、ナコーンシータムマラートのようにタイ族が入ってくる前からの政治権力もタイ族の「ムアン」となっていった。現在のタイ南部のうち、トラン、パッタルン付近までは主にタイ族の生活の場となったが、それより南はマレー族とタイ族の混住地域となり、旧パッターニー王国の領域である深南部ではマレー族のほうが多くなる。こうして、マレー族もタイ国内では「少数民族」となり、「マレー系タイ人」も存在することになった。

　タイ族が流入してきた後、華人や山地民と呼ばれる多様な少数民族が現在のタイの領域に移動してきたことから、「タイ人」はさらに多様化していった。華人の移住の歴史は非常に古く、アユッタヤーにも多くの華人商人が入っていたが、その数が急増するのは一九世紀後半以降のことである。彼らは主に錫鉱山や建設現場で働く単純労働者（苦力《クーリー》）として入ってきたが、やがて商業を始める者が相次ぎ、バンコクから地方の町へと徐々に浸透していった。タイ人女性と結婚した華人も多く、タイ人との混血も進んでいった。一方、主に北部上部に居住する山地民の多くは一八世紀以降現在のミャンマー、ラオスなどから流入してきたものであり、主に山地の標高の高い場所で生活している。彼らは現在でも独自の文化を維持し、それが観光資源にもなっているが、「タイ人」化は着実に進められている。

　このように、現在のタイの領域に新参者のタイ族が入り込み、それ以前から居住していた民族とその後入ってきた民族を合わせて、数多くの民族がモザイク状に居住している。そして、彼らはいずれも「タイ人」なのである。

タイ系民族

　タイ族はタイ系の言語を話す人々であり、言語系統ではタイ・カダイ語族に属する。このタイ・カダイ語族は中国西南部からベトナム北部、ラオス、タイ、ミャンマー東部（シャン州）、インド東部（アッサム州）に分布しており、タイ国内のタイ族の言語はタイ諸語のうちの南西タイ諸語に分類されている。この南西タイ諸語は、さらにシャム、ラーオ、ユワンなどに分かれている。タイ系民族の分布域は広いが、この中で国民国家を作り上げているのはタイとラオスのみとなる。タイはタイ系民族の自称であり、タイではthaiと発音されているが、その他の地域ではtaiという発音になる。

　タイ国内のタイ系民族のうち、主要なグループは北部上部のユワン、北部下部と中部のシャム、東北部のラーオ、南部のパック・ターイと地域ごとに分けられるが、大きく分けると中部から南部にかけてが広義のシャム、北部から東北部にかけてが広義のラーオとなる。以下この二つのグループに分けてタイ系民族の概要を説明したい。

シャムという名はタイの旧国名であり、一九三九年までと第二次世界大戦後の短期間使われていた。タイ語ではサヤーム、英語でSiamであり、現在でもBTSのサイアム駅やサイアムスクエアーなど随所で用いられている。中国では最初シャムを暹という字で表しており、その後暹羅という語が用いられてきた。ちなみに、羅はロッブリー(羅斛)に由来している。この暹と呼ばれた人々はアンコール朝が弱体化してからチャオプラヤー川流域に入り込み、スコータイ、アユッタヤーと王国を築いていった。一部はさらに南下してマレー半島へと進み、やがてこのグループの言語が若干変化してパック・ターイと呼ばれるようになった。暹すなわちシャムはアユッタヤーの崩壊後、トンブリー朝を経てラッタナコーシン朝を興し、現在に至るのである。すなわち、現在のタイの主役がこのシャムなのである。

このように、タイはシャム族が主導権を握って作り上げた国であることから、現在のタイではシャムの文化が規範となっている。国語であるタイ語はシャム族の言語の中の中部方言であり、現在ではタイ国内のどこに行ってもこの言葉が通用する。タイ料理やタイダンスなどタイを代表するような文化も、実際にはほとんどがシャムの文化である。シャムも他のタイ族と同様に稲作に立脚した文化を形成しており、日本と同じくウルチ米を常食としている。コメと魚をベースとした食文化はタイ系民族に共通であるが、シャムの食文化には中国の影響が見られ、麺類や炒め物など中華料理の要素が広く取り入れられている。

一方、ラーオはラオスという国民国家を作り上げた民族であるが、実はタイ国内のほうがラーオの人口は多い。北部上部のユワンはチャオプラヤー川上流域の旧ラーンナータイ王国の版図に居住しており、この王国を作り上げた人々である。彼らもかつてはシャムによってラーオと呼ばれており、メコン川中流域の東北部の住人と同じ民族であると認識されていた。ラオスの主要民族であるラーオと東北部のラーオは元々同じ民族であり、一八九三年にメコン川が国境となったことで分断されたのである。現在ラーオはラオス国内に約三〇〇万人、タイ国内には少なくとも二〇〇〇万人が居住しており、タイ国内のほうが圧倒的に多い。しかし、ラオスではラーオが主要民族となってラーオ文化がそのまま「ラオス文化」となっているのに対し、タイではラーオはシャムの脇役となっている。このシャムとラーオの関係が、現在のタイとラオスの微妙な関係にも影響を与えている。

かつてシャムは北部上部や東北部をラーオと呼んだが、フランスがメコン左岸を確保すると「ラーオ」の地がフランスにすべて奪われることを警戒し、タイ国内に「ラーオ」は存在しないとしてラーオの呼称を使わないようにした。北部上部はパーヤップ(北西)、東北部はイサーン(東北)と呼ばれるようになり、前者は一般には普及しなかったものの後者は広く使われるようになり、現在も東北部の通称としてイサーンという語が用いられ、東北部のラーオもコン・イサーン(イサーン人)と呼ばれている。現在では東北部のラーオ自らも、自分たちのことをイサーンと認識しており、ラーオと呼ばれることを好まない。彼らは、シャムとは違う単語を使ったり、同じ単語でも声調が異なるなど、相違点が多い。

ラーオ文化の特徴は、モチ米を常食とする点にある。日本ではモチや菓子の原料として主に使われるモチ米であるが、ラーオは日常的にモチ米を主食としてきた。このモチ米文化圏は世界でもメコン川上流から中流域のみで見られるものであり、ラーオがその中心となっている。北部上部のユワンもモチ米を常食としており、言語面も含めてユワンとラーオの類似性は高い。また、ラーオの食文化は焼いたり煮たりといった素朴な調理法に基づく料理が多く、タイ系民族の伝統的食文化を色濃く残していると思われる。その代表であるソムタム(パパイヤサラダ)はラーオの居住域を超えて全国に普及し、イサーン料理はタイ料理の中の一つのジャンルとしてその地位を確立している。

ラーオの出自はタイの北部上部や東北部であるが、特に東北部から出稼ぎでバンコクなどの都会に出てきた人も多く、実はバンコクにも多くのラーオが居住している。彼らは後で説明するインフォーマルセクターで生計を立てている人が多く、たとえばサームローやタクシーの運転手には東北部出身のラーオが多い。バンコクでも多数のイサーン料理の屋台を見かけるが、その背景には数多くのイサーン出身のラーオの存在がある。シャムを支えてきた「縁の下の力持ち」、それがラーオなのである。

モン・クメール系とマレー系

モン・クメール系の民族は、タイ族が入ってくる前から現在のタイの領域に居住していた古くからの民族である。言語系統的にはオーストロアジア語族の一部であり、ベトナムの主要民族であるキン族も同じ語族に属する。タイ族が南下してくる前にはモン・クメール系の民族が現在のタイの領域に王国を築いており、七世紀頃からモーン族のドヴァーラヴァティーが中部から東北部にかけて勢力を伸ばし、その後一一世紀頃までにクメール族のアンコールがそれに代わってインドシナ半島の広い範囲を支配下に置いた。

モーン族はモン（Mon）族と通常称されるが、山地民のモン（Hmong）と区別するため、本書ではタイ語の発音に従ってモーンと表記している。彼らはタイ族が南下してくる前から現在のタイからミャンマーにかけての地域に居住しており、ドヴァーラヴァティーのみならずミャンマーのタトーンやペグーといった国も築いていた。ビルマ族もタイ族と同様に後から現在のミャンマーの地に入ってきており、モーン族は現ミャンマー領の南部を中心にも政治権力を有していた。彼らはインドシナ半島で最も早く上座仏教を受け入れた民族とされており、モーン族を通じてタイ族やビルマ族が上座仏教を受容していったものと考えられている。タイ族とビルマ族の南下後は主導権を譲ったものの、ミャンマーでは一八世紀にコンバウン朝が成立するまではペグーを中心にモーン族の政治権力が重要な役割を担っていた。

現在タイに住んでいるモーン族は一六～一九世紀にビルマから流入してきたグループであるとされており、タイ族との混血が進んだものの、推定約六万人が中部のチャオプラヤー川下流域からメークローン川流域にかけて居住している。バンコクの北に位置するパークレットにはモーン族が多く居住しており、チャオプラヤー川の中州であるクレット島を中心にモーン式の仏塔が特徴の仏教寺院が建ち並び、モーン族による陶器の生産も有名である（写真23）。また、かつての泰緬鉄道のルートに位置し、ミャンマーとの国境となるチェーディーサームオン峠のあるカーンチャナブリー県のサンクラブリーもモーン族の多い町であり、ブッタガヤの仏塔を模したモーン寺院やタイで最長の木橋が有名である。

　クメール族はかつてタイの東北部から中部、北部下部にかけて広く勢力を伸ばしたが、タイ族がこの地域の主役となった後は勢力が弱まった。現在クメール族はカンボジアと国境を接する東北部の下部、ブリーラム、スリン、シーサケートの三県に集中しており、推計人口は約一三〇万人である。この地域にはクメール遺跡も多いことから、彼らはアンコール時代から居住していた人々の末裔であると考えられる。後から入ってきたラーオ族はモチ米を常食とするが、クメール族はウルチ米を常食とするので、この地域は東北部の中でも昔からウルチ米の生産が相対的に多かった。

写真23　クレット島のモーン式仏塔(2015年)

　現在のタイに居住するクメール族の数は少ないが、クメール由来の文化は現在のタイ族の文化に大きな影響を与えてきた。現在タイで用いられているタイ文字はスコータイ時代に作られたものとされているが、その直接の起源はクメール文字である。また、タイ語の語彙の中にもクメール語由来の単語が多数入っており、たとえば歩く(doen)というごく基本的な語もクメール語起源である。アンコールの王権概念もアユッタヤーに導入されたことから、王族用語にもクメール起源のものが多い。クメール族はこの地で長い歴史を誇り、アンコールという強大な帝国を築き上げてきた「先輩」であり、現在「タイ文化」と見なされているものの中には実はクメール起源の文化が数多く混じっている。

　一方、マレー族はオーストロネシア語族に属し、マレーシアからインドネシアにかけての広い範囲に居住する自称ムラユという人々である。タイ国内では主に深南部と呼ばれるマレーシアとの国境地帯とバンコク周辺に居住しており、推定人口は約三〇〇万人である。タイに居住するムスリムの大半がこのマレー族であり、旧パッターニー王国の版図であったパッターニー、ヤラー、ナラーティワートの各県ではマレー族がマジョリティーを占めており、西海岸のサトゥーンもマレー族が多い。仏教徒がマジョリティーを占めるタイではムスリムであるマレー族の存在は異色であることから、一般的にはもっと も「タイらしくない」人々と捉えられるかもしれない。

このようなマレー族であるが、実はバンコク近郊にも居住している。場所はバンコクの東部が多く、モスクの存在がマレー族の居住地域であることを教えてくれる。彼らはムスリムであるものの、それ以外の面では「タイ文化」に同化されており、日常的にもタイ語を話す。私がバンコクで常宿にしているチャオプラヤー川にほど近いアパート周辺にもマレー族が多く住んでおり、毎日近くのモスクから流れてくるコーランが聞こえ、ムスリム向けの屋台も多い。彼らは一八世紀末から一九世紀前半にかけて南部のマレー族のくにが平定された際に、捕虜として連れてこられた人々の末裔である。後で述べるように深南部のマレー族の中にはタイからの分離独立を求める運動に従事している者もいるが、バンコク近郊のマレー族はそれとは無縁の存在である。

多様な山地民

チャオプラヤー川上流域からメコン川上流域にかけての北部上部には、「山地民（チャーオ・カオ）」と呼ばれる少数民族が多数住んでいる。彼らは一八世紀以降にタイの領域に移住してきた比較的新しい民族であり、主に山の中腹や尾根など標高の高いところに住んでいる。言語系統的にはシナ・チベット語系のカレン、アカ、リス、ラフ、モン・ミエン（メオ・ヤオ）語系のモン（Hmong）、ユーミエン、オーストロアジア語系のカム、ラワ、ティン、ムラブリなどに分けられる。山地民にはタイ系民族は含まれず、主に北部上部に住む非タイ系民族を総称したものとなっている（写真24）。

これらの山地民のうち、最も古くからタイの領域内にいたと考えられるのがカレン族であり、タイ族が南下してくる前から現在のタイとミャンマーの国境付近に住んでいたと言われている。現在はミャンマー側に約三〇〇万人、タイ側に約四〇万人が居住している。タイではメーホンソーン、チエンマイ、チエンラーイなど北部のミ

写真24　バドゥン・カレン族（左）とモン族（日本アセアンセンター）

ャンマー国境に近い地域に多く、ミャンマー国境沿いにプラチュワップキーリーカン付近まで広く分布している。焼畑や水田での耕作を生業としており、他の山地民とは異なり谷間の盆地に居住している人も多い。伝統的に精霊崇拝を行なってきたが、上座仏教を受容したグループやキリスト教化したグループも存在する。カレン族の中には女性が首に真鍮の輪をはめる人もおり、「首長族」と称されて観光資源としても利用されている。

カレン族に次いで人口が多いのはモン族である。タイ国内の人口は約一五万人であるが、ラオスや中国にも多く居住しており、中国では苗族と呼ばれている。タイでもメーオ族とも呼ばれてきたが、自称はモンである。彼らも二〇〇年ほど前から中国西南部より移住してきた歴史を持ち、主にチエンマイからチエンラーイにかけての山の山腹や尾根沿いで焼畑移動耕作を行なってきた。彼らは「黄金の三角地帯」の名の由来となったケシ栽培の主役と見なされてきたが、現在は定住化が進み、ケシ栽培から商品作物栽培へと転換している。刺繍と金属の飾りを多用した民族衣装が特徴であり、この伝統を生かした土産物も多数作られている。漢民族の影響から父系社会的な特徴を持ち、言葉も風貌も漢民族に似ている。また、タイで一般的な高床式の住居ではなく土間式の住居に居住しているのも特徴である。

モン族に似ているのが、同じモン・ミエン語族に属するユーミエン族（ヤオ族）である。約四万五〇〇〇人がタイ国内に居住しており、主に現在のラオスから一九世紀後半以降に移住してきたと考えられる。居住域はこれまでの民族よりやや東に偏っており、チエンラーイ、パヤオ、ナーン、ラムパーン付近のやはり山の高いところに居住している。他の山地民と同じく焼畑移動耕作から定住へ、かつてのケシ栽培から商品作ある栽培へと転換してきた。モン族と同じく漢民族の影響が強く、父系社会の特徴が見られる。

チベット・ビルマ語系のラフ族も中国西南部が出自で、現在タイ国内には約一〇万人が居住している。タイではムースーとも呼ばれており、チエンマイからチエンラーイの山の山腹や尾根沿いの焼畑で陸稲や雑穀などを栽培して生計を立ててきた。また、伝統的に狩猟にも秀でている。女性は髪を結って頭の上に髷を作り、その上から黒い布を巻いて装飾を施す。社会構造は双系的な傾向が強く、住居は高床式である。

アカ族もラフと同じくチベット・ビルマ語系の民族であり、ミャンマーから移住してきたと言われている。タイではイーコーとも呼ばれており、人口は約七万人で、チエンマイからチエンラーイにかけての山地に居住している。焼畑による農耕が主要な生業であったが、近年はコーヒーなどの商品作物の栽培も増加している。女性が髪を結っているのはラフと同じであるが、その上から刺繍や銀やビーズの飾りのついた大きな帽子をかぶっており、刺繍を施した服とともに彼らの特徴となっている。

このように、主に北部に多数居住している山地民は、その独自の文化を色濃く残していることから現在ではこの地域の重要な観光資源となっている。しかし、一方で彼らの文化の独自性を利用しながら、他方では彼らの「タイ人」化が進められてきた。タイ族から見ると山地民は「未開」の人々であり、チャーオ・カオという言葉自体に差別意識が含まれている。彼らは「タイ人」として統合されてきた一方で、各民族の持つ独自性がエスニック・ツーリズムという形で利用されているのである。

中国系タイ人

山地民と同様に、タイ族が現在のタイの領域に入ってきた後に流入してきた民族として、華人が挙げられる。彼らは既にアユッタヤー朝の時期から商人として入ってきており、バンコクに都が移った際にも華人コミュニティーは既に存在していたが、その数が圧倒的に多くなったのは一九世紀後半以降である。彼らはタイの津々浦々にまで住むようになり、タイ人との混血も進んでいった。現在ではタイ国籍を持つ二世以降が増えており、タイでは「中国系タイ人（ルーク・チーン）」と呼ばれている。

タイでは広東省の潮州出身の潮州系華人がもっとも多く、マレー半島では現マレーシアと同じく福建系が中心となる。潮州系華人が増えた理由は、一八世紀末にビルマから独立を回復したタークシンが潮州系の血を引いており、潮州系華人の支援を得てビルマ軍を追い出したことで、潮州系華人が優遇されたことによる。タークシン王の後を継いだラーマ一世も華人の血統であると称して清の皇帝に朝貢を行ない、潮州系華人の有力者は王族とも姻戚関係を結んで勢力を強めていった。彼らは精米業、金融業などに秀でており、ワンリー（陳）家のようなコメ財閥も出現した。バンコクでは城壁の東側の第二環濠・と第三環濠・パドゥンクルンカセーム運河の間に華人街が形成され、現在ではヤオワラート通りがその中を貫いている。

一方、福建系華人はマレー半島各地の港町に進出し、南部の各都市で、政府に代わって徴税を行なう徴税請負人となる者が出てきた。彼らは徴税額と政府への納税額の差額によって富を蓄積し、中には政治権力を手に入れる者も出現した。東海岸のソンクラーでは福建出身の呉氏がタークシン王から領主に任ぜられ、ラッタナコーシン朝下では首都直属の華人都市としてのまちづくりを進めていった。西海岸のラノーンでは許氏が錫の徴税請負人を任命され、ラノーンの領主の座も獲得した。その子弟の許心美はトランの領主から最終的に西海岸一帯を統括するプーケット州の州長の座に上りつめ、現在も一族はナ・ラノーン家としてその名声を継承している（写真25）。

一九世紀末になりタイでも労働力の需要が高まると、多くの華人がタイに渡ってくることになった。一八五〇

写真25 トランの許心美（プラヤー・ラッサダーヌプラディット）像（2015年）

年頃には約三〇万人と推定されていた華人人口は一九三〇年には約一五〇万人に達し、バンコクを中心に華人は急増した。タイは相対的に人口が少なく、タイ系民族は伝統的に自分の土地で米を作る小農が多く、労働者として雇用されるのを好まなかったため、運河網の掘削や鉄道の建設などの建設労働者が大量に必要になると、華人がその需要を満たすためにタイに渡ってきたのである。最初は単純労働に従事する苦力として入ってきた彼らであったが、やがて同じくタイ族があまり関心を示さない商業や流通業に参入するようになり、商業部門への進出が進んだ。さらに、彼らは内陸部へも浸透し、鉄道建設の労働者として奥地に入った華人が、鉄道開通後はそのまま奥地に居住して商業を始める例も珍しくなかった。こうして、華人はタイ国内全域に浸透し、バンコクから地方の郡庁所在地に至るまで、およそ町と名の付く場所には必ず華人が存在する状況が出現したのである。

ところが、「タイ・ナショナリズム」が唱えられるようになると、彼らは急速に「タイ人」化していくことになった。一九一〇年代には既にラーマ六世が華人を敵視する発言をしはじめていたが、一九三二年の立憲革命後に華人に対する風当たりは急速に強まり、特にピブーンが首相となった一九三八年以降は華人がタイの経済を牛耳っているという批判が高まり、タイ最大の輸出品であったコメの流通と精米を目的とした国営企業を設置して華人の事業を接収したり、中華学校や華語新聞を弾圧したりした。ただし、ピブーンが行なったのは華人への弾圧というよりもむしろ華人の「同化」を促進するものであり、華人が「タイ人」化していくきっかけとなった。

華人の「タイ人」化は血統面、国籍面でも着実に進んでいった。タイに渡ってきた華人は圧倒的に男性が多かったが、彼らはタイ族の女性と結婚し、混血が進んでいった。また、タイは出生地主義を採用していたことから、タイで生まれた華人の子供には自動的にタイ国籍が付与され、二世、三世と世代交代が進むにつれてタイ国籍を持つ華人、すなわち「中国系タイ人」が確実に増えていった。第二次世界大戦後に中国が共産化したことで、華人の帰国意欲が薄れたこともこれに拍車をかけた。タイでは民族別のセンサスは行なわれていないので、現在の中国系タイ人の数は判別しないが、バンコクをはじめとする都市部で非常に多いことは間違いない。

急増する外国人労働者

一九六〇年代以降タイは工業化を進めて順調な経済成長を遂げ、労働市場が大きく拡大してきた。当初は東北部などの農村地域から出てきた出稼ぎ労働者がその需要を埋めていたが、やがて一九九〇年代に入ると労働力不足が問題となるようになった。特に三K（きつい、汚い、危険）と呼ばれるような職種や、労働集約的な縫製、食品加工、農業、漁業などの業種で労働力不足が顕著となり、タイ人に代わって、経済的にタイよりも発展が遅れた周辺国のミャンマー、カンボジア、ラオスから労働者が流入してくるようになった。中でも最も多いのは政治的、経済的に困窮状態が続いたミャンマーからであった。

タイ国内にいる外国人労働者の総数については、不法就労をしている者が少なくないので、正確な数は不明であるが、近年急速に増加していると考えられる。外国人労働者管理部の統計によると、二〇一九年末の外国人労働者数は約三〇〇万人で、このうちミャンマー出身者が約一八二万人と最も多く、以下カンボジア六五万人、ラ

写真26　ミャンマー人労働者に依存する漁船（2013年）

オス二八万人となっている。

これらの外国人労働者の居住先は、バンコクから中部、南部にかけての地域が多い。あくまでも登録されている外国人労働者のみを対象にした数値であるが、二〇一九年末の時点でバンコク在住者が約六七万人、バンコク近郊が約九四万人、中部が約六七万人、南部が約三九万人となっている。県で見るとバンコク都に次いでバンコク近郊のサムットサーコーンの約二四万人が最も多く、以下ナコーンパトム県の約二一万人、東部臨海地域のチョンブリー、パトゥムターニー、ノンタブリー、サムットプラーカーンの約一六万人ずつと続いている。南部ではスラートターニーの約一一万人を筆頭に、プーケットで約八万人、ソンクラーで約五万人となっている。全体的には、東部臨海地域やバンコク近郊などの工業化が進んだ地域で外国人労働者の数が増えていることがわかる。

彼らの就業先は地域によって多様である。たとえば、サムットサーコーンは漁港の町として有名であることから、ここでは漁業と水産物加工業に従事する外国人労働者が多い。大半はミャンマーからの労働者であり、男性は漁船員の船員として船に乗り込み、漁港に水揚げされた魚介類の加工は女性の仕事となる(写真26)。かつては東北部からの出稼ぎ労働者が漁船の乗組員や水産物加工にも従事していたが、現在はこれらの仕事にタイ人労働者を調達することは難しく、ミャンマーからの労働者がその穴を埋めている。バンコク近郊や東部臨海地域では労働集約的な工場での労働者が多くなり、南部では水産業の他、ゴム園での農業労働者も多くなる。

タイでは一九九二年から非熟練労働者の受け入れを始めたが、これは周辺諸国から流入する労働者を追認する形でミャンマー、カンボジア、ラオスからの外国人労働者に限定して受け入れを認めるものであった。その扱いは、不法入国・滞在であっても登録をすれば外国人労働法上は合法的に就労することが可能という、中途半端なものであった。その後、二〇〇〇年代に入ってからこの三ヵ国と協定を結んで合法的な受け入れも開始され、不法滞在者についても国籍を証明できれば合法的に滞在・就労することができるようになった。二〇一九年末の時点では協定に基づく外国人労働者が約一〇一万人、不法滞在後に国籍が判明して合法化された外国人労働者が約七一万人、合法化手続中が約一〇一万人と、依然として追認型が多くなっている。

これらの外国人労働者は特定の地域に集まっていることが多いため、その地域に住んでいないとその存在はなかなかわからない。しかし、最近ではバンコクの飲食店でも外国人らしき従業員を見かけるようになり、彼らの存在感はタイの中でも着実に高まってきている。バンコク市内の高層ビルの建設現場で働いている労働者も、大半が外国人労働者となっている。不法入国をした外国人労働者が就労先に連れていかれる際に、彼らを詰め込んだバスやトラックが事故を起こして多くの人が犠牲になるというニュースもテレビや新聞で日常的に報道されている。現在のタイを支えている新たな「縁の下の力持ち」、それが外国人労働者なのである。

なお、タイ国内には依然として約九万人のミャンマーからの難民が、北部や中部のミャンマー国境沿いの難民キャンプで生活している。一九七〇年代後半からベトナム、ラオス、カンボジアと多くの国からの難民が逃れてきたタイであるが、主にミャンマーの少数民族であるカレン族などが、戦火や迫害を避けようとタイに流入し、現在も帰還できないでいるのである。

タイの15人

チン・ソーポンパーニット（一九一〇～一九八八年）

タイ最大の商業銀行であるバンコク銀行の創始者であり、中国名は陳弼臣。潮州系華人で、一九三〇年代に文房具を扱う百貨店（亜州貿易）を設立し、一九四四年にバンコク銀行が設立された際に役員として参加した。一九五二年にはバンコク銀行支配人となり、一九七七年までバンコク銀行の舵取りを務めた。バンコク銀行は一九六〇年代以降金融以外の部門にも進出し、製造業、商業なども傘下に収める金融コングロマリットに成長した。

バンコク銀行が急成長を遂げた背景には、政治権力との強いつながりがあった。バンコク銀行は一九五三年の増資によってタイ最大の商業銀行になったが、その増資分はすべて政府が出資し、見返りとしてパオ・シーヤーノン警察局長派の中核メンバーに会長のポストが与えられた。サリットのクーデターによりパオ派が失脚すると、チンはサリットの腹心プラパートを新会長に迎え、政治権力の交代による危機を難なく乗り越えた。このような政権との密接な関係が、バンコク銀行グループの発展の重要な要因の一つとなっている。

バンコク銀行の急成長のもう一つの鍵は専門家の招聘と機構改革であった。チンは会計や銀行業務の専門家を積極的に登用して、バンコク銀行を伝統的な家族銀行から近代的な銀行へと発展させていった。キャッシュカードや住宅ローンの導入など、他行に先駆けて次々と新しいサービスを導入し、海外事業にもいち早く進出した。

チンは一九八八年に死去したが、社長の座はソーポンパーニット家が三代にわたってほぼ独占している。一九九七年の通貨危機の影響で大きな打撃を受けたが、関連事業を大幅に縮小することで再建を図り、現在もトップ行の座を維持している。（写真27）

写真27 チン・ソーポンパーニット
（Sng & Pimpraphai 2015）

5 政治と行政

二〇一四年五月のクーデターによって、タイは再び軍事政権による政治へと逆戻りした。これまで「民主化」への歩みを着実に進めながらも、度重なるクーデターによって何度も後退を繰り返してきた。今回も明らかに「後退」であり、今後再び「民主化」への歩みを進めることになる。しかし、皮肉なことであるが、少なくとも一九九一年以降は軍事政権という権威主義体制の時期が一番政情は安定し、民政復帰すると「対立」が再燃して政情が不安定化するという繰り返しが続いている。

立憲君主制の成立

タイでは長らく国王が政治を行なってきたが、一九三二年の立憲革命で立憲君主制となった。つまり、憲法の下に国家元首（国王）が存在する体制で、世界中に存在する立憲君主国の一つである。確かに、憲法でも国会が承認した法律案の差戻権など、いくつかの政治的権限を認められている。しかし、憲法の規定以上に国王が政治的影響力を行使することもあるのが、タイの特徴である。

立憲革命前の政治体制は絶対王政であったが、タイで絶対王政が成立したのは二〇世紀初め、チュラーロンコーン王の時代になってからである。伝統的にタイを含む東南アジア一帯にはマンダラ型国家、あるいは銀河系政体と呼ばれるような分権的な国家が成立していた。このような国家では政治権力者同士のピー・ノーン（保護・被保護）関係によって国家が構成されており、中央の国王と地方の領主の関係、そして中央の国王とその家臣の関係が重要な意味を持っていた。国王の権威が強くなると、忠誠を誓う地方の領主の数は多くなり、国王の権威はより遠くまで浸透することになるが、逆に国王の権威が弱くなると反旗を翻す領主が増え、国王の威光が届く範囲が狭くなる。このため、マンダラ型国家は領域の膨張と縮小を繰り返し、地方の領主の中には複数の政治権力との間に忠誠を誓う「朝貢関係」を結ぶものもあった。

中央でも国王の配下にある有力貴族の権限が強く、地方のムアンの管轄は南部のムアンを統括する兵部省（カラーホーム）と北部のムアンを統括する内務省（マハートタイ）が行なっており、それぞれ有力貴族がトップの座を押さえていた。このため、国王の権威が直接及ぶ範囲は限られており、国王の命令に直接従うマンパワーの数は少なかった。後述するように、これがアユッタヤー時代に山田長政が国王に重用された最大の理由であった。

このため、チュラーロンコーン王は「チャックリー改革」と称される中央集権化を進め、自らの権威を高めようとした。王は一八七〇年代から国王への権力集中への道を歩み始めたが、既得権を持った有力貴族の反感を招き、いったんその速度を落とした。その後「抵抗勢力」が相次いで死去したことから、王は一八九〇年代に入って再び改革の速度を速め、中央、地方において集権化を

写真28　プーミポン王による「暴虐の五月」の仲裁（Grossman ed. 2009）

進めていった。この結果、一九〇〇年代までにようやく絶対王政というレベルに国王の権力が高まったのである。

ところが、ワチラーウット王の時代を経てプラチャーティポック王の時代に入ると、前王の浪費による財政状況の悪化や、世界恐慌による不況の影響を受け、国民の絶対王政に対する不満が徐々に高まり、最終的に「人民党」を名乗る集団がその状況を利用してクーデターを起こして、タイの政体を立憲君主制へと変えることになる。国王も立憲君主となることを認めたが、その後人民党政権が権力を振りかざす状況に反発し、一九三三年に勤王派のボーウォーラデート親王が行なった反乱を陰で支援したりする。しかし、最終的に反乱も失敗し、国王は退位することになった。こうして立憲君主制の下での国王の権威は完全に地に落ちたのである。

いったん低下した国王の権威は、プーミポン王の即位後、回復することになる。特に国王の権威を利用して自らの権威主義体制を正当化しようとしたサリットの時代に高まり、「タイ式民主主義」なる言葉がもてはやされるようになった。これは国王を元首とする民主主義体制を意味するが、実際には民主主義の原則よりも社会秩序や君主制を重視するものである。一九七三年の一〇月一四日事件の際に国王が開発独裁者のタノームを退陣させたのもこの「タイ式民主主義」のなせる業であり、以後国王は民主化の主導者として見られるようになった。一九九二年の「暴虐の五月」での首相と反政府運動の首謀者との対立の仲裁も同様で、国王の下に跪拝するスチンダー首相と反政府運動のリーダー・チャムローン元バンコク都知事の姿は世界中に報道された（写真28）。

このように、立憲君主制でありながら国王による超法規的な権力行使が散見されたのが「タイ式民主主義」の大きな特徴であった。これは後述する「国民の父」としての国王の権威が国民の間に広く浸透していたからこそ行使することができた。しかしながら、二〇〇〇年代に入って「対立」が顕在化すると、プーミポン王の「裁定」が反タックシン派寄りであるとして反発する声も公然と聞かれるようになった。さらに、ワチラーロンコーン王の下で国王の権限を強化する動きが出てきたことも加わり、二〇二〇年にはプラユット退陣を求める学生らが王室改革を要求し始めた。タイの立憲君主制も大きな岐路に立たされているのである。

二つのクーデター

タイでは一九三二年の立憲革命以降、頻繁にクーデターが起こってきた。立憲革命自体もクーデターであるが、立憲君主制になって最初に成立した内閣も、一九三三年にはクーデターによって潰されてしまった。立憲革命を最初のクーデターとして数えると、二〇一四年五月のクーデターは一二回目の成功したクーデターであった。クーデターというのは非合法な手段で政権を崩壊させて全権を掌握してしまうことであり、武力で威嚇することから通常は軍人がその担い手となる。クーデターによって潰される政権は文民政権が多いが、軍人が自ら仕立て上げた傀儡政権を崩壊させたり、あるいは自分の政権を潰すこともある。この場合、クーデターの理由は議会を廃止して独裁政権を復活させることにある。

タイではクーデターが発生してから次のクーデターに至るまで、いつも似たようなサイクルが見られた。最初にクーデターが発生すると、首謀者はまず国王の了承を取る。ここで国王の了承が得られないとクーデターは失敗となることから、「タイ式民主主義」のルールの通り、国王の意向がクーデターの成否を握っていることになる。無事にクーデターが成功すると、首謀者は陸・海・空軍司令官と警察長官からなる評議会を設置して当面の政権運営を行なうことになり、憲法を廃止して、議会を葬り去る。その後、暫定憲法が公布されて暫定政権が成立し、民政復帰に向けて新憲法を準備する。そして、新憲法に基づいて総選挙が行なわれ、その結果に基づいて民政復帰が実現する。これがクーデターから民政復帰までのプロセスである。

このような総選挙を経て生まれた新政権は、ほとんどの場合が連立政権であった。このため、首相が選ばれた後は連立を組む与党内での閣僚ポストの配分や、その後政権運営を巡って与党内で対立が生じるのが普通であった。これにより政情が不安定となり、軍が政権を転覆させる正当性が生じる。新政権が利権を漁り始めて国民の不満が高まると、その正当性はさらに高まることになる。そして、新政権が軍の意向を尊重しないような状況が出現すると、軍との対立は決定的となって、軍が再び伝家の宝刀を抜くごとくクーデターを断行し、振り出しに戻るのである。これがタイにおいてこれまで幾度となく繰り返されてきた、クーデターからクーデターへのサイクルであった。

一九九一年のクーデターは利権まみれのチャートチャーイ政権を倒したことで、それなりに国民の支持を得ることができたが、翌年の「暴虐の五月」で軍の政治関与が強く非難されたことから、この後、軍はもうクーデターは起こさないのではないかという観測が広まった。実際に一九九七年には民主的な憲法が制定され、それに基づいて二〇〇一年にはタックシン政権という「強い」政権が誕生した。第二次タックシン政権では文民政権では初の単独政権が実現し、これまで繰り返されてきた連立政権の不安定さを払拭して、タイが二大政党制へと入っていくのではないかとの期待が高まり、クーデターはもはや過去のものとなるはずであった。

ところが、「強すぎる」タックシンに反発する層の示威活動が激化すると、議会制民主主義の下で圧倒的な支持を得たタックシンといえども安泰ではなくなった。彼らはタックシンの言動を「反国王」的であると決め付け、タックシンは「タイ式民主主義」を否定する「反逆者」

のレッテルを張られることになった。反タックシン派は議会制民主主義のルールの下でタックシンを追い出すことが難しいと考え、クーデターによる政権転覆に期待した。その結果、彼らの「期待通り」に二〇〇六年のクーデターが発生し、タックシン政権は崩壊したのである。

クーデター後は民政復帰への「いつものサイクル」を歩んだが、総選挙の結果二〇〇八年に成立したのはまたも親タックシン派の政権であった。反タックシン派は懲りずに親タックシン派の政権の崩壊を期待したが、今度は新しい形のクーデターが起こったのである。それはすなわち、軍に代わって司法によるクーデターであった。

そもそもの発端は、二〇〇六年四月の総選挙が違憲であるかどうか裁判所に審議するよう国王が求めたことにあり、憲法裁判所は国王の「意向」を察知してか、憲法違反の判決を出した。その後も憲法裁判所は憲法違反を理由に、二〇〇八年のサマック、ソムチャーイ、二〇一四年のインラックと計三人の親タックシン派の首相を失職に追い込んだのである。二〇〇六年のクーデターで軍は国際的に大きな非難を浴びたことから、そう易々とクーデターを起こすことはできなくなったが、反タックシン派は相変わらず「タイ式民主主義」の論理でクーデターを切望していた。身動きが取りづらくなった軍に代わってクーデターを起こしたのが、司法であった。

二〇一四年のクーデターは、「司法によるクーデター」をもってしても反タックシン派の政権を排除できなかったことから、最終的に当時の陸軍最高司令官であったプラユットが全権を掌握したものである。

二つのクーデターを用いてようやく親タックシン派政権を排除した反タックシン派であったが、プラユットは久々にクーデターを起こした張本人自ら首相に就任し、国民の和解が必要であるとして「いつものサイクル」を緩慢に進めていった。プーミポン王の逝去もあり、結局クーデターから民政復帰までに五年間を要した。しかしながら、国内の「対立」は解消せず、反タックシン派に有利な憲法の下でプラユットが民政復帰後も首相の座を維持している状況に対して、しばらく政治活動の表舞台から遠ざかっていた学生による反政府デモも発生するなど、「対立」の構図も変化しつつある。クーデターにお墨付きを与えていたプーミポン王亡き後、はたしてこれまでと同じようにクーデターは機能するのであろうか。

写真29　立憲革命を記念して造られた民主記念塔(2014年)

「民主化」の進展

「タイ式民主主義」とは、単に民主主義という語を用いて権威主義を正当化したものに過ぎなかったが、タイでも「民主化」はそれなりに進展してきた。一九三二年の立憲革命が最初の「民主化」とされているが、実際に民主化が進んだのは一九七〇年代半ばと、一九九〇年代以降である(写真29)。

一九七三年にタノームの開発独裁体制が「一〇月一四日事件」によって倒れると、タイではそれまでの権威主義体制への反動から民主化を求める動きが急激に広まった。タノームは一九六八年にいったんは総選挙を行なって議会制民主主義に基づく首相の座に就いたものの、議会運営に手を焼いたことから一九七一年にクーデターを起こして議会と憲法を廃止していた。このため、学生を中心に憲法制定と総選挙を求めるデモが発生し、これが「一〇月一四日事件」につながったのであった。事件後に成立したサンヤー・タムマサック暫定政権は新憲法を公布して一九七五年に総選挙を行なった。その結果、再び不安定な連立政権の時代となり、翌年に解散・総選挙が行なわれるなど、政情は安定しなかった。

一方で、この時期には、それまで社会的にも経済的にも抑圧されていた人々が自らの権利の向上を求めて声を上げ、デモや労働争議を頻発させた。学生たちもそれを支持したことから、彼らの主張は相次いで実現していった。こうして労賃の引き上げや小作料の引き下げなどがなされたものの、他方でインフレが顕著となり、経済状況は悪化していった。政情不安と経済停滞は右派の台頭を招き、最終的に一九七六年のタムマサート大学で学生が虐殺された「一〇月六日事件」でこの「民主化」の時代は終わる。つまり、それまでの権威主義体制への反省から、各層の要求をすべて受け入れるような、いわば大衆迎合的な民主化が行なわれたのであるが、結局は行き過ぎだったということであろう。

この後、プレームの「半分の民主主義」の時代が続き、一九八〇年代後半に久々に出現した政党政治も結局「ビュッフェ内閣」でしかなく、「民主化」への期待は幻滅へと変わった。一九九二年の「暴虐の五月」の主役となった都市中間層は、軍の政治介入を防ぐとともに、腐敗した政治的実業家も排除する形で「民主化」を推進しようと考え、「人民のための憲法」を作り上げようと新憲法に期待した。実際に、新憲法は国民の政治参加の拡大や政治の透明性の確保など、従来の憲法に比べてはるかに「民主的」なものであった。また、小選挙区制を導入することで、従来の不安定な連立政権から二大政党制による安定的な単独政権へと転換し、政治の安定化を実現しようとした。このため、一九九七年憲法はタイで最も「民主的」な憲法となった。

ただし、この「民主的」な憲法の下で出現したタックシン政権が「強すぎる」政権であったことと、「タイ式民主主義」に挑戦して真の民主主義に基づく政権を実現しようとしたことから、それまで「民主化」を熱望していたはずの都市中間層は一転して「タイ式民主主義」の擁護者となっていった。代わりに、選挙によって自らの代表を選び、その代表が自らの「夢」を実現してくれることを知った農民などの庶民は、民主的な選挙で選ばれた首相が「タイ式民主主義」の論理で失脚させられることに疑問を呈すようになり、今度は彼らが「民主化」を声高に唱えるようになったのである。このような「逆転」

は二〇〇六年に反タックシン運動が活発化したころから見られるようになり、その後は議会制民主主義のルール順守を求めて「民主化」を指向する親タックシン派と、「タイ式民主主義」の論理を優先してクーデターを切望する反タックシン派という構図になるのである。

二〇一四年のクーデターによって、タイは軍事政権による政治へと逆戻りしたが、五年という長い歳月を経て再び民政復帰を果たした。しかしながら、形式的には「民主化」したものの、真の「民主化」とは程遠い状況であることから、現状に不満を持つ人々が再び声を上げ、「対立」が再燃してきている。皮肉なことに、少なくとも一九九一年以降は軍事政権という権威主義体制の時期が一番政情は安定し、民政復帰すると「対立」が再燃して政情が不安定化するという繰り返しが続いている。

教科書的には、民主主義が「善」で権威主義が「悪」であることは間違いない。しかし、タイではこれが逆転しているように見える場面が少なからず存在し、逆に認識している人も少なからず存在している。はたして「民主化」とは何なのかをつくづく考えさせられてしまうのが、現在のタイである。

「ポピュリスト的政策」の功罪

タックシンは庶民を味方につけることで総選挙という議会制民主主義のルールで合法的に政権を獲得することに成功し、その後も着実に支持層を拡大させてきた。その背景にあるものが、大衆迎合的な「ポピュリスト的政策」である。

タイで最初にポピュリスト的な政策を採用したのは、「民主化」の時代の一九七五年に首相に就任したクックリット・プラーモートである。彼は農村に直接資金を融資・交付する「資金還流計画」を導入したり、貧困層や学生を対象にバンコクでバスの無料化を図るなどの施策を行なった。前者は農村開発のために自由に用いることのできる資金を提供するもので、タイでは初めてであった。

タックシンはこのようなポピュリスト的政策をより大規模かつ効果的に利用した。彼は二〇〇一年の選挙戦で地方の農民受けする政策として、負債の返済猶予、村落基金の設置、三〇バーツ医療制度の三本柱を公約に掲げ、首相に就任したらこれらの施策を実行すると明言した。この戦略が功を奏し、彼の愛国党は議席の半数を獲得し、タックシン政権が成立したのである。首相に就任後は公約どおりこれらの施策を次々と実現させていった。後述するように、これらの施策は「タックシノミクス」の「デュアル・トラック」路線の一つであり、彼の経済政策の中の目玉の一つであった。公約を実現させたことから彼の人気はさらに高まり、無事に四年間の任期を満了した上、二〇〇五年の総選挙では史上初めて愛国党が議席の四分の三を獲得するという大勝利を収めた。

タックシンが行なったポピュリスト的政策の中で、最も評判が良かったものは三〇バーツ医療制度であった。これは誰でも最低三〇バーツ（約一〇〇円）を負担すれば定められた範囲内の医療サービスを受けられるというものであり、税金を利用した国民皆保険制度であった。それまでタイには公務員や民間の被雇用者を対象にした医療保険制度は存在していたが、農民や自営業者など人口のおよそ七五%は対象外であった。このため、彼らは病院に行った際には全額負担を強いられていたのである。三〇バーツ医療制度が導入されたことで、少なくとも最低限の医療については国民すべてが保険の恩恵を被ることができるようになったことから、これまで蚊帳の外に置かれてきた農民やインフォーマルセクターに従事していた庶民は、タックシンの政策を高く評価したのである。

タックシンのポピュリスト的政策は、都市の住民に対しても向けられた。バンコクでは長らく道路交通のみに依存してきたことから交通渋滞が深刻であり、一九九九年に開業した初の都市鉄道BTSはバンコクの住民から歓迎を受けた（写真30）。タックシンは就任当初はバンコクの都市鉄道網の拡張に熱心ではなかったが、二〇〇五年の総選挙が近くなると、バンコクでの支持を拡大するために約三〇〇キロの都市鉄道網を二〇〇〇年代中に整備し、しかも運賃は全線一五～二〇バーツの均一運賃にすると、「夢」を謳った。当時のBTSの運賃が一五～四五バーツであったことから、この均一運賃はきわめて格安であった。ところが、選挙に圧勝したものの、資金調達のめどが立たず、採算性も問題となったことから、結局計画は全く進展せず、「メガプロジェクト」という名前だけが独り歩きした。

ポピュリスト的政策は、タックシン政権以降も続いた。

写真30　バンコク初の高架鉄道BTS(2014年)

二〇〇八年には親タックシン派のサマック政権が庶民の生活費の高騰を緩和するとして、公共サービスの無料化政策を実施した。内訳はバンコク市内の無料バス運行、国鉄の三等普通列車の無料化、水道料金と電気料金の一定使用量までの無料化であった。いずれも公企業が行なっている公共サービスを無料化し、減収分を政府が肩代わりする形で行なわれた。これらの施策のうち、無料バスと無料列車はその後歴代の政権が継続し、少なくとも二〇一六年四月までは続けられることになっている。

ポピュリスト的政策の中でも、最も大きな問題を引き起こしたものが二〇一一年に復活した籾米担保融資制度であった。これは実質的には農民からの買い上げ制度で、制度自体は一九八〇年代から存在していたが、高額での融資を始めたのはタックシン政権の時期であった。二〇一一年に成立したタックシンの妹インラックの政権は公約に掲げた籾米担保融資制度の復活を実施し、市場価格よりも約一・五倍高い担保価格を設定したので、コメ生産者の約半分がこの制度を利用した。しかし、政府が高価格で買い上げたコメの売却が進まず、二〇一二年にはタイはコメ輸出量世界第一位から第三位に転落してしまった。また、買い上げたコメの流通を巡る汚職が発生し、さらに二〇一三年末にインラック政権が国会を解散したために、農民に支払う資金の調達が困難となり、未払いが発生した。農民は支払いを求めて抗議活動を行ない、支払いが完了したのはクーデター後の二〇一四年六月となった。この問題でインラックは五一八〇億バーツ（約一・九兆円）の損害を国に与えたとして二〇一五年一月に弾劾され、五年間の公民権停止となった。

このように、ポピュリスト的政策を利用して親タックシン派は政権を獲得したが、ポピュリスト的政策はいつでも効果を発揮するとは限らず、実行できないと逆に痛手を被ることになる。これらの施策は高額な予算を必要とすることから、その資金をどのように捻出するかを考えておかないと、公約倒れに終わってしまう。ポピュリスト的政策は政治家の支持獲得のための秘薬にもなるが、逆に命取りともなりかねないことから、安易な乱用は禁物である。そして、いったん始まってしまうと、それを廃止することによる国民の反発を恐れて政治家があえて手を付けず、なかなか止められないという問題もある。

中央集権型の統治機構

前述したように、タイが中央集権型の国家体制を作り上げたのはチュラーロンコーン王の時代のことであった。それまで中央行政については、地方のムアンの管轄は兵部省と内務省の二大省庁が担当しており、他に大蔵、首都、宮内、農務の計六つの省が置かれていたが、王は一八九二年にこれを一二省に再編し、従来の有力貴族が世襲的に大臣職を継ぐ方式を改め、国王直属の大臣を置く形に変更した。大臣の大半は自らの弟で、たとえば内務大臣のダムロン親王、外務大臣のテーワウォン親王はいずれもチュラーロンコーン王の異母弟であった（写真31）。省の下には局を設置し、現在まで続くタイの中央行政機構の原型が完成したのである。こうして王は行政組織の中央集権化を完成させ、王族を大臣に任命することで権限を掌握した。

この後省庁の改編もあり、省の数は変動した。一九三二年の立憲革命直後には八省に統合されたが、その後再び省の数は増加し、二〇世紀末には一五府省体制となった。さらに、二〇〇二年の省庁再編で、省の数は二〇府省へと増やされた。二〇〇二年の省庁再編の際には配下の局や公企業の入れ換えも行なわれ、機能別に整理された。たとえば従来、交通関係の部局は、総理府下に首都電気鉄道公団、内務省下に高速道路公団など、運輸省以外の省の下に置かれていたものもあったが、すべて運輸省下に置かれることになった。その後、二〇一九年に再び省庁再編が行なわれ、現在は以下の二〇府省となっている（図12参照）。

省の数が多くなったのは業務の拡大に対応して各省の業務を整理するのが主要な理由であったが、省の数が増えたことで大臣ポストの数も増えることになった。特に

写真31　ダムロン親王
(*เฉลิมพระยศเจ้านายฉะบับมีพระรูป*. 2538.)

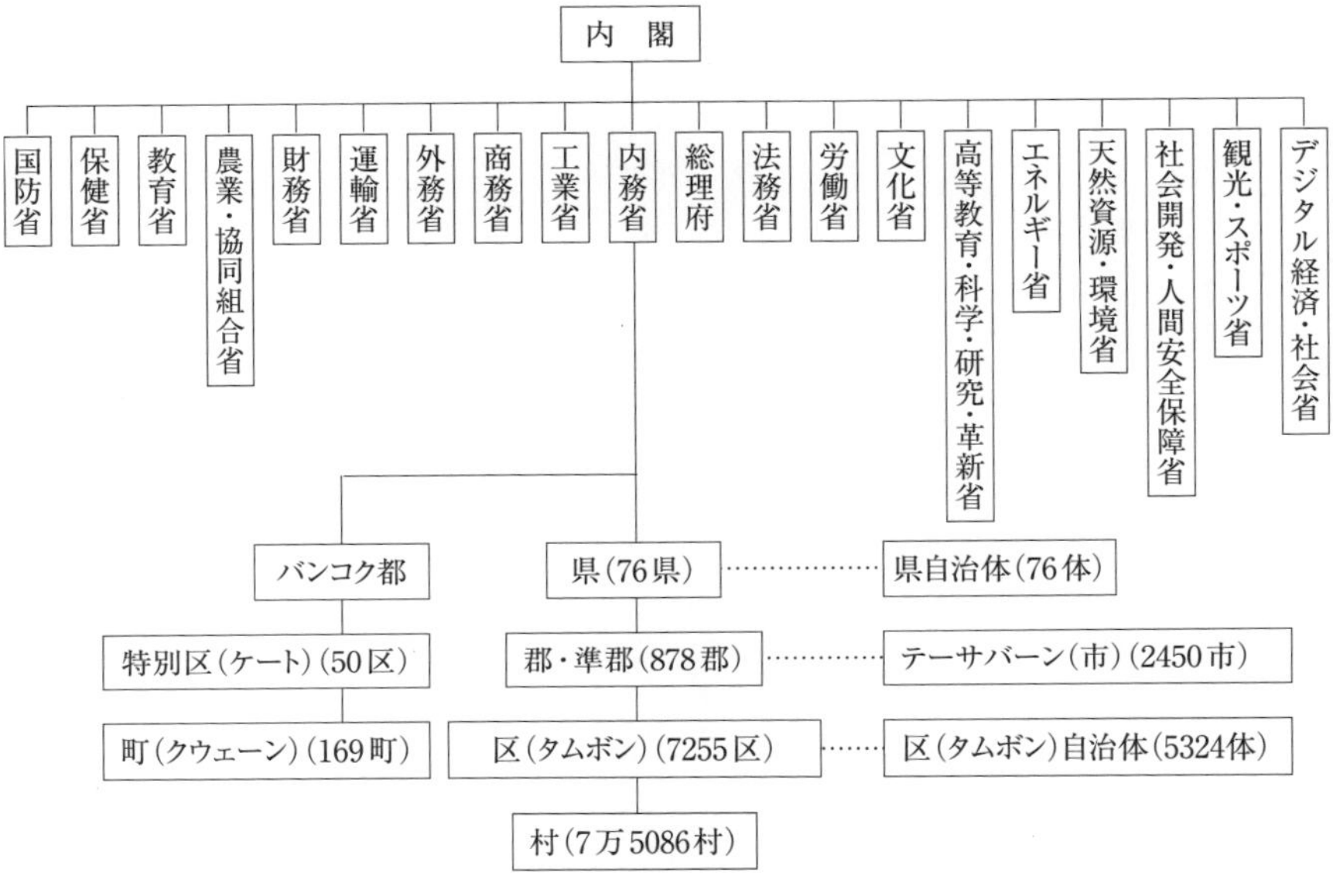

図12　行政機構　　出所：日本タイ協会編, 2009. に加筆修正

写真32　チャチューンサオにある旧プラーチーン州庁舎（2015年）

連立政権の場合はどの政党にどの大臣ポストを与えるかが重要な問題となり、予算が多く利権が大きいとみなされる大臣ポストを巡って連立与党の間で奪い合いが起こる。中でも内務省や運輸省のポストが人気で、二〇〇九年に反タックシン派の民主党・アピシット政権が成立した際には、組閣に大きく貢献したとして、元親タックシン派政党から分離したプームチャイタイ党に内務大臣と運輸大臣のポストが与えられた。

一方、地方行政については、チュラーロンコーン王の時代までは上述の兵部省と内務省の二省が中央で管轄を行なっていたが、地方の領主や属国の国王の権限が非常に強く、彼らは「食国（キン・ムアン）制」の下で自らのムアンからの経済的利益を吸い上げていた。属国の国王に至っては、三年に一回バンコクに忠誠を誓う貢物を送るだけで、事実上自由に内政を行なうことができた。そこでチュラーロンコーン王は一八九〇年代から本格的に「テーサーピバーン制」という新たな地方統治機構を導入し、全国に州（モントン）を設置して中央から州長を派遣し、配下のムアンを管轄させた（写真32）。さらに、ムアンを廃止して県（チャンワット）、郡（アムプー）に再編し、その下に区（タムボン）、村（ムーバーン）を設置して全国に垂直的な地方統治機構を設置した。これによって従来世襲的に統治を行なってきたムアンの領主は統治権を失い、中央から派遣された県知事や郡長がその代わりを担うことになった。この一連の中央集権化を進めたのは、内務大臣を務めたダムロン親王であった。

この地方統治機構は現在までそのまま継承されており、二〇一九年末現在、全国にバンコク都を除いて計七六県、八七八郡、七二五五区、七万五〇八六村が存在している。県知事と郡長は中央の内務省から派遣される官吏であり、区長（カムナン）と村長は長らく選挙で選ばれてきたが、現在では区長は各区の村長の中から村長による選挙で選ぶ形となっている。

タイの住所もこの地方統治機構に基づいて構成されており、家屋番号、村番号、区名、郡名、県名の順に表記をする。次に述べる地方自治体名については、バンコクを除いて住所には出てこない。なお、郡については、県庁所在地の郡はムアン・チエンマイ郡のように必ず固有名詞の前にムアンという語が付けられており、通常はムアン郡（アムプー・ムアン）と略して呼ばれている。

地方分権化の推進

タイには上述の地方統治機構に基づく行政体（県－郡－区－村）とは別に、地方自治体が存在している。県や郡のトップが中央から派遣される官吏であることからもわかるように、地方行政の組織は中央の出先機関でしかない。このため、これとは別の形でさまざまなレベルの地方自治の組織が設置されてきたのである。

最初に設置されたのは「衛生区（スカーピバーン）」であり、ラーマ五世王期にバンコクに作られた。その後、立憲革命後に「自治区（テーサバーン）」の設置が決められ、バンコクなどに自治区が設置された。どちらも人口密度の高い町や都市に設置されるものであり、衛生区は郡長がトップを務めていたが、自治区には議会が存在し、議員の名から互選で首長（自治区長）を選んでいた。現在は直接選挙で首長を選ぶ形となり、日本の地方自治体に例えれば自治区が市、自治区長が市長となる。なお、衛生区は一九九九年に自治区に格上げされ、二〇一九年末現在二四五〇ヵ所の自治区が存在する。これらの自治区は、

写真33　バンコク都庁（2014年）

住民登録、教育、保健、ゴミ処理、上下水道などの公共サービスを担っている。

この自治区は地方行政機構の郡レベルに相当するものであるが、県レベルと区レベルにも地方自治体が存在する。県レベルではバンコクを除く七六県に「県自治体」があり、直接選挙で選ばれる県自治体長がトップとなる。各県のうち自治区の管轄外の地域を対象とする自治体として一九五五年に設置されたが、長らく県知事が県自治体長を兼任し、あまり自治体としての機能はなかった。一方、区レベルでは「区自治体」が存在し、一九九五年以降自治区の存在しない区で設置が進んだ。当初は区長がトップを兼任したが、現在は住民の直接選挙で選ばれている。主に農村地域に設置され、インフラ整備などを担当している。二〇一九年末現在全国に五三二四ヵ所存在しているが、区自治区（テーサバーン・タムボン）へと昇格していくものも多い。

長らく地方自治体の設置は人口密集地域である町や都市に限定され、農村部には存在しない状況が続いた。しかし、近年農村部にも新たに自治体が設置され、タイにおける地方自治体の数は急増している。このような地方自治体の増加は、地方分権化の推進の具体的成果と捉えることができる。

なお、バンコクとパッタヤーには別の地方自治体が存在している。バンコクには長らくバンコク、トンブリーと二つの自治区が存在してきたが、一九七二年に従来の地方行政体としての二つの県と二つの自治区を統合する形で「バンコク都」が成立し、一九七五年から知事の公選制が始まって、地方自治体となった(写真33)。このため、現在のバンコクは地方自治体と地方行政体が統合されている例外的な場所となっており、バンコク都の下に五〇の特別区(ケート)が置かれている。

一方、パッタヤーは「特別市」となっており、一九七八年から直接選挙で選ばれる市長の下で行政が行なわれてきた。しかし、パッタヤーの場合は地方行政機構の郡も併存しており、チョンブリー県バーンラムン郡の一部地域が市域となっている。

このパッタヤーの例のように、タイでは地方行政機構と地方自治機構が並立しており、特にテーサバーンの場合は管轄区域が郡の管轄範囲とずれている。近年の地方都市における都市化の拡大に対してテーサバーンの管轄範囲が対応できていないことが多く、テーサバーンの範囲を越えて都市化が進んでいることも珍しくない。タイではテーサバーン人口を都市人口と見なしていることから、テーサバーンの範囲が実際の都市化の拡大に追いつかないと、都市人口が過少に算出されることになる。また、一つの都市の中に複数のテーサバーンが存在する事例も増えている。そのような場合には、その都市の人口規模を把握することが難しくなる。

地方における自治体の数は大きく増加したが、自治体あたりの人口規模は小さく、それゆえ非効率な面も否定できない。また、自治体の権限は依然としてそれほど多くなく、予算規模も大きくないことから、中央政府への依存度は依然として高い。

中央政府と地方自治体が対立することもある。たとえばバンコク都知事は二〇〇四年以降反タックシン派の民主党から出ていたことから、都の施策に政府が非協力的であったり、都の要請を政府が無視するようなことも起きてきた。中央集権化の弊害は首位都市バンコクの存在と、バンコクにおけるさまざまな社会問題を見れば明らかである。地方分権化の着実な進展が必要だろう。

タイの15人

タノーム・キッティカチョーン（一九一一〜二〇〇四年）

サリットが築き上げた「開発」体制を継承したものの、最終的には民主化を求める学生らの運動によって退陣せざるを得なくなった「開発」独裁者である。陸軍士官学校を卒業後に軍人となり、ピブーン政権下で国防大臣などを務めた。一九五七年のクーデターでサリットを支え、翌年には病気のサリットに代わって首相に就任した。間もなくサリットに首相の座を譲るが、一九六三年にサリットが急死すると再び首相となった。

彼は「開発」独裁者としての権限をサリットから引き継いだが、サリットほどの求心力はなかったことから、同じく軍の重鎮で内務大臣を務めていたプラパートに副首相と国軍最高司令官のポストを任せ、二人三脚で権威主義体制を引き継ぐことになった。基本的な政策はサリットを継承したが、タイ共産党の活動の活発化とベトナム戦争の激化を受けて反共姿勢をさらに強めた。一九六八年には憲法を制定して翌年久々の総選挙を行ない、選挙によって合法的に首相の座を確保したものの、連立政権の運営に嫌気がさして一九七一年には自らクーデターを行なって議会を葬り去り再び独裁者に戻ってしまった。

このため、以後学生を中心とする勢力がタノーム政権打倒に向けて活動を活発化させることになった。一九七三年一〇月にタノームは武力でこれを抑え込もうとしたものの、プーミポン王の仲介で結局彼は退陣し、国外へと逃亡した。この一〇月一四日事件により、タイは「民主化」の時代を迎えることとなった。一九七六年に彼が帰国して出家すると学生らが反発を強め、タムマサート大学で行なわれたタノームの帰国を批判する寸劇が右派の不興を買い、「民主化」の時代を終焉させる一〇月六日事件につながることになる。（写真34）

写真34 タノーム（สำนักงบประมาณ. 2510.）

プレーム・ティンスーラーノン（一九二〇～二〇一九年）

国王の信頼が厚く、長らく枢密院の議長を務めた、守旧派の代表と言えるような人物であった。南部ソンクラー県出身で、陸軍士官学校に進んで軍人となった。アメリカにも留学し、その後共産勢力の鎮圧で名を馳せて、一九七八年に陸軍司令官に就任した。一九八〇年に首相に就任し、一九八八年まで三期にわたって首相を務めた。

プレームも軍人上がりの首相ではあるが、閣僚ポストの下院議員への配分を大幅に増やし、軍人と政党政治家の勢力の均衡を図ろうとした。権力欲の薄い中庸な政治スタイルを演出し、清廉なイメージを醸成した。そして、議会制民主主義を順守する一方で、ラック・タイの原則に基づいて国王や軍の意向も重視した。このような政治スタイルは「半分の民主主義」と呼ばれた。

プレームの調整型政治は、国内の対立の解消にも貢献した。共産勢力の鎮圧に対して武力でなく説得を重視し、投降者の罪を問わず社会復帰を約束することで共産勢力の解体を図っていった。共産勢力内の路線対立や中国による支援の中止もあって、一九八〇年代半ばまでにタイ国内の共産勢力はほぼ消滅した。また、分離独立運動が断続的に続いていた深南部では南部国境県行政調整センターを設置して地域開発を推進させ、これまでの鎮圧一辺倒の方針から開発と鎮圧を並行する方針へと変更した。

プレームの政治姿勢は国王に高く評価され、一九八八年には枢密院顧問に任ぜられ、一九九八年からは枢密院議長を任されている。その後は政治からは遠ざかっていたが、二〇〇六年のクーデターの黒幕はプレームであるとの噂が出ると、親タックシン派がプレーム攻撃を始めた。長らく軍と王室をつなぐパイプ役として重要な役割を果たしてきたが、二〇一九年に死去した。（写真35）

写真35　プレーム（สำนักนายกรัฐมนตรี. 2535.）

タックシン・チンナワット（一九四九〜）

北部出身の中国系タイ人で、ビジネスで成功した後政界に入り、画期的ではあるが強引な政治活動でタイを二分する対立を引き起こした。

チンナワット家はタイシルク販売などで財をなしたチエンマイの有名な一族である。タックシンは当初警察官僚の道を歩みつつさまざまなビジネスを模索したが、コンピューターのリースで成功してから飛躍的に事業を拡大し、規制緩和の恩恵も受けながら巨大な富を築いた。

一九九四年にチュワン政権の外務大臣に就任したことで政界に進出し、一九九八年に愛国党を結成して有力議員の一本釣りを進め、三〇バーツ医療制度を目玉とするポピュリスト的政策を公約に掲げて二〇〇一年の選挙戦に臨み、議席の半数を獲得することに成功した。トップダウン的な手法で矢継ぎ早に政策を立案し、公約も実行に移しつつタイの輸出競争力を高め、経済危機の後遺症からの脱却を図ろうとした。その強権的な姿勢には反発も出たが、ポピュリスト的政策の恩恵を受けた庶民の圧倒的な支持の下で、二〇〇五年の総選挙で大勝した。しかし、その後株式売却益を巡る問題で反タックシン運動が盛り上がり、翌年のクーデターで首相の座を奪われた。

この後タックシンはドバイを中心に事実上の亡命生活を続けているが、依然として影響力を行使している。自分の代わりに身内を首相の座に擁立することも厭わず、短期間であったが二〇〇八年にサマックの後を継いで就任したソムチャーイは彼の義弟であり、二〇一一年から二〇一四年のクーデターまで政権を握ったインラックは彼の妹であった。彼の権力闘争欲はきわめて強いことから、今後も国外からタイの政治に多かれ少なかれ影響を与えていくものと思われる。（写真36）

写真36 タックシン
(คณะกรรมการจัดทำรายงานแสดงผลการดำเนินการของคณะรัฐมนตรีตามแนวนโยบายพื้นฐานแห่งรัฐ. 2547.)

北部の田園風景（ラムパーン県、
2012年）

東北部の天水田（ブリーラム県、
1994年）

スコータイ遺跡（日本アセアンセンター ©ASEAN-Japan Centre）

アユッタヤー遺跡（日本アセアンセンター ©ASEAN-Japan Centre）

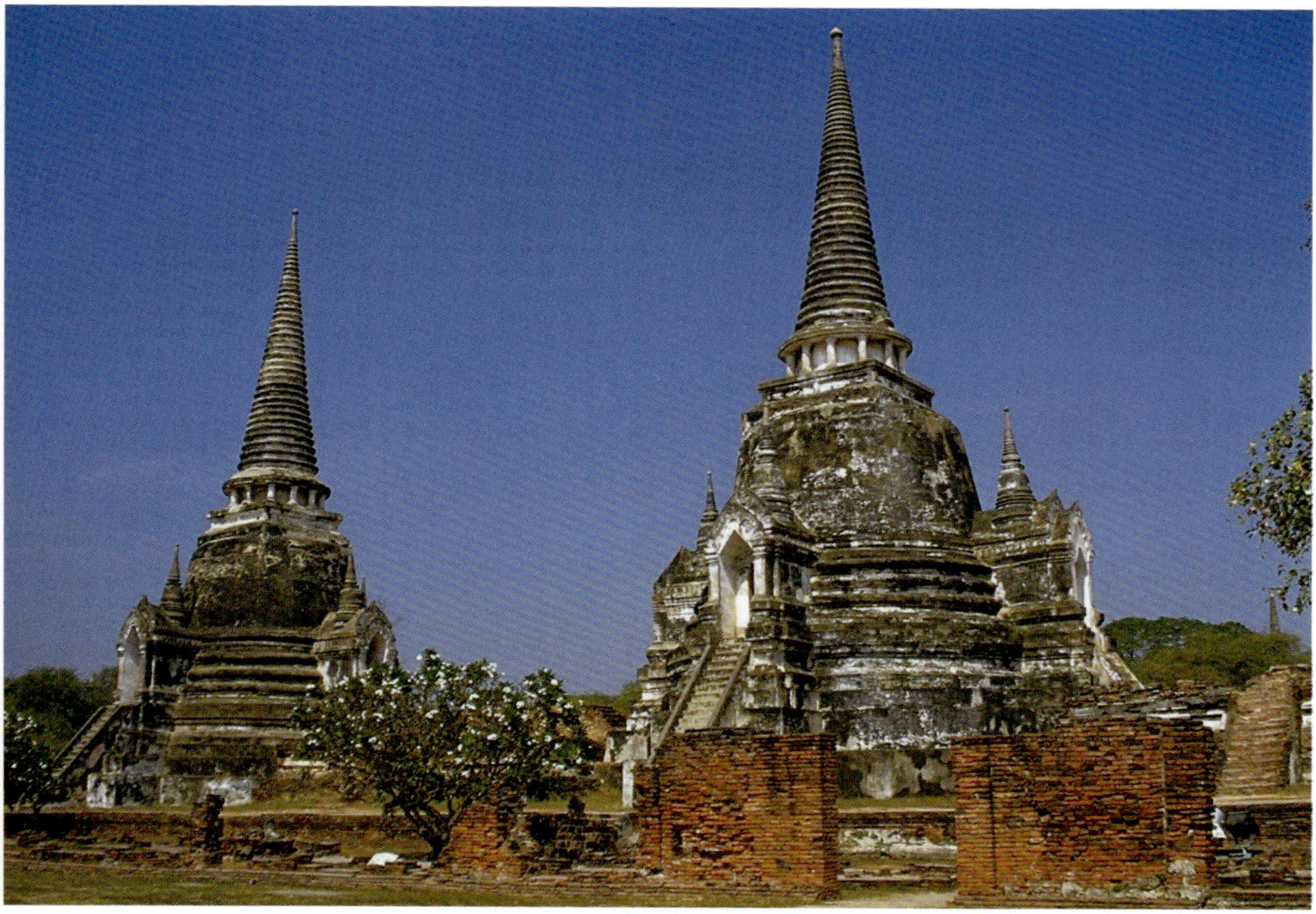

東北部のクメール遺跡・パノムルン（2015年）

東北部ナコーンパノムの寺院（2013年）

バンコクを流れるチャオプラヤー
川（2012年）

買い物客で溢れるバンコクのチャ
トゥチャック市場付近（2012年）

王宮前広場での凧揚げ（2002年）

バンコクの華人街ヤオワラート通り（2014年）

サムットソンクラームの傘閉じ市場
(2007年)

三輪自転車型のサームロー(サムットサーコーン、2013年)

カイヤーンを売る露店（ナコーンパトム、2005年）

露店の生鮮品市場（サムットサーコーン、2012年）

チエンマイ旧市街を取り囲む堀
（2013年）

マレーシア国境のコーロック川の
渡し船（2009年）

6 経済と産業

タイはかつての農業国から工業国にイメージを変えた、という指摘は一面では正しいが、単に農林水産業が衰退したことを意味するものではない。急速な経済発展による工業化の進展で、生産や輸出に占める農林水産業の比率が下がっただけであり、農林水産業は依然としてタイの人々の生活に欠かせない産業となっている。

経済ナショナリズムから「開発」の時代へ

一九世紀半ばにタイが「開国」すると、タイも東南アジアの植民地諸国と同じくモノカルチュア経済を構築してきた。これは特定の一次産品の生産と輸出に依存する経済体制であり、タイの場合はコメがその最大の役割を担っていた。長らく主食として自給用に生産されてきたコメは新たに商品作物の役割も果たすようになり、コメ輸出が急増していった。主要な輸出先はシンガポールと香港であり、同じくモノカルチュア経済の下でコメ需要が増した東南アジア島嶼部と、人口増でコメ需要が高まっていた中国が主要な市場であった。これらのコメの流通と生産は華人が牛耳っており、コメ財閥も出現した。

他方で、工業化も少しずつではあるが進んでいた。タイで最も多い工場は精米所であり、当初はバンコクのみに立地していた精米所は鉄道の開通とともに次第に地方都市にも広まっていった。製材所もバンコクを中心に立地し、主に北部上部からチャオプラヤー川を流されてくるチーク丸太が加工されていた。このような農産物加工工場が中心であったが、一九一〇年代のサイアムセメント社のセメント工場を皮切りに、第二次世界大戦前までにビール、石鹸、マッチなど軽工業の工場も出現していた。これらの工場の出現は関税自主権の回復と連動していることが多く、政府も国産が可能となった商品については輸入品の関税を引き上げて国産品を奨励しようとした。これらの多くは華人か欧米人によって運営されていた。

立憲革命から第二次ピブーン政権の崩壊までは経済ナショナリズムの傾向が強く、これまで華人や欧米人が運営していた工場がこの時期に新たに設立された国営企業の下に事業を統合されていった。特に第二次世界大戦中には敵国資産として欧米企業の工場が軒並み接収され、日本軍が使用したもの以外は新たに設立された国営企業の管轄下に置かれた。これらの敵国資産の工場は終戦後に返還され、戦時中の事業統合の目的で作られた多数の国営企業も解体された。しかし、戦後も経済ナショナリズムの下での工業化は続き、国営企業と「民族資本家」の仲間入りした中国系タイ人が担い手となった。

コメ輸出が稼ぎ頭であったタイは、一九世紀半ばの王室独占貿易の廃止後も長年貿易黒字を計上してきたが、第二次世界大戦以後は一転して貿易収支の赤字に悩まされることとなった。特に工業製品の輸入増が顕著であったことから、タイは輸入代替型の工業化を行なって貿易赤字を減らそうとした。しかし、国営企業や「民族資本家」の中国系タイ人による工業化は資本、技術、人材ともに十分ではなく、期待したような成果は得られなかった。

そこで、一九五〇年代末に政権を握ったサリットは、従来の経済ナショナリズム型から民間主導型の工業化へと経済政策を大きく転換した。これは自力で工業化を進めるのではなく、資金と技術を持った先進国の民間企業をタイに誘致し、彼らとの合弁で工業化を進めようというものであった。政府はこれまでのように直接工業化の担い手にはならず、代わりに外資を呼び込むためのインフラ整備に専心することになった。政府がインフラ整備、民間が工業化を図ることで、タイの経済開発を推進しようとしたのである。もっとも、この戦略はタイ独自のものではなく、当時アメリカを中心に流行した開発経済学の理論に従って、西側陣営に属した途上国が競って採用したものであった。

「開発」を推進するために、政府は制度的枠組みを整えた。経済政策を策定する国家経済開発庁（現国家経済社会開発庁）を設置し、ここが一九六一年からの「第一次国家経済開発計画」を策定した。この後「国家経済社会開発計画」と名前が変わるが、五年ごとに策定されるこの計画が現在に至るまで国家レベルでの開発計画の根幹となっている。また、国家開発省という新たな省を設置し、道路局や灌漑局など開発に関わる機関を一元的に管轄した。インフラ整備に特化した政府は西側諸国や世界銀行などからの潤沢な融資資金を用いて道路やダム建設を推進し、外資導入の御膳立てを進めた。一方、投資奨励委員会を設置して従来の投資奨励法を改定し、外国からの投資を奨励する一方で、外国企業に対しては税制上の優遇措置を講ずるなどの措置をとった。

この時期の工業化の柱は組立工場の誘致である。それまで先進国の工場で行なっていた組立の行程をタイに移すことで、新たな労働市場を確保するとともに、輸入額を減らすことを目指したのである。そのため、完成品と比較して部品の関税を大幅に引き下げて、外国企業がタイ国内に組立工場を建てやすくし、完成品の輸入を部品の輸入に切り替えようとした。これが効を奏した典

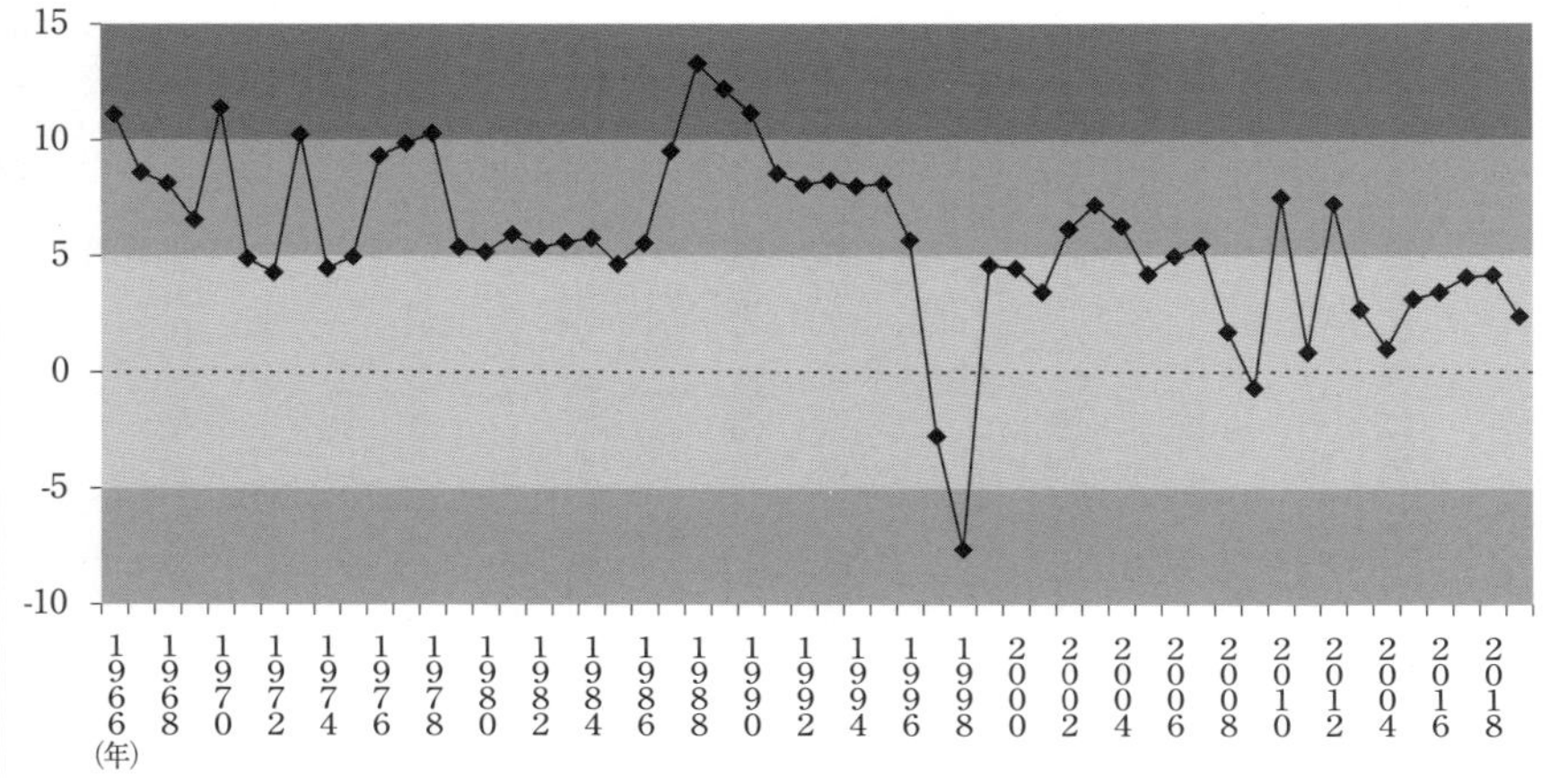

出所：World Bank, *World Development Indicators*より筆者作成

図13　経済成長率の推移（単位：％）

型例は自動車産業で、一九六〇年代だけで日系を中心に八社がタイに進出して自動車組立工場を作ったのである。これが現在まで続く、東南アジア最大の自動車産業の集積地としてのタイの始まりであった。また、繊維産業のような労働集約的な工場も誘致の対象であり、安価な労働力の存在を武器に人件費の高騰に悩む西側先進国の企業の進出を歓迎した。

　こうして、一九六〇年代のタイは順調な経済成長を遂げ、図13のように年五～一〇％の高い経済成長率を誇っていたが、一九七〇年代に入ると金本位制の廃止、第一次オイルショック、「民主化」の時代の混乱などで、一時的に経済成長率が下がる年も出現した。そして、第二次オイルショックとその後の世界不況の影響で、タイ経済は不況に陥ることになった。ちょうどプレーム政権の時期であり、タイは国際通貨基金（ＩＭＦ）と世界銀行から資金協力を受ける一方で、その条件として求められた構造調整を実施した。図の一九八〇年代前半の経済成長率がほぼ五％で推移している時期が、この不況期である。

経済ブームと通貨危機

不況に陥っていたタイに順風が吹き始めるのは、一九八五年のプラザ合意を契機とする外国からの投資ラッシュであった。プラザ合意は日本の円高を容認するものであり、これ以降円高が急速に進むことになった。円高によって日系企業は輸出競争力が低下したため、生産基盤を海外に移すことで対応しようとした。その際に新たな投資先として選ばれたのがタイであった。当時は東側陣営の国々の改革開放政策が始まったばかりであり、外資の受け入れを行なうレベルには達していなかった。また西側陣営に属していたASEANの六つの国にしても、シンガポールとマレーシアは経済レベルが高く、インドネシアはスハルトの開発独裁体制で制約が多く、フィリピンはマルコス政権からアキノ政権への移行期で政情が不安定であった。このため、タイへ投資が集中し、日系企業を中心に多くの企業がタイを目指したのである。一九八七年がタイの投資元年とされ、図13のように一九八八年には年一三％という非常に高い成長率を記録した。

この経済ブーム時に、タイの工業はさらに進化した。従来タイに進出していた外資は主に大企業であり、本国から持ってきた部品を組み立ててタイ国内で販売することを目的としていた。しかし、この時期になると裾野産業と呼ばれるような下請け、孫請け企業も次々にタイに進出し、大企業の工場に納入する部品もタイ国内で生産されるようになった。このため、工業製品の原料や部品の輸入依存率が減り、国内調達の比率が高まったのである。さらに、この時期には、不況期に中止されていた東部臨海地域の工業開発が再開され、レームチャバン港、マープタープット港の開港や、周辺の工業団地の開設が相次いだ。そして石油化学や鉄鋼など重工業部門も急速に成長し、従来の軽工業中心から重工業中心へと移行していった。さらに、輸出志向型の工業も拡大し、タイで生産した工業製品の輸出も大幅に増えていった。

このような急速な工業化に伴って、タイには経済ブームが到来した。一九八〇年代末から一九九〇年代半ばまでの経済成長率は年一〇％前後で推移し、タイは好景気を享受していた。図14のように一人当たり国内総

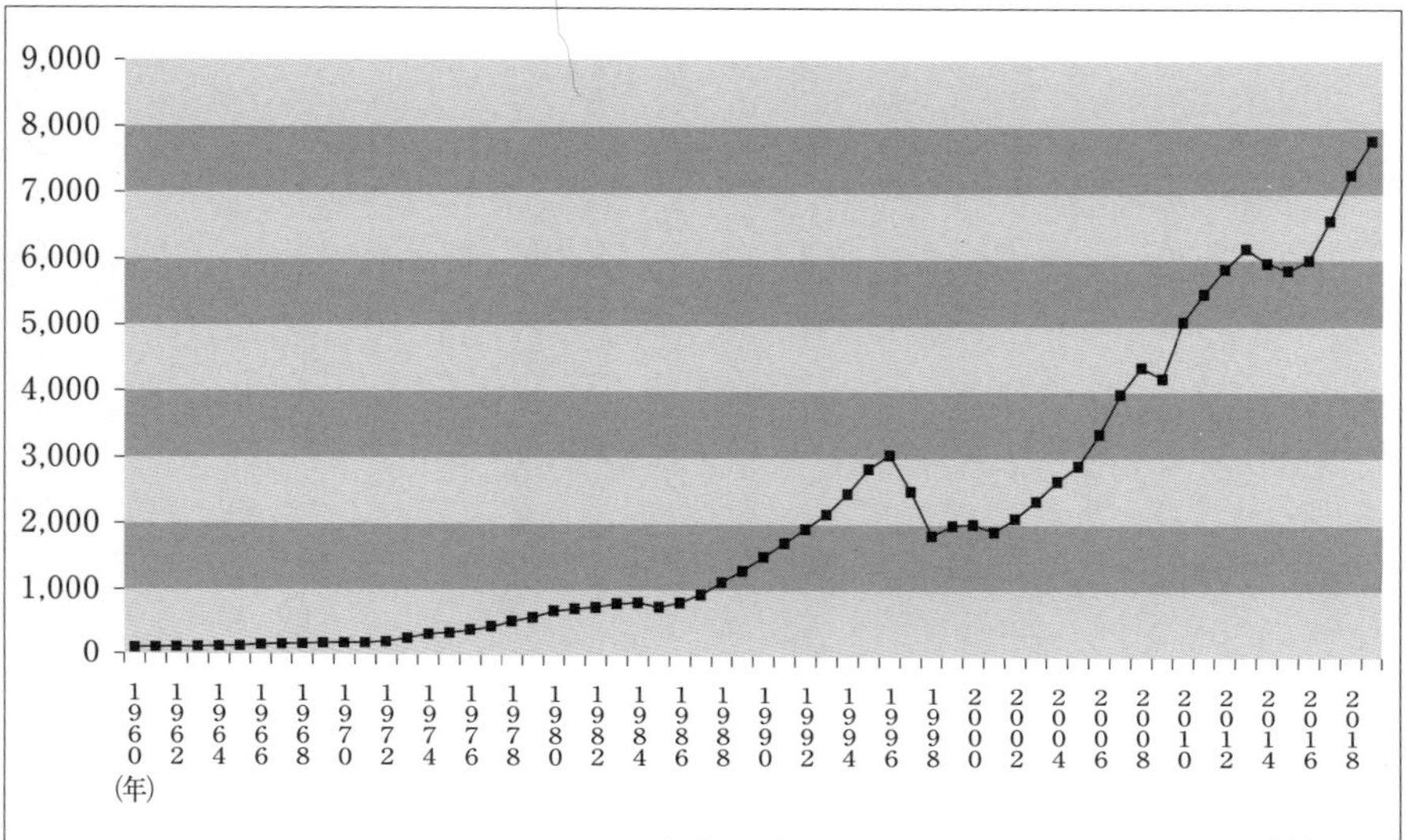

出所：World Bank, *World Development Indicators*より筆者作成

図14　1人当たり名目GDPの推移（単位：米ドル）

生産（GDP）も急速に増加し、一九八七年には一〇〇〇ドルしかなかったものが一九九六年には三〇〇〇ドルと一〇年間で三倍に急増した。このような好景気はアジアの他の新興国でも見られ、世界銀行が「東アジアの奇跡」と称するほどにNIEsと呼ばれた韓国、台湾、香港、シンガポールとASEAN諸国の経済成長は顕著であった。

他方で、この時期は規制緩和と自由化の影響で海外からの資金の流入が急増したことから、タイ経済は急速にバブル化の様相を見せていった。タイはドル・ペッグ制という固定相場制に近い為替制度を取っており、一ドル＝二五バーツ程度のレートで安定していたことから、海外からの投資家にとって魅力的であった。特に一九九〇年代に入ると不動産投機が活発化し、土地の価格の高騰と高層ビルの新規着工が相次いだ。いわゆるバブル経済化がタイでも急速に進んでいったのである。

ところが、一九九六年に入るとタイの好景気に対する先行きが不透明となり、輸出が頭打ちとなったり、金融機関の破綻が出始めたりした。そして、一九九七年に入ると、海外からの資金の引き揚げが相次ぎ、バーツ売りが顕著となっていった。中央銀行が市場介入を行なって買い支えをしたが、最終的には事実上の変動相場制である管理フロート制へと変更を余儀なくされた。これによってバーツは大暴落し、通貨危機が発生した。このバーツ大暴落は直ちにアジアや他の新興国にも飛び火し、いわゆる「アジア通貨危機」の始まりとなった。

ドルに対するバーツの価値の半減は、輸入品の価格の高騰、ドル建て債務残高の倍増を招き、消費の落ち込み、企業の業績悪化などタイ経済は悪循環に陥り、通貨危機は経済危機をもたらすことになった。政府はＩＭＦへの緊急支援を求めたが、ＩＭＦが最初に緊縮財政による収支の改善を求めたことから、不況がさらに悪化することとなった。そして、最終的にはＩＭＦの条件を緩和させるとともに、日本などからの支援も得てタイ政府は経済再建を行なうことになり、不良債権の処理と金融改革に乗り出した。企業の倒産や清算で職を失った人も多く、政府は公共事業や公共サービスの拡充によって雇用を創出した。また、農村部に一時避難した人もおり、農村がセーフティーネットの役割を果たした面もあった。バブル経済の崩壊により、バンコクやその周辺では多くのビルの建設が中止され、あちこちで無惨な姿をさらしていた（写真37）。

写真37　通貨危機で建設の止まったビル（2014年）

通貨危機の発生直後にチャワリット政権が退陣し、経済危機からの立て直しは次のチュワン政権下で行なわれた。タイはＩＭＦの助言に従って危機からの脱却を試み、図13のように一九九八年にいったんマイナス成長を記録したものの、一九九九年の経済成長率は回復し、Ｖ字型回復を実現させた。また、バーツ安はタイの輸出競争力を増したことから、図15のように一九九七年にタイは約五〇年ぶりに輸出額が輸入額を上回る出超を記録し、以後も出超が続くこととなった。

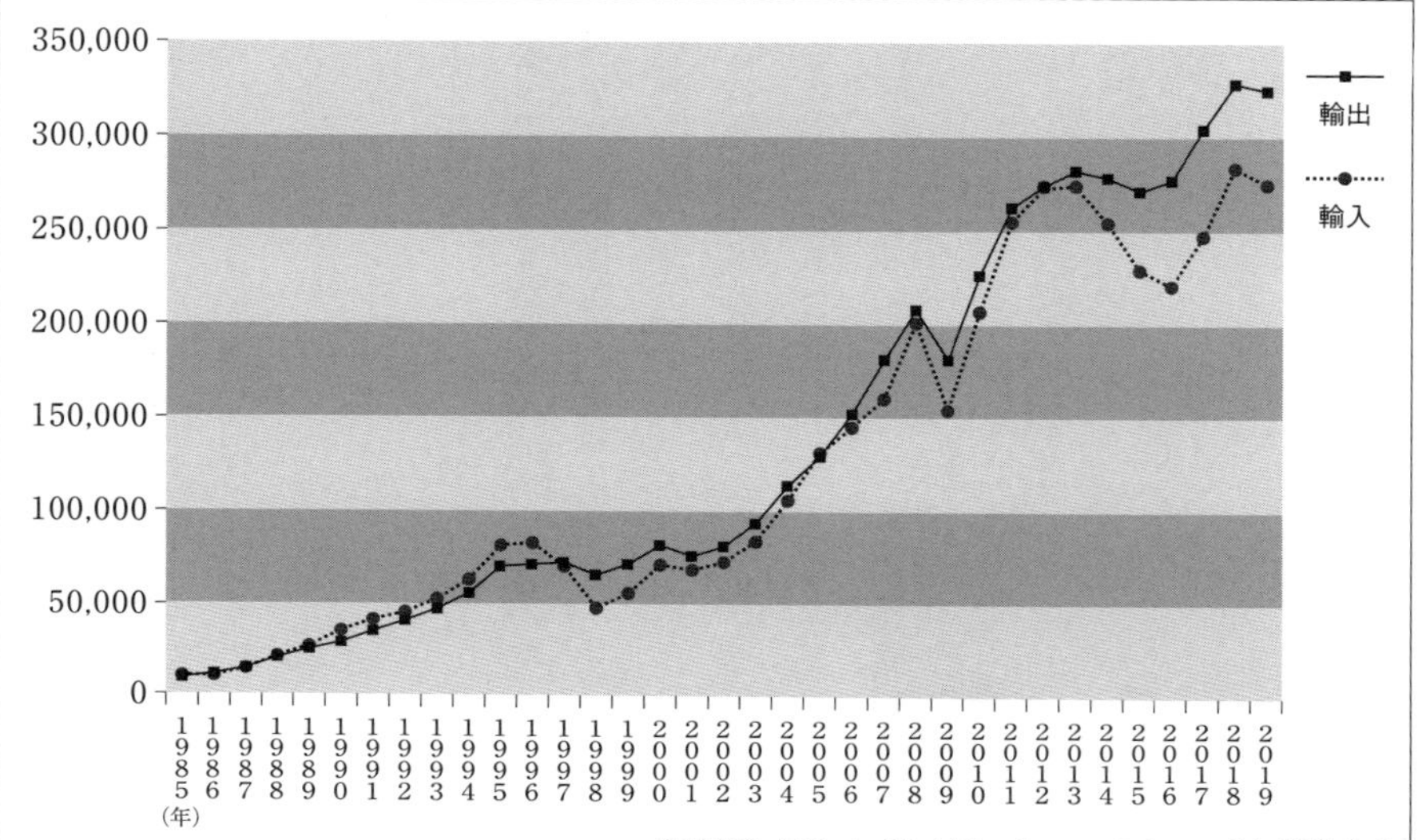

出所：World Bank, *World Development Indicators*より筆者作成

図15　輸出入額の推移（単位：百万米ドル）

「タックシノミクス」とその後

経済危機からの脱却は国民にさまざまな犠牲を強いたが、再建の成果は期待したほどではなかったことから、二〇〇一年の総選挙ではチュワンの率いる民主党は苦戦した。一方で、ポピュリスト的政策を大々的に掲げた愛国党が不満の吸い上げに成功し、タックシンがタイ経済の更なる発展を目指して舵取りを担うことになった。

タックシンの経済政策は「タックシノミクス」と呼ばれている。彼は国家を企業、首相を最高経営責任者（CEO）に見立てたトップダウン的な政権運営を行ない、「デュアル・トラック路線」と言われる経済成長路線と貧困解消を同時に実現しようとする政策を掲げた。

経済成長路線は具体的にはタイの国際競争力の強化を意味し、特定の産業に絞り込んで輸出競争力を高めようとした。これは国家競争力計画という形で定められ、食品産業、自動車産業、ファッション産業、ソフトウェア産業、観光産業の五つの部門に重点が置かれることになった。このうち、食品産業はいまだに就業者の多い農業

写真38　東北部の農村での特産品開発（1997年）

部門の付加価値を高め、「世界の台所」を目指すとした。自動車産業は既にタイへの集積が進んでいるが、今後AFTA（ASEAN自由貿易地域）の実現によってASEAN諸国内での競合も増えることから、タイへの集積をさらに強め、「アジアのデトロイト」を目指すとした。

　このような輸出競争力の強化の一方で、主に農村部に居住する農民の貧困解消策として、前述したようなポピュリスト的政策が並行して行なわれることになった。公約であった負債の返済猶予、村落基金、三〇バーツ医療制度の他にも、土地使用権の証券化、マイクロクレジットの導入、一村一品運動（オートップ）などの施策が次々に実施された。「土地使用権の証券化」とは、農民がまだ所有権を確立できておらず暫定的に土地使用権を得ている土地を担保にして融資を受けられるようにする制度で、農民の融資へのアクセスを容易にするという意味があった。マイクロクレジットも同様で、担保のない農民への貸し付けを可能にする制度であった。そして、「一村一品運動」は日本の大分県の事例をモデルにしたものであり、区（タムボン）レベルで特産品を開発し、農村部に新たな副業を創出しようというものであった（写真38）。

輸出競争力の強化と貧困解消策は両立しないとの批判もあったが、実際には貧困解消策は内需拡大策でもあった。これらの施策によって農民は融資を受けやすくなり、可処分所得を増やすことになることから、農民の購買力が高まり、結果として内需拡大が実現するとの期待があった。実際、タックシン政権期には経済成長率も五％前後で推移しており、通貨危機と経済危機の後遺症は消えたかに見えた。

二〇〇六年のタックシン政権崩壊後は、従来の官僚主導型の経済政策に戻ったり、再びタックシン型の政策を取り入れようとするなど、政権の枠組みによって経済政策の方向が揺れ動いた。図14のように二〇一四年のクーデター以降はしばらく一人当たり名目ＧＤＰも伸び悩んだことから、タイは「中所得国の罠」にはまったものと捉えられ、政府は二〇年後の高所得国への仲間入りを目標として、デジタル経済の発展と新世代産業の育成を中心とする「タイランド4.0」という新たな経済戦略を打ち出した。しかしながら、「対立」の時代の政情不安も経済にマイナスの影響を与えており、図13のように二〇一〇年代後半の経済成長率は低迷している。それでも「開発」の時代以降続いている「外向きの工業化」路線は変わらず、タイは工業国としての力を着実に強めている。

タイが農業国から工業国へと変化してきた軌跡は、さまざまな経済指標に明瞭に現れている。図16のＧＤＰ構成比を見ると、一九五一年には農業が全体の四〇％弱を占めていたが、二〇一八年には一〇％以下まで低下している。反対に製造業はこの間に約一〇％から三〇％へと増加しており、この六〇年間にちょうど農業と製造業のシェアが逆転したことがわかる。

輸出構成比ではより顕著な変化が表れており、図17のように一九六一年にはコメ、天然ゴム、その他農産物を合わせて約八〇％を占めていたが、二〇一九年には一〇％未満にまで低下している。反対に工業製品の伸びは著しく、今やタイは工業製品の輸出で稼いでいることが一目瞭然である。図18のように、一九七〇年にはタイの最大輸出品はコメであり、主要輸出品はいずれも農産物か鉱産物であったが、二〇一九年には上位は軒並み工業製品となっており、わずかにコメと天然ゴムが下位に残っているに過ぎない。「開発」の時代からの約半世紀の間に、タイの経済構造は劇的に変化したのである。

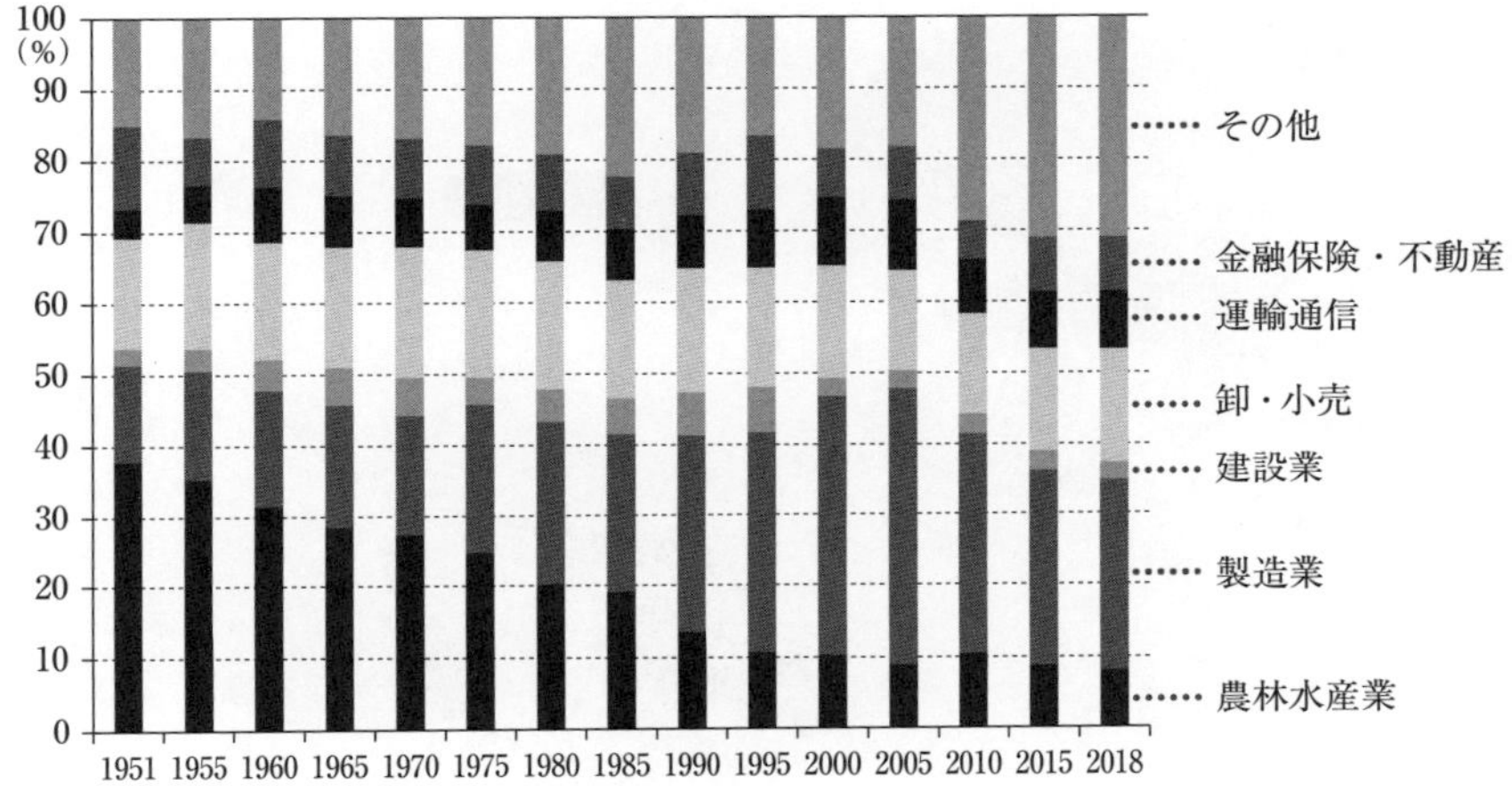

注：2005年までは1988年価格、2010年以降は名目価格。
出所：日本タイ学会編. 2009、National Economic and Social Development Board (NESDB)、*National Income of Thailand* より筆者作成

図16 GDP構成比の推移

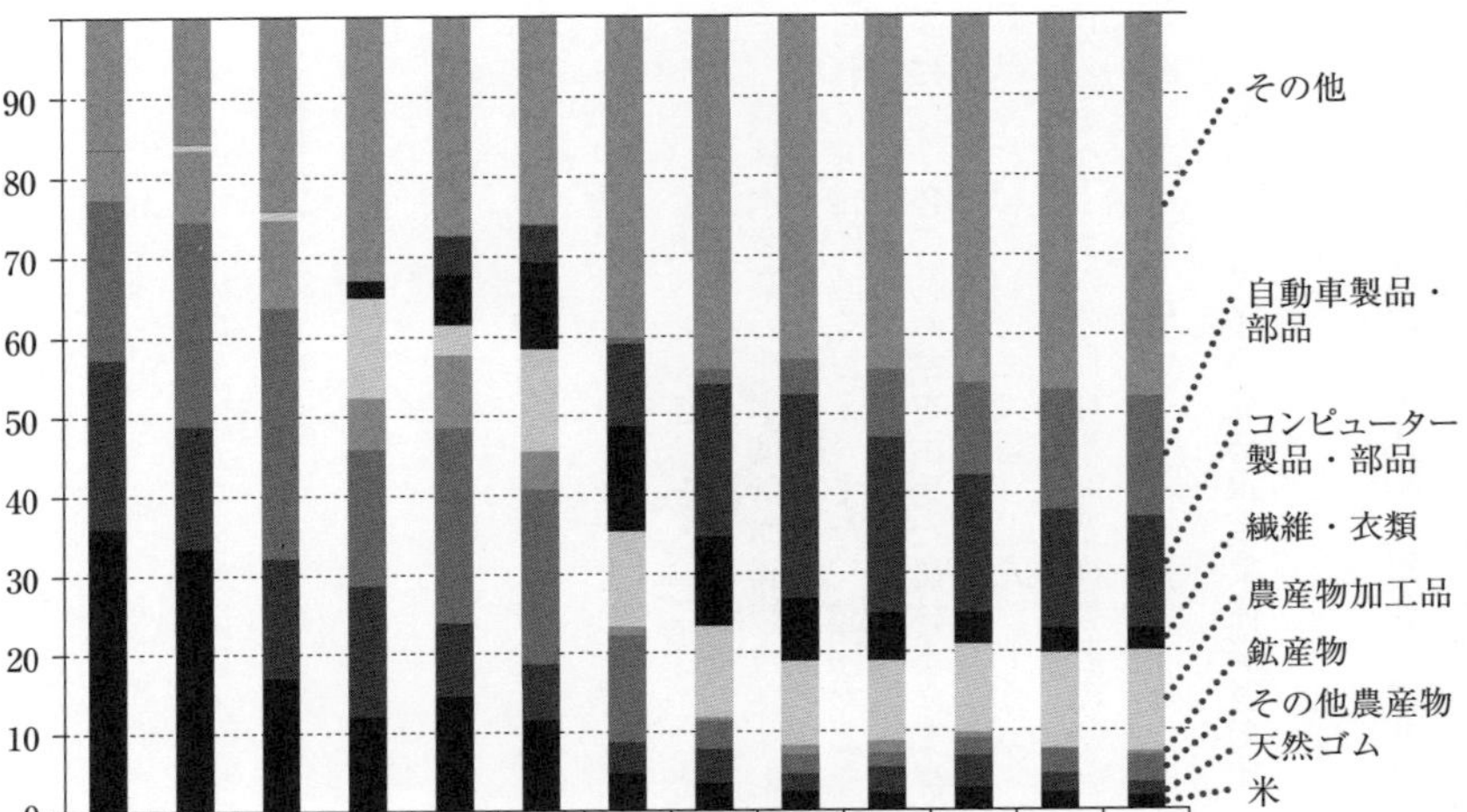

出所：末廣編. 1998、Bank of Thailand統計資料より筆者作成

図17 輸出構成比の推移

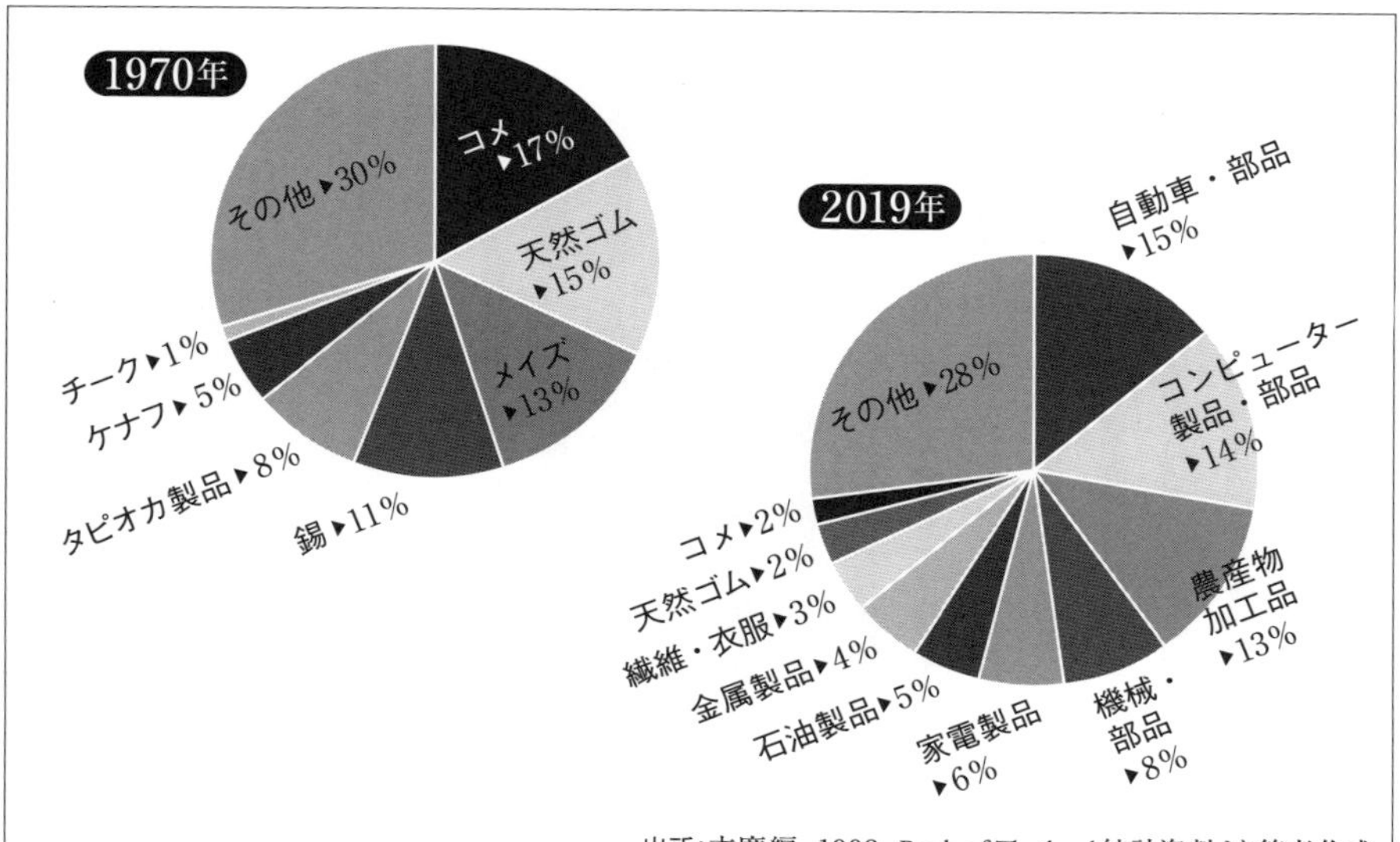

出所：末廣編．1998、Bank of Thailand統計資料より筆者作成

図18　主要輸出品の比率（1970・2019年）

農林水産業

タイはかつての農業国から工業国にイメージを変えた、という指摘は一面では正しいが、単に農林水産業が衰退したことを意味するものではない。急速な経済発展による工業化の進展で、生産や輸出に占める農林水産業の比率が下がっただけであり、農林水産業は依然としてタイの人々の生活に欠かせない産業となっている。

確かに、金額ベースで見ると、GDPにせよ輸出額にせよ、農林水産業の比率は付加価値の高い工業部門に圧倒されて非常に低くなる。また、図19のように、一九七一年には全体の約八割を占めた農林水産業従事者は、二〇一八年には三割強まで減少した。しかし、同年の数値を見るとベトナムの農林水産業従事者の割合はタイより若干高いが、フィリピンは約二・五割、マレーシアは一割となっており、タイの農林水産業従事者の比率は依然高いと言える。

輸出額に占めるコメの比率は現在では非常に小さくなってしまったが、タイのコメ輸出自体は第二次世界大戦

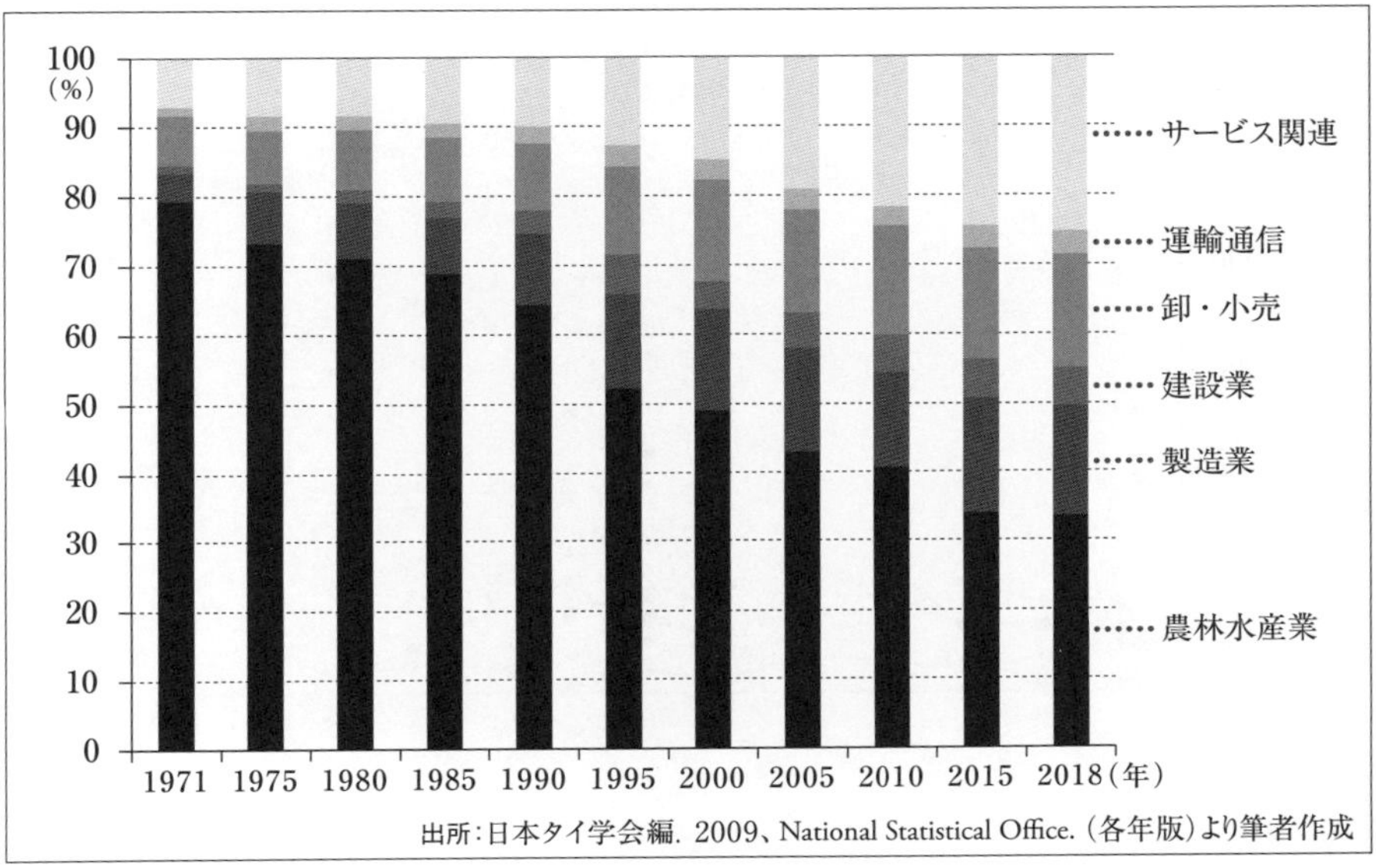

図19 労働人口構成比の推移

後めざましい発展を遂げてきた。図20のように、タイのコメ輸出量は一九七〇年代までは年二〇〇万トン以下であったが、その後急速に増加して二〇一六～二〇一八年の平均値は九〇〇万トンを超えた。単年では一〇〇〇万トンを超えた年も存在する。戦前のタイはビルマ、フランス領インドシナ（仏印）に次ぐコメ輸出国であったが、戦後はこの両国の生産が不安定になったこともあって首位に立ち、一時アメリカや中国に抜かれていたものの、一九八〇年代以降は長らく世界最大のコメ輸出国としての地位を保ってきた。

このようなコメ輸出量の拡大は、コメ生産性の向上によるところが大きく、それに大きく貢献したのが一九六〇年代の「緑の革命」であった。それまでタイは未開地の開拓による水田面積の拡大によってコメの増産を図ってきたが、可耕地である「フロンティア」が減ってくると従来型の水田の拡大は難しくなり、水利条件の悪い水田が増えることで生産性の低下が見られるようになった。そこに登場したのが、「緑の革命」の成果である高収量品種の「奇跡のコメ」だった。この高収量品種の栽培は灌漑田に限定されることから、主にダム建設と併せて灌漑

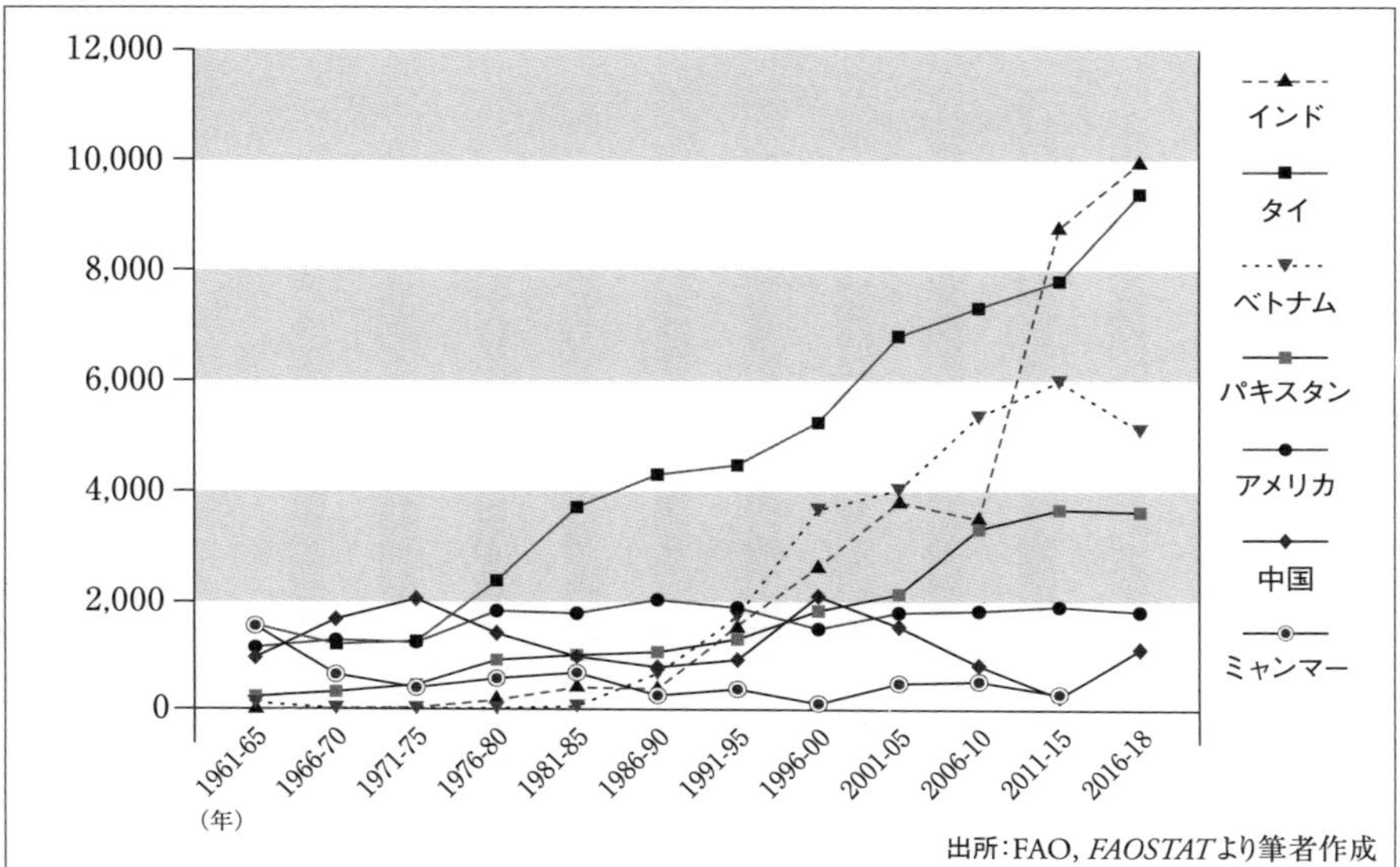

出所：FAO, *FAOSTAT*より筆者作成

図20　主要米輸出国の年平均輸出量の推移（単位：千トン）

水路網の整備が進んでいたチャオプラヤー川下流域で導入されることとなり、灌漑田での二期作の拡大も相まってタイのコメ生産量は飛躍的に増大していったのである。そして現在は、東北部が最大のコメ産地となり、ジャスミン・ライスと呼ばれる高級米の生産が増大している。

「開発」の時代には、コメ以外の新たな商品作物の導入も進んでいった。それまでのタイの主要な輸出品目はコメ以外に天然ゴム、錫鉱、チークがあったが、一九六〇年代以降はトウモロコシ、ケナフ、キャッサバの輸出が急増し、商品畑作物の多角化が図られた。表2のように、一九六〇年代前半年から二〇一〇年代の間にコメの生産量は三倍程度増加したが、それ以外の作物の増加率はいずれもコメを上回っている。

トウモロコシとキャッサバは中部から東北部にかけての丘陵部で、ケナフは東北部の丘陵部で主に栽培され、これらの畑作物の導入が水田不適地として残されていた丘陵や山地の森林の開拓を促進し、「フロンティア」の喪失へとつながった（写真39）。天然ゴムの生産量も急増しており、二〇一八年の生産量は世界第一位となっている。輸出額ではコメに匹敵する額を誇り、インドネシアに次

表2 主要農産物の年平均生産量の推移（単位：千トン）

年	米	トウモロコシ	キャッサバ	サトウキビ	パームヤシ	天然ゴム
1961-65	11,267	816	1,789	2,395	6	202
1966-70	12,874	1,464	2,615	3,492	6	253
1971-75	13,948	2,263	5,218	9,991	12	350
1976-80	15,917	2,601	13,214	19,667	65	458
1981-85	18,874	3,833	18,754	24,677	343	614
1986-90	19,271	3,976	20,416	29,193	920	1,182
1991-95	20,378	3,783	19,114	43,522	1,727	1,474
1996-00	23,785	4,348	17,327	52,443	2,894	1,992
2001-05	29,353	4,288	18,672	59,683	4,637	2,800
2006-10	32,518	4,307	25,350	64,230	7,753	3,081
2011-15	34,658	4,866	28,874	98,456	11,608	4,165
2016-18	30,064	4,926	31,226	98,817	14,032	4,625

出所：FAO, *FAOSTAT*より筆者作成

写真39 山地のトウモロコシ畑（2012年）

写真40　ユーカリ林（2015年）

ぐ世界第二位の輸出国である。長らく南部が主要な産地であったが、最近では東北部での生産も増加している。現在生産量が最も多いのはサトウキビであり、二〇一八年の生産量はブラジル、インド、中国に次いで世界第四位で、砂糖輸出量は世界第一位となっている。

このような農地の拡大に伴う森林面積の急減は、タイの林業を衰退させていった。一九世紀後半から北部上部の山地でヨーロッパ企業によるチークの伐採が拡大し、タイの主要な輸出品としての地位を獲得したが、戦後は資源の枯渇により林業は衰退の一途を辿った。農地化に伴う森林面積の減少は急速に進み、一九八〇年代後半には森林面積が国土面積のわずか二五％にまで落ち込んだ。森林の急減は山地での鉄砲水による水害を招き、一九八九年の南部での大規模な水害を契機に、商業伐採が禁止されるに至った。

このため、木材需要は周辺国から賄われるようになり、カンボジア、ラオス、ミャンマーからの木材の密輸が増えることになった。国内では森林面積の回復のために保護林を設定したが、保護林内で農業を行なっていた農民との間で対立が生じることになった。また、経済的に有益な経済林の拡大も森林面積の回復のための切り札と考えられ、東北部を中心にユーカリ栽培が推奨されたが、住民の共有林がユーカリ林にされるなどの問題も引き起こした（写真40）。

水産業も依然として重要な役割を担っている。タイ人は昔からタンパク源を魚介類に依存しており、内陸部では淡水魚が、沿岸部では海水魚が消費されてきた。現在でも淡水魚は食用として多数利用されており、メコン川流域では淡水漁業で生計を立てている人もいる。

一方、沿岸部では零細漁民による沿岸漁業が長らく重要な役割を担ってきたが、トロール漁法やまき網漁法などを用いて遠方まで出かけていく漁船も増えてきた。このような大型船の乗組員は現在ほとんどが外国人労働者となっており、タイ人の船長以外は全員ミャンマー人という漁船も珍しくないが、二〇一五年に入ってその待遇が国際的に問題となり、漁船管理が厳しくなった。

また、一九八〇年代からエビの養殖が急速に広がり、沿岸部のマングローブ林が急速にエビ養殖池へと変わっていった。今でも冷凍エビは主要な輸出品であるが、環境へ与える負荷が大きいことが問題となっている。

急速な工業化

タイの工業化は、「開発」の時代以降急速に進んだ。それまでの工場は精米所や製材所などの農産物加工工場が中心であったが、一九六〇年代以降は近代工業の工場が建設されるようになった。当初はバンコク近郊が工場の立地場所となり、北のパトゥムターニー県ランシット、南のサムットプラーカーン県サムローンに集積した。

初期にタイに進出してきた外国企業はまず組立工場を整備し、タイ国内市場向けの商品の組立を行なう形での生産が始まった。同じころに縫製工場などの労働集約型の工場もタイに進出してきた。やがて、工業団地の整備が始まり、一九七二年に操業を開始したバンコクの北東に立地するバーンチャン工業団地を皮切りに、バンコク周辺の工業団地整備が進んでいった。

バンコク周辺の工業化は主に北と東へ向かって進み、北ではアユッタヤー県まで、東はチャチューンサオ県を通り東部臨海地域に至る工場集積のベルト地帯が出現した。このうち、二〇一一年の大洪水ではバンコクの北方のランシットからアユッタヤーに至る工業団地が軒並み被害にあい、サプライチェーンの寸断によってタイ国内のみならず世界の工業生産に少なからぬ影響を与えた。

一方、東部臨海地域での工業化は、一九六四年に生産を開始したタイオイル社の石油精製工場から始まった。この工場はこの時代に浮上した新たな深水港計画のあったシーラーチャーに建設され、タイで最初の本格的な石油精製工場として、以後タイ国内に石油製品を供給する役割を担うことになった。その後、一九七〇年代末からの不況の影響で東部臨海地域の開発計画はいったん中断されるが、一九八〇年代半ばに再開されると、レームチャバン、マープタープットの新港建設を見越してこの地域へも工場が進出するようになり、経済ブームも相まって、一大工業地帯へと発展していった。レームチャバン、マープタープットともに工業団地が建設され、前者は主に自動車や電気機器産業が、後者ではタイ湾からの天然ガスを用いた石油化学工業が集積することとなった。工業化の波はこれらの港周辺に留まらず、内陸部へと進んでおり、民間企業が造成する工業団地が多数並んでいる。近年は東部経済回廊として再開発が目指されており、バンコクとの間の高速鉄道計画が動き出している。

このように、工業化は当初バンコク近郊から始まり、やがて東部臨海地域へと広まっていったが、地方における工業化は遅れた。その中で一九八五年に設置された北部ラムプーンの北部工業団地は発展を見せ、エレクトロニクス関連産業を中心に工場が集積している。バンコクから内陸に七〇〇キロほど入った場所ではあるが、労働力の安さと投資奨励の恩典によって地方随一の工業団地へと発展していった。一方、東北部のナコーンラーチャシーマーにも一九八九年に工業団地が設置され、自動車関連や電子部品などの工場が建ち並ぶ東北部最大の集積地となっている。しかし、それ以外の地域への工場の立地は少なく、工業化による労働市場の拡大の恩恵が全国にまんべんなく広がっているわけではない。

タイの工業化のもう一つの特徴は、アグロインダストリーと呼ばれる食品加工業の存在である。タイは農業国としての側面も保持してきたことから、モノカルチュア経済の下でのコメ輸出を支えていた精米所を筆頭に、数多くの食品加工業の工場が存在していた。この食品加工業も「開発」の時代以降多様化し、ブロイラー（鶏）加工やパイナップル缶詰製造など、多くの食品加工工場が造られた。一九八〇年代前半には、タイはＮＡＩＣ（新興農業工業国）とも呼ばれ、アグロインダストリーを切り札に工業化を推進していると理解されていた。そして、経済ブーム以降は、豊富な農産物と安価な労働力を武器に、輸出向けのさまざまな食品加工業が出現した。タックシン時代の「国家競争力計画」に食品産業が含まれていたことからもわかるように、アグロインダストリーは依然として大きな農業生産を誇るタイにふさわしい産業と位置づけられているのである。

しかし、このような急速な工業化は深刻な問題も伴う。中でも工場がもたらす大気汚染や水質汚濁が各地で発生し、特に重化学工業が集積する東部臨海地域のマープタープットの公害は大きな問題となった。また、経済成長に伴う労賃の上昇もタイに進出している外国企業にとって頭痛の種となっており、近年は工場の増設の際に隣接するラオスやカンボジアを選ぶなど「タイ・プラス・ワン」の動きも活発となっている。アグロビジネスも同様の問題を抱えており、こちらは外国人労働者を雇用して労働力不足と労賃上昇を回避しようとしている。

拡大する第三次産業

卸・小売業、運輸通信業、サービス業などを含むいわゆる第三次産業も、年々拡大してきた。図19のように、一九七一年の時点では第三次産業従事者は労働人口の二割弱でしかなかったが、二〇一八年には四割強まで拡大した。この第三次産業には多種多様な職種が含まれ、その種類も常に増加している。さまざまなモノを売る商店が建ち並び、路上にもまた多様な食品を売る露店が並んでいるのを目の当たりにすると、タイの町の活気はまさしくこの第三次産業が生み出しているように思えてくる。

そもそも町というのは、さまざまなモノやサービスを提供する商店が集まる場所であった。タイでは町の中心にはだいたい市場（タラート）があり、その周辺に商店が集まって中心街を形成してきた。市場では生鮮品を中心に乾物や雑貨など多様なモノが売られており、小売と卸売の両方の機能を備えているのが一般的である。市場周辺には買い物客を相手にする食堂や食べ物を売る露店商や行商人も並び、町のフードコートの役割も果たす。また、買い物を終えた客を乗せるためのサームローやソーンテオといった乗物も市場周辺に集まっており、町の交通センターにもなっていることも多い。近年はさらに中心市街地にもコンビニエンス・ストアが増えてきた。日本だと町の中心というと駅を思い浮かべることが多いが、タイでは町の中心はこの市場となる（写真41）。

このような町の中心としての市場の機能は、近年は郊外に出現してきたショッピングセンターに徐々にその役割を譲りつつある。バンコク市内や郊外はもちろんのこと、近年では県庁所在地レベルの都市にも必ずハイパーマーケットと呼ばれるような大型小売店が存在し、多くの買い物客が自家用車で訪れている。広い駐車場に車がぎっしり並び、食料品を満載したカートを押す買い物客で溢れる光景は、アメリカのショッピングセンターと比べても遜色がない。国境付近の町では、隣国からタイのハイパーマーケットに買い出しに来る客の姿もごく普通に見られる。それでも、生鮮食材の調達場所としての市場の機能は依然として重要であり、日本のような中心市街地の顕著な衰退はまだ見られない。

一方、インフォーマルセクターと呼ばれる露店、行商、サームローやバイクタクシーの運転、廃品回収などの仕事に従事する人もタイには多数存在する。これらの仕事は需要に従って自然発生的に出現するものであり、人が集まれば集まるほど職も増え、また新たなサービスも生まれていく。このため、このような仕事は都市に多く、中でもタイ最大の都市であるバンコクがその中心となる。ただし、タイでは社会保障が適用されていない労働者をインフォーマルセクターと定義していることから、厳密には個人経営の商店主や農民もインフォーマルセクターに含まれることになる。

バンコクの通りを歩けば、必ずと言ってよいほど歩道上で食べ物を販売する露店を見かけるが、このような露店はバンコクの住民の台所の役割を果たしている。庶民の暮らすアパートや、やや高めのワンルームマンションでも台所が存在しない場合が多いことから、バンコクでは食べ物を買って帰り、家で食べるという「中食」に依存する人が多い。露店では客の注文を受けて調理をし、それをビニール袋や発泡スチロールの容器に入れてテイクアウトするのである。このような食事情から、バンコクの路上にはさまざまな食べ物を売る店が並んでいる。

写真41　地方都市の市場（2013年）

また、大通りから小路（ソーイ）に入ると、その入口（パークソーイ）にバイクタクシーがたむろしている光景をよく見かける。運転手は番号の入ったゼッケンやベストを付けており、次々に客が運転手の後ろに二人乗りをして、ソーイの奥へと入っていく。このような「バイクタクシー」は一九八〇年代に発生したと言われており、高温多湿なため歩くことを好まないタイの人々に広く受け入れられることとなった。このため、バイクタクシーはバンコク市内を中心に全国各地に広がり、農村部でも農民の農閑期の副業となった。最初は「不法」であったが、現在は合法化されており、二〇一八年末現在で全国に約一九万台のバイクが「営業用バイク」、すなわちバイクタクシーとして登録されている。

タイ人は一般に独立志向が強く、サラリーマンのような被雇用者よりも自営業を好む人が多い。その際に最も参入しやすいのがこのようなインフォーマルセクターであり、学歴の高い人や高所得を得ている人が参入することもある。今後もインフォーマルセクターに代表される第三次産業の従事者はさらに増加し、新たなサービスも生まれていくものと思われる。

タニン・チアラワーノン（一九三九〜）

アグロインダストリーを中心に電気通信、近代小売業など幅広く事業を展開するタイ最大の財閥CP（チャルーン・ポーカパン）グループの会長で、中国名は謝國民。潮州出身の父・謝易初とその弟が一九二一年に香港から野菜の種子や肥料を輸入し、タイから鶏卵を輸出する目的で正大荘行を設立したのがCPグループの始まりであった。第二次世界大戦後は飼料の輸入を始め、一九六七年から飼料の国内生産にも着手した。一九七〇年代に入ってからはブロイラー解体・加工工場を設立し、鶏肉の日本向け輸出を開始した。やがて養殖エビや豚肉加工にも進出し、アグロインダストリーの多角化を図った。

一九八三年に父が死去すると、四男のタニンが経営の中心となり、石油化学、電気通信、近代小売業、不動産など事業の多角化を進めた。特にコンビニエンス・ストアのセブンイレブンも一九八八年から展開を始め、タイ最大のチェーンを形成するに至った。同時に中国へも積極的に進出し、飼料、食品、自動車、石油化学、セメントなど次々と事業を拡大していった。このような事業の多角化によって、CPグループはタイのみならず東南アジア最大の財閥とも評されるようになり、アグロインダストリーを柱に工業化を進めるという新興農業工業国（NAIC）のモデルでもあった。

一九九七年の通貨危機とそれに続く経済危機はCPの事業にも大きな影響を与え、国内事業は今後も成長が見込まれるアグロインダストリー、電気通信、近代小売業の三本柱に集約し、中国事業も大幅に縮小した。それでもCPはタイ最大の財閥としての座を維持しており、タニンは二〇二〇年の世界長者番付で第八一位、タイで一番の富豪となっている。（写真42）

写真42　タニン（ธนวัฒน์. 2543.）

タイの15人

7 国際関係

タイは昔から特定の国との関係を強化しすぎるのを好まず、複数の国を拮抗させて権益の集中を防ぎながら、自らの利益を最大限引き出すことを得意としてきた。近年の中国への接近もそのような側面があり、クーデター後の中国との接近は冷淡になった旧西側諸国の態度を軟化させるための切り札としての役割を果たしている。

伝統的な国際関係

タイを含む東南アジアから東アジア一帯では、長らく中国を中心とする国際関係が存在してきた。これは「冊《さく》封《ほう》体制」と呼ばれるもので、中華思想に基づいていた。中華思想とは、中国が文明の中心地であり、そのまわりには中国よりも劣った東夷、南蛮と呼ばれるような国々が存在しているとするもので、それらの国々の王は中国の皇帝に貢物を献上し、皇帝に存在を認められることで自らの権威が裏付けられると考えていた。このように、中国の皇帝に対して周辺諸国の王が朝貢（進貢）し、それに対して皇帝が「冊封」する、すなわち支配権を認めることを冊封体制と呼んでおり、これが一九世紀半ばまで続いたこの地域の国際関係の基本であった。

この冊封体制の下で、中国の周辺国は定期的に貢物として特産品を積んだ船を出し、帰りに中国からの返礼の品を積んで帰った。このような朝貢船による貿易を朝貢貿易と言う。これらの特産品の処分権は国王にあることから、この朝貢貿易は王室独占貿易の一形態であった。特に中国が民間商人による貿易を制限すると朝貢貿易の重要性は高まった。そして、中国の政権基盤の強弱と朝貢貿易の盛衰には関係が見られた。

タイもこの冊封体制の下で、盛んに中国の皇帝に朝貢を行なっていた。たとえば、アユッタヤー朝の滅亡後にタイを平定したタークシンは清の乾隆帝に使節を派遣し、タイの支配者としての地位を認めてもらおうとした。当初はその力を疑問視していた乾隆帝も、タークシンの勢力の拡大を知って最終的に冊封するに至った。その後を継いだラーマ一世も同様に朝貢使節団を派遣し、中国はタークシンの一族であるとみなしてその権威を認めていた。このように、中国の皇帝からのお墨付きを得ることで、タイの国王も自らの権威の正当化を図っていたのである。

ところが、中国の力が弱まり、冊封体制の意義が薄れてきたことから、モンクット王の時代に中国への朝貢は終わりを告げることになる。タイの西では一八二四年からビルマとイギリスとの間で戦いが起こり、イギリスが勝利してビルマのテナセリムとアラカンがイギリスに割譲された。さらに、一八四〇年からのアヘン戦争に敗退したことで中国の権威は失墜し、タイが中国に従属しているのではないことを対外的に示す目的もあって、モンクット王は中国への朝貢を中止したのである。

一方、タイと周辺諸国との間にも冊封体制に似た朝貢に基づく国際関係が存在していた。当時のこのあたりの国際関係は国家間の関係というよりも王と王との二者関係であり、前述したような保護・被保護の関係によって上下関係が成立していた。二者間が地理的に近い場合には、保護者と被保護者の間に濃厚な関係が構築されるが、そうでない場合は両者の間は希薄となり、被保護者が何年に一回貢物を送るだけの関係となった。たとえばカンボジアやマレー半島のムスリム王国はこのような属国と見なされており、アユッタヤーやバンコクの王を頂点とするミニ冊封体制の下に置かれていたと言えよう。

このような属国は、場合によっては別の国王に対して同時に朝貢を行なうという「二重朝貢」をすることもあった。たとえば、一九世紀前半にはカンボジアを巡ってタイとベトナムが争い、最終的にカンボジアはタイとベトナムの双方の国王に忠誠を誓うことになった。これはより強い政治権力に挟まれた「狭間の国」が採る戦略であり、状況を見てどちらかの国に対して朝貢を行なうこともあれば、二つの国に対して同時に朝貢を行なうこともあった。

そして、強い国同士は「狭間の国」を巡って、あるいは相手の国の支配権をめぐって戦うこともあった。タイとビルマの間で何度も繰り返された戦争がこれに当たる。基本的にはビルマで新たな政治権力が発生し、タイを従えようと攻めてくる構図である。これによってアユッタヤーは一六世紀末にいったんビルマの支配下に入り、一八世紀後半に滅亡した。

このようなマンダラ型国家間の争いでは相手を自らの保護下に置くことが重要であり、自分が上位となる保護・被保護の関係さえ構築できればよかった。そして、人口希薄地帯であったこのあたりでは戦利品として得られるものは土地ではなく人であり、敗者から勝者へと人が渡された。彼らは勝者の支配する土地の開拓に利用され、新天地での生活を強いられた。こうしてモザイク状の民族分布はさらに複雑となり、マレー半島出身のマレー族のムスリムがバンコク周辺に居住するといったような状況が出現したのである。

ヨーロッパ諸国との関係

このような冊封体制を基盤とする東南アジアの国際秩序は、ヨーロッパ諸国が入ってくることで崩壊していった。特に、タイのまわりでは植民地化によって次々とマンダラ型国家が消えていったことから、タイはヨーロッパ諸国と「国境」を接することになった。

タイは一八五五年のバウリング条約をきっかけにヨーロッパ諸国と相次いで不平等条約を結ぶ。つまり、タイはこれらの国々と対等な関係を構築することができなかったのである。それでも国によってタイの信頼度は違っており、イギリスを最も信頼する一方で、フランスを警戒していた。イギリスはタイに対して領土的野心を示さず、バウリング条約によって自由貿易が保障されるようになると、それ以上タイに対して難題を突き付けることはなかった。イギリスはタイでは領土支配という「公式」の帝国主義の形態をとらずに経済的権益を確保することを目指しており、タイでのイギリス製品のシェアが圧倒的に高い状況に満足していた。しかし、タイの高い信頼にもかかわらず、一八九三年のシャム危機に際してイギリスはタイを助けてはくれなかった。

一方、フランスは東から、タイの支配が及んでいると思われていた領域を狙っており、一八八〇年代にベトナム全土を確保すると実際にメコン川流域の土地を要求するようになった。シャム危機の後、フランスはメコン川左岸を手に入れたが、さらに右岸にも手を出そうと領事裁判権を使ってタイに揺さぶりをかけてきた。東北部のナコーンラーチャシーマーに駐在したフランス領事は保護民の資格を乱発し、申請者に対して誰でも保護民の資格を与えた。彼らはタイの法律に違反すると領事館に駆け込み、フランス領事が名目的な裁判を行なった後、無罪放免としていた。これによって故意に不法を働く者が増加し、社会不安が引き起こされることになったのである。

さらに、フランスはシャム危機の後に、タイがフランスへの領土の割譲や賠償金の支払いを行なうための担保として、タイ湾東海岸のチャンタブリーを占領しており、この返還と交換にさらにメコン右岸にも領土を拡張しようとしていた。このようなフランスの態度は、タイにとってきわめて屈辱的であり、後の「失地」回復要求につ

写真43　測量局の外国人顧問(Wright & Breakspear. 1994)

ながっていくことになる。

この時期には近代化を進めるためにさまざまな事業を行なう必要があり、専門知識や技術を持った外国人顧問が多数雇用されていた。一九〇七年の時点では約二五〇人の外国人顧問がおり、彼らは内政から外交に至るまで重要な役割を果たしていた(写真43)。イギリス人が最も多かったが、英仏以外の出身者も雇用されており、特定の国の権限が大きくなりすぎないように常に配慮されていた。たとえば、一八九〇年代から始めた鉄道建設の際には、タイへの領土的野心のないドイツ人の鉄道技師を多数採用した。その一方で、土木工事の請負業者にはイギリス企業を選び、すべてをドイツ人に任せることは避けていた。

また、国王直属の顧問である総務顧問には一八九二年にベルギー出身の国際法学者ロラン・ジャックマンを採用し、領土喪失の危機に対処しようとした。その後も一九四〇年まで領土的野心のないアメリカ人の顧問を続けて採用しており、彼らのアドバイスで領土割譲を利用した不平等条約の改正を実現させていった。

ワチラーウット王の時代に入ると植民地化の危機は薄れ、第一次世界大戦の勃発でその懸念は完全に払拭された。王は戦後欧米各国と対等な関係を構築しようと、連合国側の勝利が明らかになった一九一七年になってあえて連合国側に立って参戦し、若干ながらヨーロッパに部隊も派遣した。その結果、タイは無事に「戦勝国」となったので、その立場から英仏米に不平等条約の解消を訴えたが、直ちに応じたのはアメリカだけであった。イギリスはタイ市場での優位性が失われることを憂慮し、関税について一部例外措置を講じることでようやく条約改正を承諾した。最終的に不平等条約の解消はタイの近代法典の完成をもって実現することになり、一九四〇年に最後まで残っていた領事裁判権が廃止された。

イギリスは自らの経済的権益の喪失には難色を示すなど、けっしてタイに対して好意的ではなかったが、タイの「片想い」は第二次世界大戦まで続いた。一九四〇年の「失地」回復紛争をタイに有利に解決したことで日本の存在感が急激に高まったが、タイ国内では依然として親英派が多く、ピブーンも戦争に巻き込まれるまでイギリスと日本のどちらに付くか決めかねていた。他方で、摂政のプリーディーは開戦後も一貫して親英を貫き、やがて自由タイの中心的役割を果たすことになったのである。

冷戦下の親米路線

第二次世界大戦後、タイはそれまでの親英路線から親米路線へと転換する。日本の降伏後、直ちに摂政プリーディーが英米への宣戦布告は無効であるとの発言をしたが、これを容認したのはアメリカであった。イギリスは自国の植民地の一部をタイに取られた上、イギリス企業も敵性資産として接収されるなど実害が大きかったことから英印軍を派遣してタイを占領しようとしており、アメリカがタイの負担を軽くするためにイギリスを牽制するような有様であった。このようにアメリカがタイを「甘やかした」のは、将来冷戦が顕著となった際にタイを利用しようと考えたためであった。

一九四九年に中華人民共和国が成立してアジアでも冷戦の対立が顕著となると、タイは西側陣営の一員としてアメリカとの関係を強化した。当初アメリカはピブーンの復活に懐疑的であったが、彼の反共姿勢を評価し、タイに対して軍事援助と経済援助を行なうことにした。これがタイに対する無償資金協力の始まりであり、タイは

写真44 ベトナム戦争への派兵（สำนักงบประมาณ. 2510.）

その資金を軍備増強やインフラ整備に充てた。また、アジアにおける反共連合であるＳＥＡＴＯ（東南アジア条約機構）の本部もタイに誘致し、反共国家として積極的に協力する姿勢を示した。

アメリカとの関係がさらに強化されたのは、一九六〇年代からのベトナム戦争時である。アメリカはラオスにも肩入れしていたが、ラオスは共産勢力が一部地域を支配しており、アメリカが支援する王国政府は脆弱であった。このため、ドミノ理論で東南アジア各国が次々と共産化していく事態を阻止するためには、「最後の砦」であるタイの存在がアメリカにとってきわめて重要だった。そして、一九六四年からアメリカが北爆を開始して「ベトナム戦争」が始まると、タイはアメリカの軍事基地としても重要な役割を担うことになった。アメリカ軍は東部臨海地域のウータパオ飛行場の他、東北部の飛行場も利用してベトナムへの爆撃機の基地とした。タイも南ベトナムに派兵し、自ら戦争に加担した（写真44）。

ところが、アメリカがベトナムから手を引いていくことになると、アメリカ一辺倒であったタイの外交も方針転換を迫られるようになる。ニクソン・ドクトリンと米中接近によりアメリカの方針転換が顕著となり、最終的にベトナムから撤退することになった。その結果、一九七五年には南ベトナムの首都サイゴンが陥落し、ベトナムの南北統一が実現する。この年にはアメリカはカンボジアからも撤退し、ポル・ポト政権が成立した。タイも一九七三年から「民主化」の時代に入っており、一九七五年に成立したクックリット内閣は中国との国交を正常化させる一方で、タイ国内に駐屯する米軍を撤退させた。これによって一九五〇年代から続いたアメリカとの軍事中心の関係は終止符を打たれることになった。

この後もアメリカとの親密な関係は維持されるが、タイの政治情勢に対してアメリカが口を挟む機会が増えてきた。アメリカとの間では一九八二年以降「コブラ・ゴールド」と呼ばれる合同軍事演習を行なっており、タイ国内での米軍の駐屯こそなくなったものの、軍事面での交流は続いている。また湾岸戦争で米軍を支援したのをはじめ、二〇〇〇年代に入ってからもアメリカのテロとの戦いに支援を行なうなど、米軍の要請に対しても積極的に対応している。経済面でもアメリカはタイの重要な貿易相手国であり、二〇一〇年に中国に抜かれるまで長らくタイの最大の輸出相手国だった。

しかし、冷戦が終わってアメリカが民主的な政治体制を重視するようになると、タイでの「非民主的」な事件やクーデターに対して異を唱える場面が出てくるようになる。一九九二年の「暴虐の五月」の際にもアメリカは暴力の行使に対して憂慮を表明しており、合同軍事演習を中止した。二〇〇六年のクーデターの後も同様であり、クーデター後のスラユット政権もアメリカとの関係改善に苦慮していた。そして、二〇一四年のクーデターによって再びタイとアメリカの関係がぎくしゃくし、二〇一五年一月にインラックが弾劾された直後にタイを訪れた米高官も、タイを批判する趣旨の発言をしていた。

これまで冷戦下にはアメリカは民主的な政治よりも反共であることを優先しており、タイで相次いだクーデターや開発独裁政権の存在は黙認してきた。しかし、冷戦後は民主主義の擁護者として非民主的な政権に対する批判を強めており、タイにその矛先が向くような事態も起こるようになった。そのたびにタイは他の国との関係を強化して冷え込んだ対米関係を補おうとしており、結果としてタイのアメリカ離れを促進していると言えよう。

周辺諸国との関係改善

第二次世界大戦までは周辺諸国との関係は基本的に植民地の宗主国である英仏との関係であったが、戦後これらの国が相次いで独立すると、タイも周辺諸国と新たな関係を結んでいくことになった。西のビルマは比較的平和裏に一九四八年にイギリスから独立したが、東のフランス領では植民地の復活を狙ったフランスと独立を求める人々の間で対立が生じた。このため、プリーディーが中心となってインドシナ三国の独立運動を支援することとなり、一九四七年には植民地主義に対抗する勢力の結集を目指して「東南アジア連盟」を結成した。しかし、このようなタイの積極的な支援も同年のクーデターでピブーンが復活することによって終わりを告げた。

その後、一九五三年にラオスとカンボジアが独立し、タイも両国と外交関係を樹立したが、カンボジアとは後述するカオ・プラウィハーン問題を機に関係が悪化した。ラオスは政情が不安定であり、アメリカの支援する王国政府との関係は良好であったものの、ラオス国内での左派の勢力拡大を受けて、タイは共産主義の波及を恐れて次第に距離を置くようになる。ベトナムについては、一九五四年にフランスとの戦いが終結して南北に分断されたことから、タイは西側陣営の支援する南ベトナムと国交を結び、ベトナム戦争時には派兵もした。

しかし、最終的にインドシナ半島では共産主義が勝利し、一九七五年のサイゴン陥落、ラオス王国政府の崩壊、カンボジアのポル・ポト政権樹立によって、インドシナ三国はすべて共産化した。当時は「民主化」の時代であったことから、タイはいずれの国とも関係を継続させたものの、その後の右派の揺り戻しもあって関係は冷え込んでいた。

ところが、カンボジアのポル・ポト政権が恐怖政治を行なったことで、反ポル・ポト勢力はベトナムと手を組み、一九七八年末にベトナム軍がカンボジアに侵攻して、カンボジアは内乱状態となった。戦火を逃れた住民が難民として多数タイに入ってきたことから、国境沿いには多数の難民キャンプが作られた。ベトナムの支援を受けたヘン・サムリン政権がカンボジアの大半を支配下に置いたが、ポル・ポト派を含む三派連合政府はタイ国境付

写真45　最初のタイ＝ラオス友好橋（1997年）

近に逃げ込み、敵を追っていたベトナム兵がタイ国境を侵犯し、タイ軍が応酬するといった事態も発生していた。

このカンボジア問題も、一九八〇年代末になって解決に向かい、インドシナ半島の情勢もようやく沈静化することになった。一九八〇年代半ばからは東側諸国の改革開放路線が顕著となり、ベトナムとラオスも市場経済システムの導入に舵を切った。ベトナム軍も一九八九年までにカンボジアから完全撤退を果たした。

一方、タイには経済ブームが到来し、周辺諸国の政情の鎮静化と経済政策の転換により、新たな市場としてインドシナ諸国を活用しようとの期待が高まった。そのような中で、一九八八年にチャートチャーイ首相が「インドシナを戦場から市場へ」というスローガンを掲げ、周辺諸国との経済関係の強化を図ろうと動き出した。

その第一歩となったのは、タイとラオスの間の架橋であった。メコン川を挟んで対峙するタイとラオスの間には一九五〇年代から橋を架ける計画があったが、ラオスの政情不安やその後の共産化で長らく延期になっていた。しかし、一九八八年にはタイとラオスを結ぶ初めての橋を建設することで双方が合意し、オーストラリアの援助を用いて一九九四年に完成した。この橋はタイ＝ラオス友好橋と命名され、ラオスの首都ビエンチャンと対岸のノーンカーイを結んだ（写真45）。これは東南アジアの域内でメコン川に架かる最初の橋であり、二〇一三年までにタイ＝ラオス間には計四つの友好橋が完成した。

次いで、タイと周辺諸国からなる局地経済圏構想が出現し、やがて一九九二年に大メコン圏（ＧＭＳ＝Greater Mekong Subregion）という形で成就することになった。当初はタイ北部上部の財界から、タイ北部、ラオス北部、中国南部、ミャンマー東部からなる「四角経済圏」という局地経済圏を構築しようという構想が浮上し、その後ベトナム、カンボジアを含めて「六角経済圏」に拡大した上で、アジア開発銀行（ＡＤＢ）が主導する形で「大メコン圏」と命名されたものである。そもそもの四角経済圏は「黄金の三角地帯」をもじったものであり、この地域にある「チエン」から始まるタイ族のムアンを結ぶ形で局地経済圏を構築しようという大タイ主義的な発想であった。最終的には東南アジア大陸部の五つの国と中国・雲南省からなる地域が対象となり、すべての国や地域を流れるメコン川の名が用いられることになった。

緊密化する中国との関係

タイと中国の関係はやはり冷戦の対立の影響を受けており、中国の共産化の影響でいったんは断絶したものの、その後関係を修復して緊密化してきた。タイとアメリカとの関係とは反比例の状況であり、タイ米関係が緊密化するとタイ中関係が冷え込み、逆にタイ米関係が冷却化するとタイ中関係が緊密になるという構図ができている。

冷戦期のタイと中国の関係は、基本的に米中関係に追随していた。一九四九年に中華人民共和国が成立して中国が共産化すると、タイと中国の関係は冷え込んだ。ピブーン政権末期に一時的に中国との関係が緊密化した時期もあったが、その後サリットの時代に入ると中国との関係は冷え込み、一九六四年以降ベトナム戦争が本格化してタイがアメリカを支援すると、中国は反政府活動を行なっていたタイ共産党を支援し、共産党が東北部などで武力闘争を開始した。

しかし、アメリカのベトナム戦争からの撤退と米中接近に伴ってタイも中国との関係の見直しを図ることになり、折しも一九七三年から「民主化」の時代に入ったこともそれに拍車をかけた。一九七五年に成立したクックリット政権は中国との国交を樹立し、アメリカ一辺倒の外交姿勢を改めることとなった。

その後、一九七八年末にベトナムがカンボジアに侵攻すると、カンボジアを支援する中国はベトナムを攻撃して中越戦争に発展した。一方、カンボジアに入ってきたベトナム軍はポル・ポト派を追ってタイ国境近くまで進軍し、タイはベトナムへの警戒感を急速に高めた。この結果、反ベトナムで利害が一致した中国とタイは急接近し、両国の関係は緊密化した。両国の関係改善は中国によるタイ共産党への支援にも終止符を打ち、共産党勢力の消滅をもたらした。

カンボジア問題が解決へと向かうと、タイと中国は積極的に大メコン圏構想に関与していくことになる。大メコン圏構想では局地経済圏を構築するための国際交通網の整備を進めることになり、その後三つの経済回廊を設定して、各回廊を縦断する道路整備を優先することになった。具体的には雲南省の省都・昆明とバンコク、ハノイを結ぶ「南北回廊」、ミャンマーのモーラミャイン（モールメイン）とベトナムのダナンを結ぶ「東西回廊」、ミャンマーのダウェーからバンコク、プノンペンを経由してベトナムのホーチミン（サイゴン）を結ぶ「南回廊」の三つであり、いずれもタイや中国国内では既に道路整備が進んでいたことから、ミャンマー、ラオス、カンボジアなど道路整備が遅れた国の中の道路整備と、国境に架かる橋の整備がその中心となった（図21参照）。これらの道路整備への支援をタイと中国は積極的に行なった。

中でも、昆明とバンコクを結ぶ「南北回廊」については、中国が最も積極的に関与した。中国国内では昆明からラオス国境へ延びる高速道路の建設を進め、橋とトンネルを駆使してこの間の所要時間を大幅に短縮した。ラオス国内の道路整備に時間がかかることから、中国はタイとの間の輸送ルートの確保のためにメコン川の早瀬や岩礁を爆破し、二〇〇一年からの商業航行の自由化以降、多数の中国船がタイと中国の間を往来するようになった（写真46）。そして、ラオス国内の道路整備については中国、タイ、アジア開発銀行の三者が共同で支援を行なう形で進められて二〇〇八年に完成し、チエンコーン＝フアイサーイ間の第四タイ＝ラオス友好橋についても、中

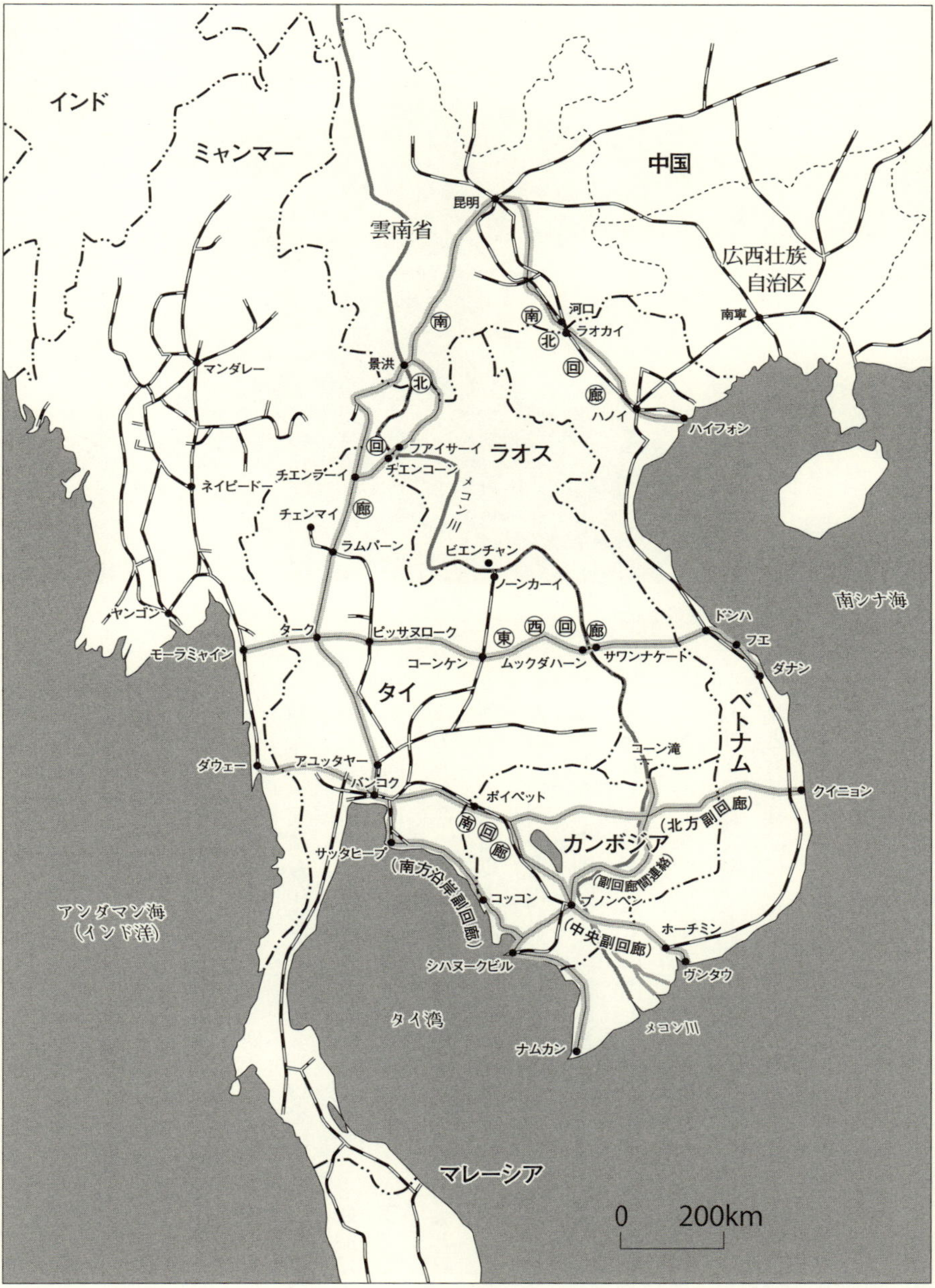

図21　大メコン圏の３回廊

出所：柿崎. 2011. に加筆修正

写真46　チエンセーン港の中国船（2005年）

国とタイが費用を折半して二〇一三年に完成させた。これによって昆明からバンコクまでが舗装道路で結ばれ、「南北回廊」の国際道路の全通を見たのである。

　中国の経済成長に伴って、タイと中国の関係は近年ますます緊密化している。中国は二〇一〇年以降タイの最大輸出相手国となり、二〇一四年には日本を抜いて最大輸入相手国にもなっている。農産物をはじめ、家電製品など多くの中国製品がタイに流入し、安さを武器に中国産の商品は着実にタイ国内に浸透してきている。人の流入も著しく、二〇一九年には年間約一一〇〇万人と日本人訪問客の六倍以上の中国人がタイを訪れており、もちろん最多である（写真47）。タイ人の間での中国語教育もブームであり、中国の存在感はさまざまな面で高まっている。

　そして、外交面でも中国との関係はますます重要となってきている。アメリカをはじめとする旧西側諸国は非民主的な政治体制と距離を置くが、中国はそのような政権とも積極的に関係を構築してきた。冷戦の終結後はタイでクーデターが起こるたびに旧西側諸国は関係を冷却化させてきたが、そのような際に中国との関係がさらに緊密化する傾向があり、クーデター後の暫定政権が中国

写真47　中国人観光客で賑わう北部上部の観光地パーイ（2015年）

に接近することで国際社会での自らの立場を好転させようとする傾向が見られる。二〇一四年のクーデター後も全く同じ構図が見られ、首相に就任したプラユットが最初に公式訪問した大国も中国であった。

ただし、だからと言ってタイが完全に中国一辺倒になった訳ではない。タイは昔から特定の国との関係を強化しすぎるのを好まず、複数の国を拮抗させて権益の集中を防ぎながら、自らの利益を最大限引き出すことを得意としてきた。近年の中国への接近もそのような側面があり、クーデター後の中国との接近は冷淡になった旧西側諸国の態度を軟化させるための切り札としての役割を果たしている。二〇一四年のクーデター後も、中国との関係強化を演出した結果、プラユットは翌年初めの日本への公式訪問も実現させた。二〇一〇年代に入ってから急浮上してきたタイと中国を結ぶ高速鉄道計画にしても、プラユットは中国との交渉を先進させながら日本への打診も怠らず、タイに最も都合の良い条件を引き出さそうと双方を競わせてきた。大国に翻弄されているかのように見えるが、実は逆に大国を翻弄しつつ自らの利益を最大限に追求するのがタイの外交スタンスなのである。

ＡＳＥＡＮ共同体の成立へ

冷戦の時代にタイは共産化の波の最前線に立たされていたことから、東南アジアの他の反共国と手を組むことで「ドミノ倒し」に対抗しようと積極的に地域協力組織の構築に乗り出し、ＡＳＥＡＮ（東南アジア諸国連合）の成立に尽力した。

東南アジアでの地域協力構想は一九五七年にマラヤがイギリスから独立したのを契機に浮上し、タイ、マラヤ、フィリピンの三ヵ国からなる東南アジア連合が一九六一年に成立した。しかし、その後マラヤが英領ボルネオとシンガポールを含んだマレーシア連邦を成立させる意向を示すと、フィリピンがこれに難色を示して、結局この組織は機能不全に陥った。その後、一九六五年にインドネシアのスカルノ大統領が失脚してインドネシアは従来の中立路線から西側陣営へと転換し、マレーシアから分離独立したシンガポールも合わせて、一九六七年にＡＳＥＡＮが成立した。このＡＳＥＡＮ成立に尽力したタイの立役者はサリット、タノームの時代に外務大臣を務めたタナット・コーマンであった。

ＡＳＥＡＮは当初は反共連合的な意味合いが強く、最初に加盟した五ヵ国はいずれも西側陣営に属した国々であったが、アメリカがベトナムから手を引き、米中も接近し始めたことから、東南アジアでの大国間のバランスを求め、地域紛争の自主的・平和的解決を図ることを謳った中立地帯宣言を一九七一年に発表した。その後、一九七六年には東南アジア友好協力条約を結び、内政不干渉、平和的な紛争解決などＡＳＥＡＮの基本理念の明文化を図った。その後はカンボジア問題の解決のためにＡＳＥＡＮが一致団結して臨むなど、ＡＳＥＡＮとしてのまとまりが徐々に重視されるようになり、国際社会の中での存在感が徐々に大きくなっていった。

そして、一九八〇年代後半以降はＡＳＥＡＮを中心に日本、中国、アメリカなどの域外国を巻き込んだ枠組みの構築を進め、経済協力部門でのＡＰＥＣ（Asia-Pacific Economic Cooperation アジア太平洋経済協力会議）、安全保障部門のＡＲＦ（ASEAN Regional Forum ＡＳＥＡＮ地域フォーラム）などが相次いで作られた。これらの会議はＡＳＥＡＮを中心に作られたものの、実際には参加各国の首脳同士の交流の場としても重要な役割を果たしている。また、一九九一年にはAFTA（ASEAN Free Trade Area ASEAN自由貿易地域）の創設が決まり、ASEANの域内関税を撤廃して経済統合を促進することになった。タイも経済統合の促進には積極的であり、特にタックシンはタイがASEANのリーダーとなるべく積極的に取り組んだが、その後の政治的混乱でタイのリーダーシップは低下している。

また、インドシナ三国の自由主義経済化とカンボジア問題の解決で各国の関係改善も進み、ミャンマーなどが段階的にASEANに加盟していった。一九八四年のブルネイのイギリスからの独立でASEAN加盟国は六ヵ国に増えていたが、一九九〇年代後半に残る四つの国が順次加盟し、最終的に一九九九年のカンボジアの加盟でASEAN10が実現した。その後独立した東チモールが未加盟ではあるが、当初反共連合として発足したASEANが純粋な地域協力組織へと変化したのである。

ASEANはさらなる統合を促進するために、二〇〇三年には二〇二〇年をめどに安全保障、経済、社会文化の三つの柱からなる共同体を構築することを定めた。その後二〇〇七年にはASEAN憲章を制定し、ASEANが法人格を有する政府間組織へと制度化を図ることに合意した。二〇一五年までに後から加盟した四ヵ国の関税撤廃が実現することから、二〇一五年がAEC（ASEAN Economic Community ASEAN経済共同体）の発足する年とされ、タイでもAECという言葉が頻繁に聞かれるようになった。実際には準備の遅れから二〇一五年末に政治・安全保障と社会文化を含めて三つの共同体が発足し、ASEANの統合は新たな段階に入った。

ASEANにおける経済統合は、タイにとって大きなチャンスとなりうる一方で、タイの競争力を低下させる危険性も持っている。AFTAによってASEAN域内の関税障壁は大半が撤廃されており、ASEAN内での生産拠点の集約やASEAN内での分業体制の強化が既に出始めてきた。生産拠点の集約については、タイ国内への集約を促進する必要があり、自動車のようにタイへの産業集積の度合いが高いものでは既にタイがASEANにおける生産拠点の地位を獲得している。他方で、縫製のような労働集約的な産業ではタイからの生産拠点の流出が始まっており、国内に残る工場はブランド化を図

写真48　第2タイ＝ラオス友好橋を渡る国際バス（2009年）

るか外国人労働者を雇用しながらコストを引き下げるかの対応を迫られている。

タイへの産業集積はＡＥＣの実現前に相当進んでいることから、近年はタイに拠点を置きつつ労賃の安い周辺国との分業体制を図るという「タイ・プラス・ワン」の戦略が重視されつつあり、その際に大メコン圏の経済回廊が利用され始めている。上述の「南北回廊」以外でも、「東西回廊」は二〇〇六年のムックダーハーン＝サワンナケート間の第二タイ＝ラオス友好橋の開通でタイ＝ベトナム間が完成し、ミャンマー＝タイ間の道路整備も進んでいる（写真48）。「南回廊」も二〇一五年四月のカンボジア国内のメコン川橋梁の完成によってタイ＝ベトナム間が全通した。ラオスやカンボジアでは、タイに進出している外資系企業が「タイ・プラス・ワン」のために新たな工場を建設することを奨励するべく経済回廊上に経済特区を設けており、既にこれらの国へ進出していく日系企業も出てきている。大メコン圏の国際交通路の整備とＡＥＣの実現でこのような分業体制はますます活発化していくことが予想され、タイもＡＳＥＡＮの産業集積地としての機能をさらに高めていくものと思われる。

モンクット王（一八〇四～一八六八年）

ラッタナコーシン朝第四代目の王であり、ラーマ四世とも呼ばれている。在位一八五一～一八六八年。学識豊かな聡明な王で、タイを近代化へと導く最初の舵を取った。ラーマ二世の正室の子として生まれたが、異母兄の権力が強かったことから一八二四年の父の死去後も王位を継承せず、その直前から始めた出家生活をそのまま続けた。出家中はさまざまな学問を習得し、バンコクの欧米知識人と交流し、英字紙を通じて国際情勢を把握した。

一八五一年にラーマ三世が死去して王位を継承すると、モンクット王は既に力を付けていた弟を副王に任じて権力基盤を強化しようとした。最大の問題はイギリスが要求してきた修好通商条約の締結であったが、王は当時の国際情勢からイギリスの要求を受け入れる以外に道がないと覚悟していた。交渉役である香港総督バウリングとも事前に知己があったことから、一八五五年の「バウリング条約」の締結は比較的スムースであった。しかし、これによって伝統的な王室独占貿易による富の確保ができなくなったので、タイはコメの輸出を拡大して収入を増やす道を歩むことになった。一方、カンボジアが一八六三年にフランスの保護国になり、王もこれに異議を唱えたが、結局フランスの要求を呑まざるを得なかった。

モンクット王は長らく出家生活を送ってきたことから、仏教界の堕落を改めるために仏教改革にも着手し、仏教の原典に基づき厳正な実践を行なうタムマユット派を結成した。また、一八六八年には天文学の知識に基づいて自ら日蝕の正確な日時と観測場所を計算し、王子や外国人も引き連れてプラチュワップキーリーカンに観測に出かけた。実際に日蝕は観察できたものの、この時に罹ったマラリアが原因で王は同年死去してしまった。（写真49）

写真49　モンクット王（กรมวิชาการ. 2527.）

ワチラーウット王（一八八一〜一九二五年）

ラッタナコーシン朝第六代目の王であり、ラーマ六世とも呼ばれている。在位一九一〇〜一九二五年。ラーマ五世の子で、一八九四年には皇太子に任命されたことから、帝王学を学ぶためにイギリスに留学し、軍事学や政治学などを修めた。しかし、実際には留学中に文学や演劇に関心を持ち、帰国後も西洋文学の翻訳や翻案など執筆活動に力を入れることになった。

王はタイ人のナショナリズムを鼓舞し、後述するタイの三原則である「ラック・タイ」の創始者でもあった。即位後間もなく国土防衛隊（スアパー）を創設し、愛国心を植え付けて国王直属の義勇部隊とした、また、タイ人意識を高めるべく『タイ人よ目覚めよ！』や『東洋のユダヤ人』といった著作を執筆し、国内で存在感を高める華人に対抗し、タイ・ナショナリズムを鼓舞しようとした。第一次世界大戦では、列強との対等な関係を構築するために途中から優勢な連合国側に立って参戦し、「戦勝国」としての座を確保することに成功した。なお、この時にヨーロッパに部隊を派遣することになったことから、王は現在も用いられている三色旗を新たな国旗として採用し、ヨーロッパで誇らしげに掲げられた。

ワチラーウット王は各地に離宮を建設したほか、王宮内の一角にはミニチュアの都市ドゥシットターニーを作り、この「おもちゃのまち」で側近も巻き込んで地方自治の真似事を行なった。また、王宮内でも自ら創作した劇作を脚本にして頻繁に演劇を行ない、自ら主役の座を楽しんでいた。このような自由奔放な王の姿は歴代のラッタナコーシン朝の国王の中でも際立っていたが、他方で王による乱費が国家財政に悪影響を与え、この後の王室批判と立憲革命への引き金ともなった。（写真50）

写真50　ワチラーウット王（กรมวิชาการ. 2527.）

8 日タイ関係の変遷

一九八〇年代後半から日本に来るタイ人が急増し、初期の労働目的の渡航から観光客主体へと変化してきた。その結果、現在は日本人、タイ人が相互に訪問し合う状況が出現し、日本の「出超」状態は解消しつつある。このような双方向での人の往来の拡大は、今後の両国の友好関係の深化に重要な意味を持つであろう。

日タイ関係の始まり

タイと日本の関係は六〇〇年前まで遡ることができる。「日本」との関係に限定すると四〇〇年の歴史となるが、「琉球」を含めるとさらに二〇〇年遡ることができるのである。このため、日タイ関係についての本は『日・タイ四百年史』と『日・タイ交流六百年史』の二つが存在する。

琉球は一五世紀初めに中山王によって統一され、その後約一五〇年間に及び中国、日本、東南アジアの間で中継交易が栄えた。琉球も中国(明)の皇帝に進貢して冊封体制に入ったが、琉球の朝貢船の入貢頻度が高かったことと、明が海禁政策を採って民間商人の海外渡航を制限したことから、従来中国商人が担っていた中国=東南アジア間の交易を琉球の船が代替するようになったのである。琉球王国の公文書を記録した『歴代宝案』によると、この間に東南アジアに派遣された船は約一五〇隻であり、そのうち五八隻がアユッタヤーに向かっていた。この数は東南アジアの港の中でも最も多くなっており、アユッタヤーが琉球の中継交易の中でも重要な地位にあったことがわかる。また、パッターニーにも一一隻が赴いており、これはアユッタヤー、マラッカに次ぐ頻度であった。琉球の船が運んでいたのは、アユッタヤーへは中国製の磁器や日本製の刀など高級品であり、アユッタヤーからは紅色の染料として用いられた蘇木が大量に輸入されていた。この琉球とアユッタヤーの関係は、アユッタヤーから伝わったとされている泡盛にも現れており、現在もタイ米による醸造が続けられている。

琉球の中継交易は一六世紀末に終わりを告げるが、その後を埋めるかのように今度は日本の交易船がタイを訪れるようになった。これが朱印船貿易である。朱印船貿易は江戸時代に入ってから始まったものであり、一六〇四年から一六三六年までの間に少なくとも五五隻の朱印船が日本からアユッタヤーに向かっており、これはベトナム中部(交趾)に次ぐ数であった。朱印船の渡航先には日本人町が形成され、現在のタイの領域ではアユッタヤーとパッターニーに日本人町が出現した。アユッタヤーの日本人町は最大で一〇〇〇～一五〇〇人程度の日本人がいたとされ、現在も当時の日本人町跡が残っている(写真51)。ただし、当時のアユッタヤーは「タイ人」より

写真51　アユッタヤーの日本人町跡（加納寛）

も外国人のほうが多いコスモポリタンな町であり、中国人町などさまざまな外国人町が存在していた。

当時朱印船はタイから蘇木、鹿皮、鮫皮などを運び、日本からは銅や鉄などの金属や工芸品が送られていた。蘇木は琉球時代から輸入されていたものであり、鹿皮は侍の防寒着である皮陣羽織や足袋などの衣料品の材料として、鮫皮は刀の柄の滑り止めに用いられていた。これらのアユッタヤーの産物は物納税の形で地方から納められたものであり、王室独占貿易の主要な収入源となっていた。その売却を巡って各国商人が競い合うことになり、日本人町の日本人商人の中にも商才に長けるものがいた。

その中の一人に、山田長政という人物がいた。彼は静岡の沼津藩の駕籠かきであり、一六一二年頃に朱印船でアユッタヤーに来たとされている。長政はアユッタヤーで商才を発揮して出世し、やがて日本人町の頭領になって日本人義勇隊の隊長となった。当時は外国人町には義勇隊が存在しており、侍くずれが多い日本人義勇隊は兵力約六〇〇人で統率も取れており、圧倒的な強さを誇っていた。その軍事力を重視した当時のソンタム王が彼を重用し、最終的に役人の最高位まで出世してオークヤー・セーナーピムックという欽賜名を賜るに至った。しかし、彼はその後王位継承の争いに巻き込まれることになり、敵対したプラーサートトーン王によって南部のナコーンシータムマラートの領主に任命された後、かの地で一六三〇年に毒殺されてしまった。

山田長政の死去後間もなく、江戸幕府の鎖国によって朱印船貿易も廃止されてしまう。日本人町の日本人も帰国が困難となり、取り残された日本人はやがて現地人と同化していった。しかし、鎖国によって人の往来はいったん途絶えたもののモノの往来は続くことになる。タイの蘇木や鹿皮はオランダ船や唐船によって合法的に日本に運ばれていた。タイ産の鹿皮はオランダ東インド会社の対日貿易の主要な輸出品であり、オランダは鹿皮輸出を独占しようと試みた。しかし、アユッタヤーの王が出資する船もまた「唐船」として長崎に入港しており、ナーラーイ王がオランダ東インド会社に屈して独占貿易を認めたものの、民間の「唐船」が相変わらずアユッタヤーから長崎へと鹿皮輸送を行なっていた。日本の船がタイへ行けなくなった代わりに、タイの船が日本に来ていたのである。

タイへ渡る日本人

日本とタイの間の人の往来は、明治時代になって復活した。日本とタイは一九世紀半ばにそれぞれ列強との間に不平等条約を結んで「開国」し、近代化への道を歩み始めた。一八六八年は「明治維新」と「チュラーロンコーン王の即位」という両国にとって新たな時代への門出の年となったが、その後歩んだ道は異なっていた。

日本とタイが初めて外交関係を樹立したのは一八八七年である。この年にイギリスのビクトリア女王即位五〇周年の記念式典があり、出席したタイの外務大臣テーワウォン親王が帰国の際に日本に立ち寄り、日本との間に「修好通商ニ関スル日本國暹羅國ノ宣言」、いわゆる日暹宣言書を取り交わした。この宣言は両国が国交を結び、将来通商航海条約を結ぶことを約束したものに過ぎないが、この後現在に至るまでタイと日本の外交関係は継続していくことになる。

日本にとっては次の修好通商航海条約を結ぶことが課題となり、その役目を担ったのがその後初代駐タイ公使に任命される稲垣満次郎であった。彼は日本が南洋と呼ばれていた東南アジア方面に進出すべきであるとの南進論を展開し、一八九五年に政府に対してタイとの間に修好通商航海条約を早期に結ぶよう建白した。その結果、彼は一八九七年に初代の駐タイ公使に任命され、テーワウォン外務大臣との間で条約締結の交渉を行なうことになる。条約の中身はバウリング条約と同じ不平等条約であり、タイ側は領事裁判権の容認を問題としたものの、日本側はタイの司法制度が整っていないことを理由に不平等条約としての締結を主張した。最終的に一八九八年に日暹修好通商航海条約が結ばれ、これで両国間の当面の懸案は解消した。

写真52 政尾藤吉
（Wright & Breakspear. 1994）

稲垣はタイに対して日本人の外国人顧問を採用するよう求め、何人かの日本人顧問がタイ政府に雇われることになった。彼は領事裁判権の解消の条件となる近代法典の整備のために日本人の法律顧問を派遣することを勧め、一八九七年に政尾藤吉が派遣されてきた（写真52）。政尾は総務顧問のロラン・ジャックマンの補佐役を経て法律顧問となり、刑法典の作成を行なうことになった。彼の草案はフランス人法律顧問の反対にあったが、最終的に一九〇八年に公布されるに至った。その後民商法の策定にも関与し、途中で日本に戻ったものの、彼の主張はその後完成した民商法にも反映されていた。

また、養蚕業の顧問として外山亀太郎をはじめ、何人もの日本人がタイに派遣された。外山は一九〇二年にタイに渡り、以後三年間養蚕業の改良に従事した。タイでは東北部を中心に伝統的な養蚕が行なわれており、これを近代化することが彼の任務であったので、バンコクと東北部のナコーンラーチャシーマーに養蚕試験場を設けた。また、女性を含む養蚕や製糸の専門家を招き、併設した養蚕学校でタイ人への技術指導を行なった。この日本人顧問が始めた養蚕試験場はその後廃止されたが、養蚕学校は農学校として存続し、後のカセートサート（農学）大学に継承されていった。また、タイの絹織物は第二次世界大戦後にアメリカ人ジム・トンプソンによって「タイシルク」として世界的に売り出され、現在も東北部を中心に重要な工芸品となっている。

一方、外国人顧問とは別に日本の庶民もタイに渡っていった。最初にタイに来たのは、「からゆきさん」と呼ばれる若い女性たちであった。彼女らは主に九州の天草や島原などの貧しい農家の娘であり、娼婦として売られてきた。彼女からの行先はシンガポールやマニラなど東南アジア島嶼部の都市が多かったが、一八八〇年代半ばにはバンコクにも到着し始めていたようであり、一八九〇年代半ばに四〇人ほどがいたとされている。なお、二〇世紀末に日本にやってくる東南アジアからの女性が「じゃぱゆきさん」と呼ばれるようになったが、これは「からゆきさん」に由来している。

次いで、農業開発のための移民がタイにやってきた。日本では人口過剰論が流行し、海外移民を積極的に行なうべきであるとの議論が進んでいた。一八九三年の「シャム危機」の直後に僧侶に身をやつしてタイからラオスを経由してベトナムへと探検を行なった岩本千綱がタイへの移民を計画し、一八九五年に日本人移民三二人を連れてタイに乗り込んできた。しかし、予定していた農業開発は失敗し、彼らは東北部への鉄道建設や鉱山での労働者として散らばっていったものの、病死してしまった（写真53）。その後第二陣も来たが、結局タイでの農業移民は成功しなかった。

最終的にタイに定住していった日本人は、バンコクで店を開いた商店主であった。日本人商店は一八九〇年代からバンコクに現れ始めたと言われており、写真屋、薬局、雑貨屋、医院などを開いていった。バンコク在住の日本人の数は一九一〇年末で約二〇〇人、一九一九年末で約三〇〇人と確実に増加しており、一九二六年には日本人小学校も設立された。当時の「南洋移民」と呼ばれた東南アジアの日本人移民の数は島嶼部のシンガポールやフィリピンが圧倒的に多く、タイの日本人の数はけっして多い方ではなかった。それでも、一九三〇年代に入るとタイの存在は国策としても重要になり、企業の駐在員として送られてくる一時滞在型の日本人も増えていくことになった。

写真53　東北線沿いのケンコーイにある日本人移民の慰霊碑と第２次世界大戦中の空襲犠牲者の慰霊碑（2015年）

第二次世界大戦

タイと日本の関係が最も緊密化したのは、第二次世界大戦の時期であった。日本が資源の確保を目指して欧米諸国が分割支配していた東南アジアに攻め込むことを考えた際に、唯一の独立国であるタイを利用することは重要であった。ヨーロッパで先に戦争が始まり、フランスがドイツに敗れて弱体化したことから、日本はフランスに圧力をかけてベトナム北部に軍勢を派遣することに成功した。これは日中戦争の敵である蒋介石政権を支援するための援蒋ルートとしてベトナムと中国を結ぶ滇越《てんえつ》鉄道が重宝されていたので、これを遮断することを目的としたものであった。これを知ったピブーンが一九〇四年と一九〇七年にフランスへ割譲した「失地」の回復を要求し、タイとフランスの間で紛争が発生した。ここでタイに恩を売って味方に付けようとした日本は、優勢なフランスを強引に説得してタイに有利な形で紛争を終結させ、メコン川右岸の現ラオス、カンボジアの一部からなる「失地」を返還させた（図22参照）。

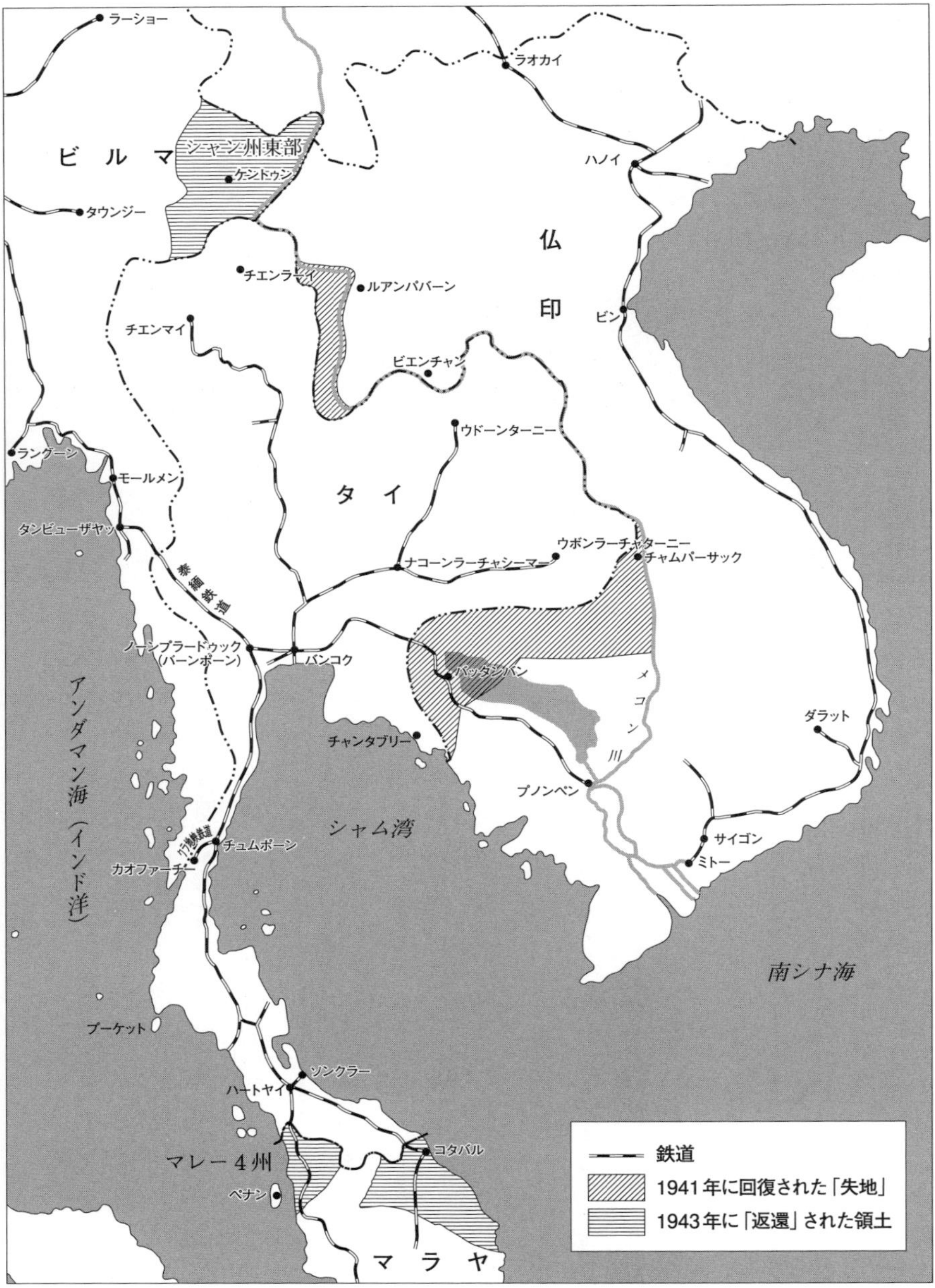

図22　回復された「失地」と「返還」された領土　　出所：Aldrich.1993.

写真54　タイに進軍した日本軍(1941年)(สรศัลย์. 2539)

しかし、親英派の多いタイは最後まで日本側に付くことを決断せず、ピブーンも開戦直前に「雲隠れ」して判断を保留し、業を煮やした日本軍が先にタイに「侵入」するという事実を作ってから交渉に応じるという姿勢を取った。このため、開戦当日の一九四一年一二月八日に日本軍はカンボジア国境とマレー半島各地からタイへの進軍や上陸を始め、これを食い止めようと抵抗したタイ軍や警官隊との間で衝突が発生し、マレー半島では双方に犠牲者も出た(写真54)。ピブーンは同日中に日本軍の通過許可を出したが、やがて東南アジア各地での日本軍の快進撃を見て枢軸国側で戦うことを決め、一九四二年一月には米英に対して宣戦布告をした。そして「大タイ主義」の実現を目指してタイはビルマのシャン州への進軍を求め、同年五月からタイ軍が進軍を開始し、タンルウィン川以東の要衝を占領した。

タイは当初マラヤやビルマへの日本軍の進軍ルートとして機能し、数多くの日本兵がタイを通過して戦地へと赴いていった。一九四二年前半までに日本軍は東南アジア一帯の占領を終えたことから、部隊の通過地としてのタイの役割もいったんは低下した。しかし、日本軍はそ

写真55　現在も残る旧泰緬鉄道（2005年）

の後ビルマで連合軍側の反撃があると予想し、ビルマへの補給輸送路を確保するためにタイとビルマを結ぶ鉄道建設を行なうことにした。この「泰緬鉄道」建設のために日本兵が沿線に多数駐屯を始め、労働力としてさらに多くの連合軍捕虜やアジア人労務者が連れてこられた。鉄道建設は突貫工事で進められて一九四三年一〇月に開通したが、数多くの捕虜や労務者が犠牲となったことから、戦後は「死の鉄道」と呼ばれることになった（写真55）。また、日本軍は泰緬鉄道を補完するために、クラ地峡を横断する鉄道もチュムポーンから建設し、もう一つのタイ＝ビルマ間の輸送ルートとした。

泰緬鉄道の起点の町バーンポーンでは日本兵がタイ人僧侶を殴ったことに端を発する衝突事件が発生し、日本とタイとの間の関係にも亀裂が入り始めた。

一九四三年に入ると枢軸国側の劣勢が徐々に明らかとなり、タイは日本と距離を置き始めた。英米にいたタイ人留学生らはタイの宣戦布告後も帰国を拒み、抗日組織として「自由タイ」を結成し、連合国側の支援を得てタイへの潜入を試みていた。一方、タイ国内では摂政のプリーディーが反日グループの代表であり、地下で活動を行なっていた。やがて連合軍の訓練を受けた自由タイのメンバーが連合軍の飛行機からパラシュートでタイへの潜入を図り、タイ国内の反日派と連絡を取ることに成功した。この後タイは表向きには日本との協力を継続しつつ、裏では連合軍側と手を結ぶことになった。

このような状況を打開するため、日本は一九〇九年にタイがイギリスに割譲したマレー四州とタイが占領しているシャン州東部を「返還」したものの、ピブーンはもはや大タイ主義の実現よりもタイの敗戦国化の回避に舵を切っており、日本が再三要請した一九四三年一一月の大東亜会議への出席も拒んだ。一九四三年末からバンコクへの空襲も本格化し、ピブーンは北部下部のペッチャブーンへの遷都計画を進めたが、これが国会で否決されたことを機に一九四四年七月に総辞職してしまった。

後継のクワン・アパイウォン政権には自由タイの重鎮が入閣するほど連合国側に傾いていたものの、表面的には日本軍との協力姿勢を崩さなかった。一九四五年三月に仏印政府が明号作戦によって倒されると、次はタイが日本軍によって「処理」されるのではないかとの懸念が高まった。自由タイは連合軍の支援を受けて日本に対しての武装蜂起を計画したが、連合軍や自由タイの行動が大胆になると、さすがの日本軍も秘密飛行場の存在に気付くなど、タイに対する不信感を高めていった。このため、最終的に日本とタイが衝突する危険が高まったが、日本の終戦が先に決まったことで武力衝突は回避された。

日本の敗戦によってタイも「敗戦国」となるはずであったが、一九四五年八月一六日には摂政プリーディーが自らの署名が宣戦布告に記されていなかったことを理由に、米英への宣戦布告は無効であると宣言した。これに対しアメリカは寛大な態度を取り、イギリスに対してもタイへの懲罰的な対応を行なわないよう圧力をかけ、タイも旧英領のマレー四州とシャン州東部を直ちに返還したことから、結局翌年には平和条約を締結できた。一方、フランスに対しては当初「失地」の返還を拒んだものの、フランスがタイの国連参加を拒むとしたことからやむなく返還し、一九四六年末には枢軸国としては初の国連加盟を実現させた。一時は日本と同盟を結ぶという賭けに出たタイであったが、賭けに負けることが濃厚になると転身を始め、最後はうまく日本と手を切ることに成功したのであった。

日本の復帰と反日運動

第二次世界大戦の終了によって、日本とタイの間の外交関係はいったん途絶えた。戦争の終了時点でタイ国内には約三五〇〇人の民間人と約一二万人の兵士・軍属がおり、彼らのほとんどは一九四六年中に日本へと帰還した。第二次世界大戦の開戦前からタイに在住していたり、タイ人と結婚したりしていた者は滞在を許可されたが、その数はわずか一二六人であった。他にも不法に残留した日本人もいたようであるが、タイにおける日本人社会はいったんほぼ壊滅状況となった。

一九五一年のサンフランシスコ講和会議によって日本は主権を回復し、翌年四月の条約の発効とともにタイとの間の国交も回復した。この後問題となったのは、戦争中に日本がタイから借りていた特別円の処理についてであった。日本は戦時中にタイ国内に駐屯していた日本軍の軍費などに用いるために借金をしており、終戦当時の総額は約一五億円であった。しかし、その後のインフレを受けてタイ政府は一三五〇億円分の支払いを求め、日本側は高すぎると難色を示していた。

一九五五年にピブーンと鳩山一郎首相が会談して一五〇億円の支払いで妥結し、このうち五四億円をポンドで支払い、九六億円を投資とクレジット方式で日本の資本財と日本人の役務によって支払うことになった。しかし、タイ側が九六億円分は無償供与であると主張して双方の対立が生じ、これで解決とはならなかった。最終的に一九六一年にサリットと池田勇人首相が会談し、九六億円については分割払いで日本製品と役務に使用することで合意した。これは九六億円分の事業や商品が日系企業から納入されるというものであり、いわゆる「ヒモ付き」援助の始まりであった。一九六八年からは円借款も開始され、日本はタイに対する有償・無償の支援を推進するとともに、日系企業がタイへ復帰していくお膳立てをすることになった。

「開発」の時代に外資導入型の工業化が推進されたことから、タイへ進出する日系企業も急速に増えていくことになった(写真56)。日本人駐在員も増加し、日本人社会の復活も急速に進んだ。人のみならずモノも急増し、雑貨から家電、自動車に至るまで“Made in Japan”と書かれたさまざまな製品がタイ市場に出回るようになった。日本商品の氾濫は日本からの輸入を増加させ、対日貿易はタイ側が毎年大きな貿易赤字を計上するようになった。このような急激な日本のオーバープレゼンスがタイでも問題視されるようになり、学生や知識人を中心に日本に対する反感が高まっていた。

一九六〇年代後半はベトナム反戦運動を契機として世界的に学生運動が盛り上がりを見せた時期であり、タイでも同様の動きが浮上した。一九六五年には『社会科学評論』というオピニオン誌が発刊され、タイの政治、経済、社会面の諸問題を取り上げて反体制派のよりどころとなった。また、一九七〇年にはタイ全国学生センターが発足し、国産品愛用運動を始めていった。その後、一九七二年に『社会科学評論』が「黄禍特集」を組んで日本商品の氾濫と対日貿易赤字の拡大に対して異議を唱え、この年の一一月に学生センターは日本商品不買週間を提唱し、日本の首相に抗議文を送るとともに、タイで最初の百貨店である大丸にデモを行なったりした。これに対し、対日貿易赤字の拡大には不満を抱いていたものの、多額の国際協力を得ていることから表立った抗議はできなかったタノーム政権は静観し、学生の運動は成功した。この運動の真の目的はタイのさまざまな矛盾の根源となっている開発独裁体制を打倒することであったが、さしあたり「反日」を隠れ蓑にして運動を行なったのであった。この後さらに勢力を拡大した学生運動は、やがて憲法制定と総選挙を求めて声を上げ、最終的に一九七三年のタノーム政権の崩壊を成功させることになる。

写真56 日系自動車メーカーの組立工場
(ครอบครัวพรประภา. 2544.)

その後、タイでは再び反日運動が盛り上がる。「民主化」の時代に入って間もなくの一九七四年一月に、田中角栄首相が東南アジア歴訪を行なうことになった。これに対し、全国学生センターが反日運動を再開し、田中首

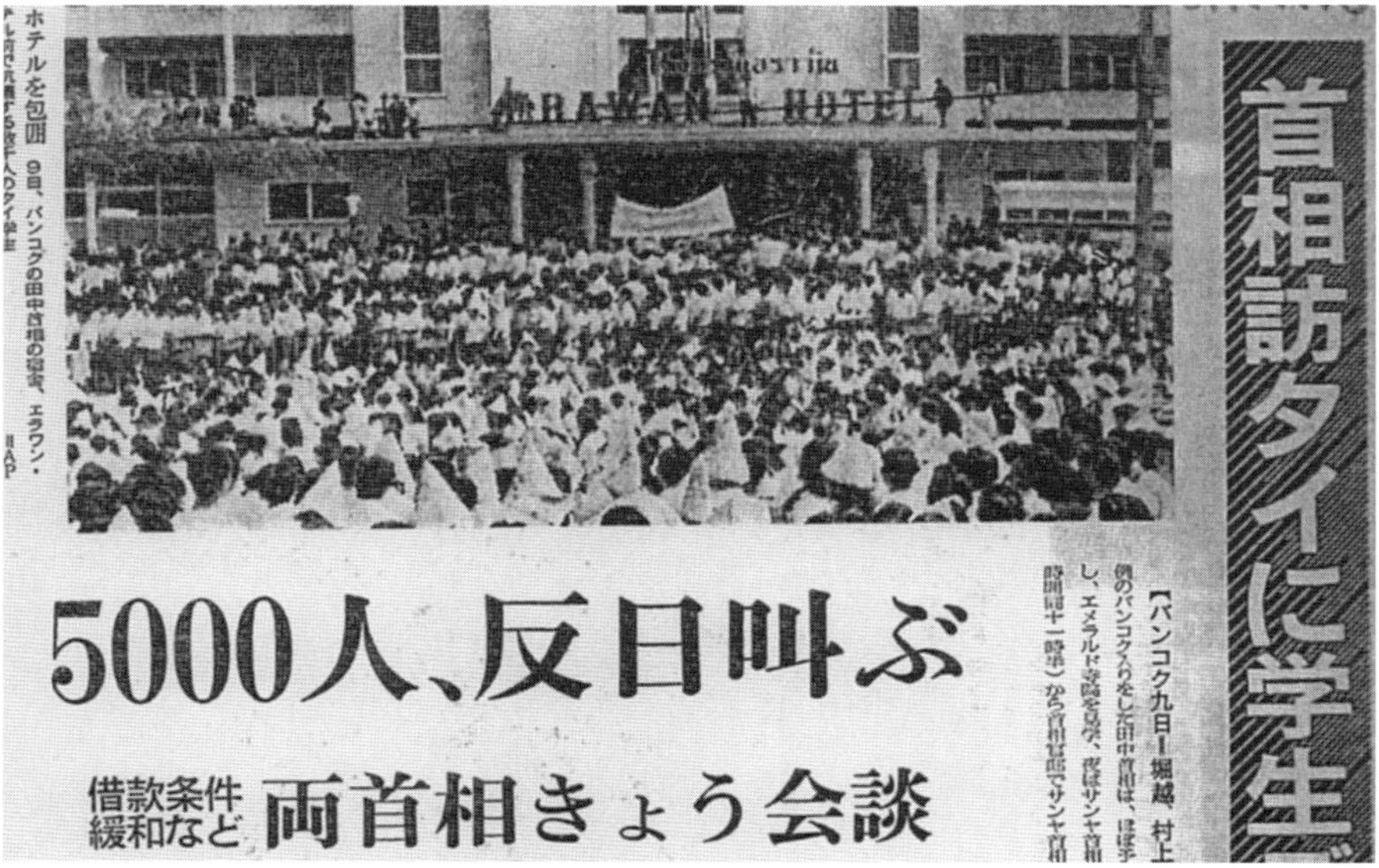
首相訪タイに学生

5000人、反日叫ぶ

借款条件緩和など　両首相きょう会談

【バンコク九日ー堀越、村上

のバンコク入りをした田中首相は、ほぼ予

し、エメラルド寺院を見学、夜はサンヤ首相

時間同十一時半）から首相官邸でサンヤ首相

ホテルを包囲　9日、バンコクの田中首相の宿舎、エラワン・

＝AP

写真57　学生デモを伝える新聞（1974年）

相の訪タイに反対するビラを配るとともに、到着日には抗議する学生隊がドーンムアン空港に押し寄せた。宿舎となったバンコク市内のエーラワン・ホテル前にもデモ隊が集結し、学生代表と田中首相との会談を要求した。結局、田中首相は会談に応じざるを得ず、学生側から貿易赤字や日系企業についての態度について詰問されることになった（写真57）。なお、田中首相はこの後インドネシアでも反日運動に遭遇し、日系企業の焼き打ちや日本車の破壊などより激しい暴動に見舞われた。

その後、「民主化」の時代の終焉とともに学生も影響力を失い、この後は大規模な反日運動は行なわれなくなるが、現地の日本人も日系企業も振る舞いを正すこととなり、タイに対する尊大な態度を改めるようになった。確かに彼らの真の矛先は開発独裁体制の打倒にあったが、急激にタイに復帰して存在感を高めた日本への反発が引き金になったことは疑いないことであり、日本に反省を促す機会となった。現在「親日」と言われるタイであるが、その背景にはこのような反日が盛り上がったという事実と、それを謙虚に反省した日本人の存在があると言えよう。

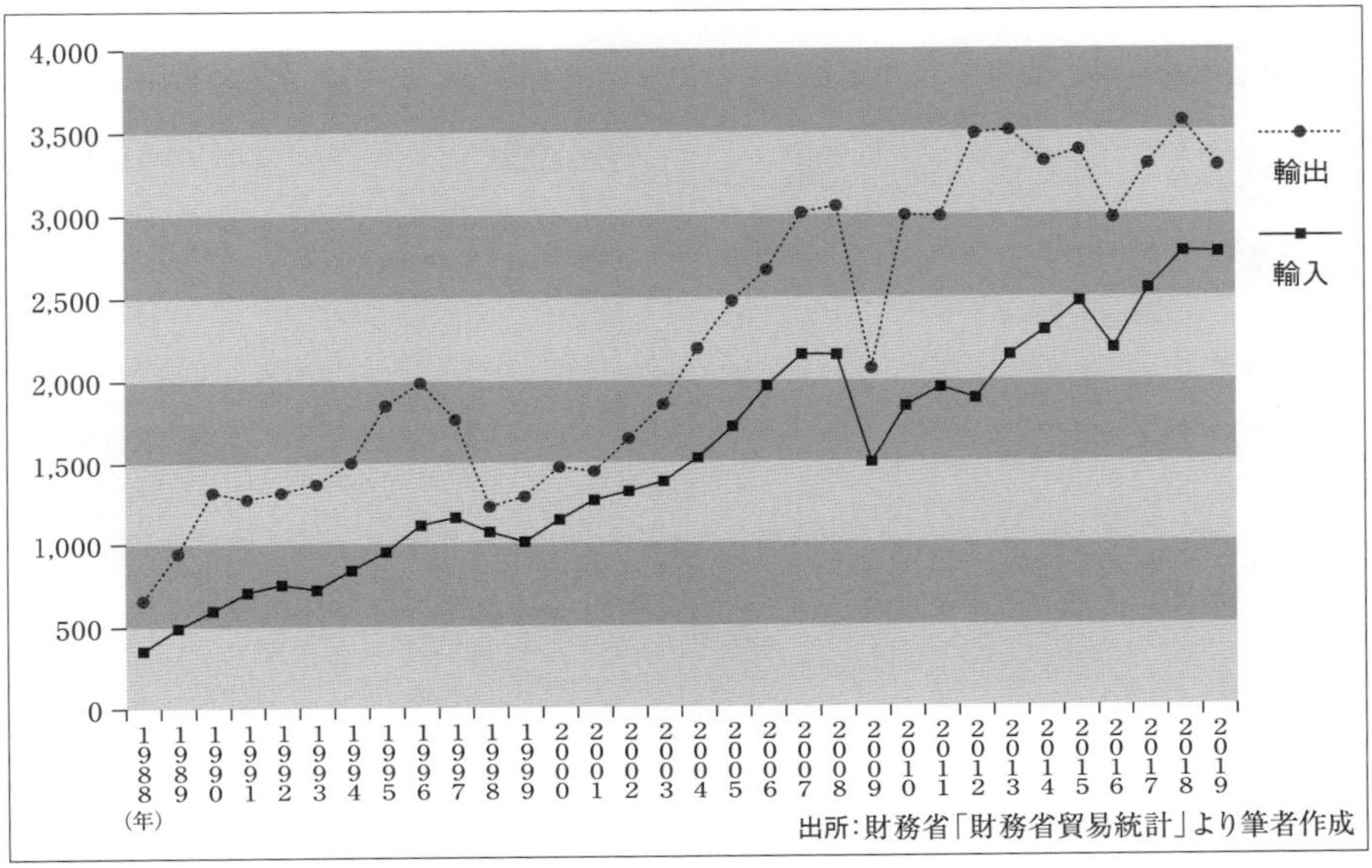

図23　日タイ間貿易額の推移（単位：百万円）

双方向化する物流・人流

反日運動を機に日本のオーバープレゼンスに対する反省はなされたものの、その後も日本の出超状態が続いた。図23のように、日本からの輸出が輸入を上回る状況は相変わらず続いており、通貨危機後タイ全体で見れば輸出が輸入を上回るようになったものの、対日貿易については相変わらず日本の出超、言い換えればタイの入超が続いている。反日運動時に学生が問題にした対日貿易赤字は、現在も解消されていないのである。

しかし、一九七〇年代と比べると貿易の中身は大きく変化した。タイと日本の貿易は、明治以降はタイから日本へは食料や資源などが輸入され、日本からタイへは工業製品が輸出されるという構図が続いてきた。ところが、一九八〇年代後半以降はタイで生産された工業製品の日本への輸出が増え、日本国内でも“Made in Thailand”の雑貨などの工業製品が見られるようになった。工業製品の輸入は年々多様化し、現在では日系企業がタイで製造した自動車も日本に「逆輸入」される。図24のように、

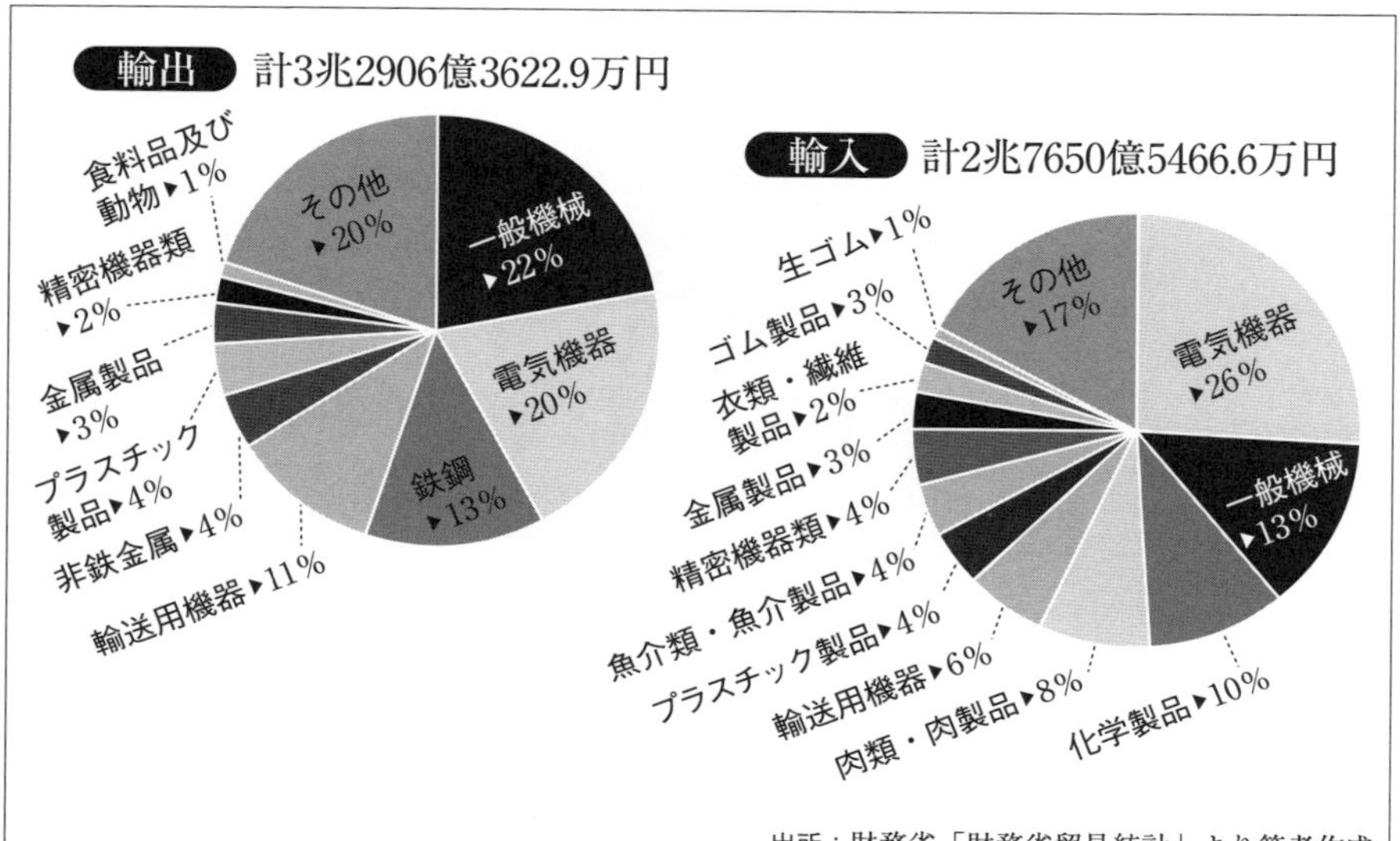

出所：財務省「財務省貿易統計」より筆者作成

図24　日本とタイの貿易（2019年）

日本からタイへの輸出は相変わらず工業製品が多くなっているが、タイから日本の輸入についても上位には工業製品が並んでいる。食料品の輸入もあるが、これは以前のような原料でなく加工食品が大半を占めている。スーパーや居酒屋でお世話になる焼鳥がその典型例であり、タイでブロイラーを解体して鶏肉にして、刻んで串に刺して焼きを入れ、食べられる状態まで加工されたものが冷凍されて日本に送られ、店頭に並ぶのである。「世界の台所」の名の通り、日本の食卓に並ぶ食料品の中にも、タイで加工されたものが少なからず存在している。

日本とタイの間の人の往来も、反日運動以降、着実に拡大してきた。図25のように、一九八五年にはタイを訪問する日本人は年間約二〇万人に過ぎなかったが、一九九〇年にはその三倍の六〇万人台に達していた。この時期は日系企業の進出ラッシュの時期であり、出張でタイを訪れたり、駐在を始めたりする人が大きく増加した。また、急激な円高によって海外旅行が容易となり、格安航空券の出現で航空運賃も実質的に下がったことから観光客も急増した。上昇傾向はその後二〇〇〇年まで続き、一九九〇年からの一〇年間にタイを訪問する日本人は倍

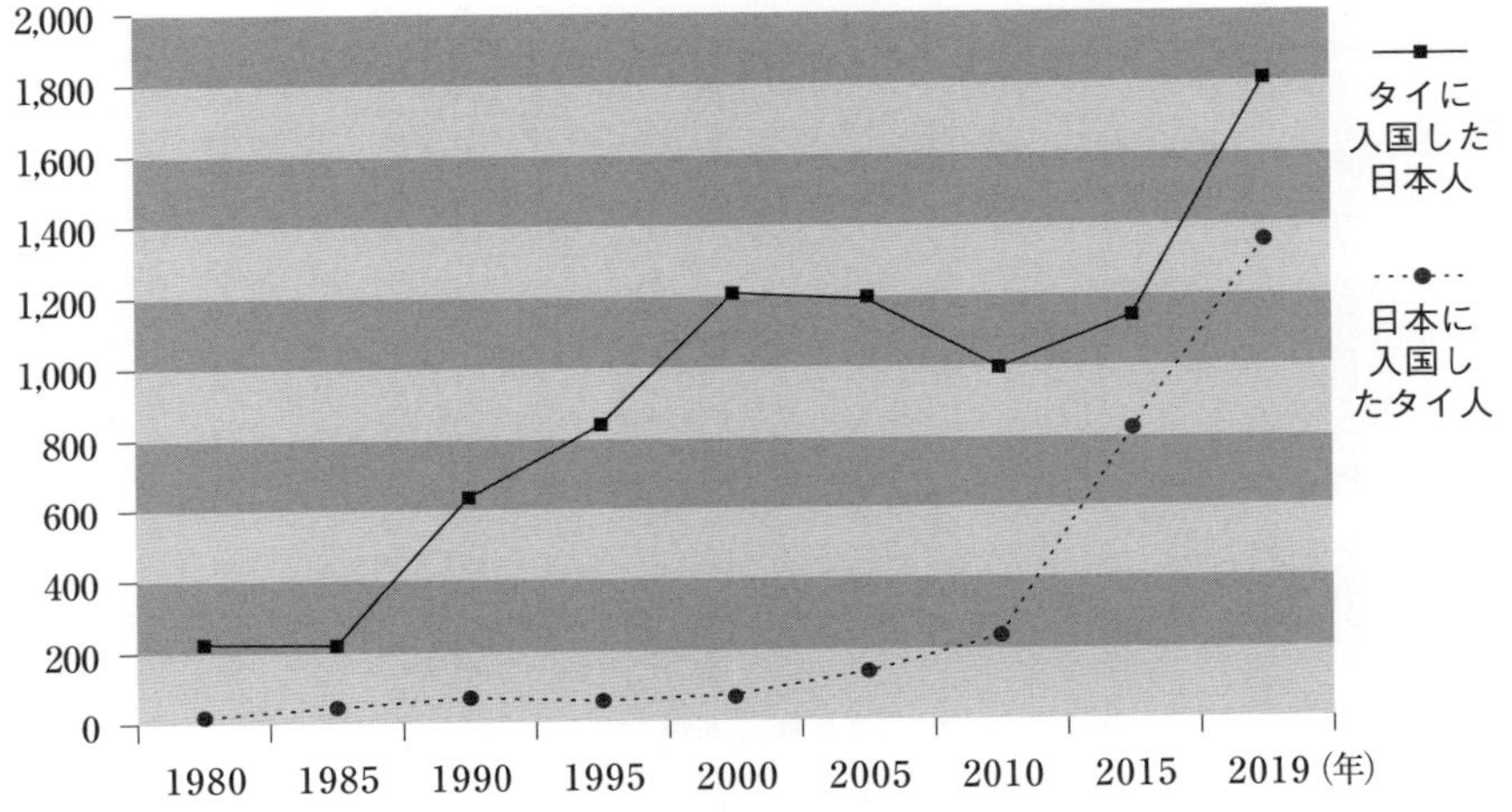

出所：法務省「出入国管理統計統計表」、日本タイ学会編『タイ事典』、Department of Tourism, *International Tourist Arrival to Thailand by Nationality* より筆者作成

図25　日タイ間の人の往来の推移（単位：千人）

出所：総務省統計局『世界の統計（各年版）』、法務省「在留外国人統計」、外務省領事局政策課『海外在留邦人数調査統計（各年版）』より筆者作成

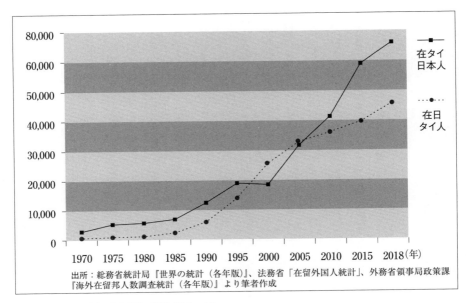

図26　在日タイ人・在タイ日本人数の推移（単位：人）

増して約一二〇万人に達した。二〇〇〇年代に入ると同時多発テロ、リーマンショックなどの外的要因や、タイ国内の政治的混乱の影響で増加率は鈍ったものの、二〇一〇年代後半は順調に増加して二〇一九年には過去最高の年間一八〇万人に達した。

タイに在住する日本人の数も図26のように着実に増えてきた。一九八五年には八〇〇〇人弱であった在タイ日本人数は一九九五年には二万人を超えた。通貨危機の影響で二〇〇〇年には若干減ったが、その後は以降一貫して増加傾向にあり、二〇一八年には約七・五万人に達している。これは大使館に届け出をした人数であり、実際の滞在者数はこれよりはるかに多いと思われ、二〇一〇年のセンサスでは日本国籍者の数は約八万人であった。在タイ日本人の急増は日本人子弟の増加ももたらしており、二〇一九年度初めのバンコク日本人学校の生徒数は小・中学部合わせて約二六〇〇人であった。このため、二〇〇九年には東部臨海地域のシーラーチャーに二つ目の日本人学校が開校し、二〇一九年度初めの生徒数は同じく五〇〇人であった。

また、近年はロングステイをする日本人も増えている。ロングステイとは働き世代を過ぎた中高年の人が余生を過ごすために海外に中長期間滞在することであり、気候も温暖で物価も安いタイは近年日本人のロングステイ先として注目を浴びてきた。タイ政府もロングステイ・ビザを発行するなど積極的に受け入れを進めてきた。中でも、バンコクに比べて冷涼な気候であり、都市規模が小さいながらもインフラがそれなりに整っている北部のチエンマイでのロングステイが多く、現地にはロングステイ者のグループもあって、タイ社会と積極的に交流し、相互理解を高める役割を果たしている人もいる。

一方で、日本に来るタイ人の数や在日タイ人の数もこの間に大きく増加してきた。日本へ来るタイ人は一九八五年には約四万五〇〇〇人であり、その後二〇〇〇年まではだいたい五万〜一〇万人で推移していた。一九八〇年代後半から一九九〇年代初めにかけては日本のバブル期に当たり、日本での労働力不足が顕著となったことから外国人労働者が増えた時期であった。合法的に在留している人のみを対象とした数字であるが、一九八五年には約二六〇〇人であった在日タイ人の数は一九九五年には一万五〇〇〇人を超え、二〇〇〇年にはほぼ三万人に達した。図26のように、この年には通貨危機の影響で在タイ日本人が減っていたことから、在日タイ人の数が初めて在タイ日本人の数を上回った。その後は増加率が徐々に落ち着き、二〇一三年には約四万人となっている。日本人とタイ人の国際結婚も増えており、大半を占める日本人男性とタイ人女性の結婚の場合には、日本で生活することが多い。

このような在日タイ人数の増加も顕著であるが、近年の大きな変化はタイ人観光客の急増である。先の図25のように、二〇一〇年代に入ってから日本を訪れるタイ人の数が急増しており、二〇一九年には過去最高の約一三五万人に達した。この年には日本へのタイ人入国者数は第六位となっており、東南アジアでは最多である。このタイ人観光客の急増は、二〇一三年七月から日本へ渡航する際のビザが免除されたことが最大の要因となっており、二〇一四年に入ってからの急激な円安や格安航空路線の開設もそれに拍車をかけている。彼らは日本全国各地へ旅行しており、ツアー客のみならず個人旅行客も増加している。

このように人の往来が双方向で活発化したのが、近年の大きな変化である。琉球船がタイへ向かうようになってから、モノの往来は双方向に存在していたが、人の往来は日本からタイへが圧倒的に多く、タイから日本へは少なかった。明治以降の日本とタイの間の人の交流も基本的に日本からタイへの一方通行であり、それが最も顕著であったのは第二次世界大戦時であった。ところが、一九八〇年代後半から日本に来るタイ人が急増し、初期の労働目的の渡航から観光客主体へと変化してきた。その結果、現在は日本人、タイ人が相互に訪問し合う状況が出現し、日本の「出超」状態は解消しつつある。このような双方向での人の往来の拡大は、今後の両国の友好関係の深化に重要な意味を持つであろう。

近隣諸国へのタイ人渡航者数と比べても、日本に来るタイ人の数が急増したことがわかる。二〇一三年にはタイ人の日本入国者数は中国、香港、シンガポールよりも少なかったが、二〇一四年には中国の約六一万人、香港の約五三万人、シンガポールの約五一万人を抜いて四ヵ国中第一位に浮上した。すべての国を比較したわけではないが、確認可能な限りでは二〇一八年のタイ人の日本入国者数は、隣国を除いて第一位であったものと思われる。日本は今やタイ人観光客の主要な目的地となったのである。

流行する「日本文化」と「タイ文化」

人やモノの流動の活発化に伴って、タイへは「日本文化」が、日本へは「タイ文化」がそれぞれ流入していった。全体的には日本からタイへの文化の流入が早かったが、一九九〇年代以降はタイ文化も日本へと入ってきてそれなりの市民権を得るようになってきた。

タイに入っていった日本文化の中で、最も古い歴史を持つものは漫画とアニメであろう。いわゆるサブカルチャーであるが、一九七〇年代頃から子供や若者を中心に広まっていった（写真58）。どちらもタイ語に翻訳されていたが、人名や地名は日本語のままのことが多く、タイ人が日本人の名前や地名に親しんでいく契機となったと思われる。その後、一九九〇年代頃からはゲームも普及し始め、新たなサブカルチャーとしてやはり子供や若者を中心に広まっていった。しかし、日本でも問題となったような子供の教育にふさわしくない漫画やアニメはタイでも問題となり、批判の対象となったこともあった。

このようなサブカルチャーの流入に加え、日系企業が多数進出してきたことも相まって、タイでの日本語教育も普及してきた。タイで日本語教育が始まったのはチュラーロンコーン大学などの主要大学に日本語講座が開設された一九六〇年代であるが、一九八〇年代以降急速に発展し、日本語能力試験も行なわれるようになった。一部の高校でも日本語の授業が設置されるようになり、二〇一八年の時点で教育機関は六五九ヵ所あり、学習者数は約一八・五万人と世界で第六番目に多くなっている。ただし、近年は韓流ブームの影響と中国の経済成長の進展から、韓国語と中国語教育の熱が日本語を上回っている。

さらに、二〇〇〇年代に入って日本料理ブームがタイで急速に広まっていった。それまでタイに存在した日本料理店は在タイ日本人向けの店がほとんどであり、タイ人が日本料理を食べる機会は非常に少なかった。ところが、二〇〇〇年代に入ってタイ人を主眼とした日本料理店が出現し、日本料理は急速に広まっていった。その火付け役はタイ最大の日本料理店チェーンを擁する「オイシイ」グループであると思われ、一九九九年の営業開始後、二〇一九年までに全国に二六四店舗を展開するに至った。また、「オイシイ」は緑茶飲料の販売にも力を入

写真58　タイの「ドラえもん」

れており、タイのコンビニエンス・ストアに行くと必ず緑茶飲料が並ぶほどタイ人の間でも認知された。日本料理の人気はタイ人の健康ブームとも連動しており、日本料理は「ヘルシー」であるというイメージがさらに人気を高めている。しかし、タイの緑茶飲料の大半は甘みを付けてあり、けっしてヘルシーとは言えない。

　現在ではバンコクのみならず地方都市にも日本料理屋ができており、その数は二〇一九年時点で全国で約三六〇〇軒となっている。さらに、とんかつ屋、ラーメン屋など特定のジャンルのみを提供する店も急速に拡大しており、日本からの新規参入も急増している。日本料理は完全にタイの市民権を獲得したと言えるが、価格帯は依然として高く、庶民が一般的に食べるレベルまでは達していない。

　一方、日本におけるタイ文化の流入は一九九〇年代から急速に拡大していった。最初に広まっていったのはタイ料理であろう。一九八〇年代後半からエスニック料理ブームが始まり、タイ料理屋店も急速に増加していった。これは日本へのタイ人労働者の流入や、訪タイ・在タイ日本人の増加と連動しており、タイ料理は急速に日本でも市民権を獲得していった。中でも世界三大スープと呼ばれるようになったトムヤムクンはタイ料理の代表とも言える存在となり、日本人の中で最も有名なタイ料理となった。今やタイ料理店は全国各地に少なくとも一〇〇〇軒以上存在し、エスニック料理の代表とも言える存在となっている。また、在日タイ人の増加とともにタイの食材を売る店も増え、日本にいながらタイ料理の食材が手に入るようになった。タイ料理の普及で日本国内でもパックチー（コリアンダー）やパックブン（空芯菜）を栽培する農家も出現し、スーパーでごく普通に入手できるようにもなった。ただし、日本のタイ料理店は日本人向けの味付けにしている店が多く、味付けはマイルドで辛味もそれほど効いていないことが多い。

ムエタイ（ムワイタイ）と呼ばれるタイ式キックボクシングもまた、タイから日本に入ってきた文化である。ムエタイはその名の通りタイのボクシング（ムワイ）であり、アユッタヤー朝の頃に武術として始まったと考えられている。第二次世界大戦後に近代的なスポーツとなり、現在ではギャンブルの対象としてタイで人気がある。このムエタイは日本で広まっているキックボクシングやＫ１のルーツであるとされており、その始まりは一九六〇年代と古い。しかし、厳密にはムエタイとキックボクシングやＫ１は異なり、ムエタイという看板を掲げた道場が増加し始めたのは一九九〇年代以降のことであった。タイ人のムエタイ選手が指導する道場も多く、近年は本場のタイで修行する日本人も増えている。

さらに、二〇〇〇年代になって急激に増加してきたのがタイマッサージ店である。タイマッサージは元来伝統医療としてタイで発展してきたものであったが、「開発」の時代以降は風俗産業としての側面も高まり、タイでも「タイマッサージ」の看板を掲げた風俗店が多数出現していった。一方で、タイで純粋なタイマッサージを経験して現地の資格を得る日本人も出現し、日本でタイマッサージ店が相次いで開店するようになった。現在全国に少なくとも二〇〇〇軒程度のタイマッサージ店があり、「風俗サービス」としてのマッサージ店と医療としてのマッサージ店が混在している状況である。

このように、タイの日本文化、日本のタイ文化ともに年々深化しており、それぞれ認知度は高くなっている。中には誤解も存在するが、このような文化交流が今後の日タイ関係をさらに深化させることは間違いなかろう。

プレーク・ピブーンソンクラーム（一八九七〜一九六四年）

本名はプレーク・キータサンカであるが、ピブーンソンクラームという欽賜名を姓としたため、日本では通常ピブーンと姓の略称で呼ばれていた。一九二〇年代にフランスに留学し、その地でプリーディーらと知り合い、人民党の結成に至った。帰国後は陸軍内部に同調者を探し、プラヤー・パホンらを招き入れて一九三二年の立憲革命を敢行し、人民党による政権を作り上げた。しかし、人民党内の路線対立から翌年には早くもクーデターを起こした。その後国防相を務め、一九三八年に首相に就任した。

ピブーンはタイナショナリズムを鼓舞して全体主義への道を歩もうとした。シャムからタイへの国名変更はその第一歩であり、さらに大タイ主義を掲げてフランスから「失地」を奪還した。一九四一年末に戦争が始まると、優勢であった日本と手を結び、ビルマのシャンへも進軍して大タイ主義の実現を目指した。しかし、枢軸国側の劣勢とともに次第に日本とは距離を置くようになり、一九四四年に遷都案が議会で否決されたのを機に辞任してしまう。終戦後は戦犯容疑者として逮捕されたが、まもなく釈放された。

一九四七年のクーデターによってピブーンは国軍司令官に復活し、翌年には再び首相の座に返り咲いた。反共を前面に出したことでアメリカの信任を得た。一九五一年にはクーデターによって議会を解散して、独裁体制を敷いた。その後、緩和政策に転じて政党活動を自由化し、選挙にて自らの地位を確立しようとしたが、一九五七年の総選挙で不正が明らかとなると国民の不満が爆発し、陸軍の実権を握るサリットがクーデターを起こし、ピブーン政権は崩壊した。ピブーン自身は日本に亡命し、そのまま日本で死去した。（写真59）

写真59　ピブーン（รัฐบาลไทย. 2483.）

9 タイの社会

さまざまな場面において規制が強まりつつあり、自由の国タイの実像が徐々に変わりつつある。交通マナーの面などあまりに自由すぎるのもどうかと思われる場合もあるが、逆にあまりに不自由な状況も自由の国タイにはそぐわない。自由と不自由の間の線をどこに引くかが、現在のタイ社会には求められているのであろう。

「緩い」社会と「堅い」社会

「1 タイはどんな国か?」で、タイは「居心地」の良い社会であるとして、その理由として二者関係が重要であることを挙げたが、タイ社会は個人主義が卓越する「緩い」社会であるという見方と、集団主義的な特徴も見られる「堅い」社会であるという見方の二つが存在した。

「緩い」社会であると主張したのは、アメリカの人類学者のエンブリーであった。彼は一九五〇年にタイは緩い(ルースな)社会であるという趣旨の論文を執筆し、その後タイ社会の見方としてもてはやされた時期があった。これは第二次世界大戦後に彼がバンコクで生活して得られた印象を概念化したものであり、タイでは人々の行動を規定する規範が緩く、さまざまな場面で個人主義的な傾向が見られると説明したものであった。彼は戦前に日本の農村で調査をしており、緩いと感じたタイ社会は堅い(タイトな)日本の農村社会との対比から得られた印象であった。日本の集団主義的な傾向の強い社会と比べれば、二者関係が重視されるタイは確かに個人主義的な傾向が強く見えることから、この説はタイ社会の特徴を端的に示すものとしてもてはやされたのである。

さらに、同じ時期にアメリカの人類学者シャープらがバンコク近郊のバーンチャン村で最初の本格的な農村調査を行ない、その結果も緩い社会をより一層印象付けるものとなった。この村は歴史的にも比較的新しく、運河沿いに連なる列状村であった(写真60)。また、自然村と行政村の区画も一致しておらず、住人にもマレー系や華人系が含まれており、バンコク近郊に位置するという点も含めて緩い社会の傾向が強く出ていた。このため、タイは緩い社会であるという言説は学問的にも支持されたのであった。

このような「緩い社会」という捉え方は、タイの親族構造が双系制であるという点からも肯定された。双系制とは単系制ではない社会、すなわち父系でも母系でもない社会であり、夫方、妻方のどちらかの血縁のみを重視しないことを意味する。一般に単系制の社会は集団の利益を個人の利益よりも重視する傾向にあると考えられていることから、特に優先すべきどちらかの血縁がない双系制の社会のほうが集団主義の傾向が薄い、すなわち個人主義が強いということになる。この双系制の社会では、

写真60 バンコク近郊の運河沿いの集落（2015年）

血縁の意味が薄れることから核家族が中心になると通常は説明されており、確かにタイでもその傾向が強い。

しかし、他地域での調査が進むにつれて、タイ社会はそれほど緩くはないという指摘もなされるようになった。一九五〇年代末から東北部のドンデーン村で調査をした水野浩一は農村部において農業生産を共同で行なう親族集団の存在を知り、「屋敷地共有集団」と名付けた。これは親の屋敷地の中に娘夫婦が新居を構え、親の農地を共同で耕して生計を立てるというものであり、最終的に親の住居と農地の大半は最後まで親の面倒を見た末娘が相続するというものであった。このように結婚後に娘が親と一緒に居住する妻方居住制は東北部では一般的であり、タイ社会の集団主義的特徴を表しているものとして捉えられた。東北部や北部上部では村がまとまっている塊村が一般的であり、コミュニティーの集団性も中部の村よりははるかに強固であるとみなされたのである。

このため、その後緩い社会という見方は万能でないと否定され、小さなグループにおける対人関係では緩い傾向が見られるが、より大きな枠組みで見ると必ずしも緩いとは言えないという解釈が一般的となった。日本社会ほどの強固な集団主義は見られないものの、タイ社会でも集団主義的な要素は少なからず存在し、けっしてすべてが個人主義的ではないということである。もちろん地域差もあることから、北部上部や東北部などいわゆるラーオの世界は集団主義的な特徴が強く、中部のシャムの世界は個人主義的な要素が強いということになるのかもしれない。

確かに、タイでは集団主義よりも個人主義を好む傾向が強い。働く際には給料をもらうサラリーマンよりも、自営の店のオーナーとなることが好まれる。組織化もあまり好まれず、タイには日本人会という組織が第二次世界大戦前から存在しているのに対し、日本にはタイ人会のようなものは存在しない。各個人間の二者関係のネットワークが広がっていくことはあるが、それらを統合して一つのコミュニティーを構築するのは難しい。しかし、北部上部や東北部の農村では強固なコミュニティーが以前から存在していた事例もあり、近代化でいったん緩んでしまったコミュニティーを再び強固にして、自分たちの住む地域の問題を解決しようという動きも見られる。

「ラック・タイ」の下での国民統合

個人主義的な傾向が強く、かつさまざまな民族が暮らすタイにおいて、タイという国民国家の中にタイ社会という一つの「堅い」社会を作り出すためには、国民を統合するための原理が必要であった。そのために用いられたものが「ラック・タイ」であった。

ラック・タイは「タイの原則」という意味であり、その骨子は民族(チャート)、宗教(仏教)、国王の三つの柱である。この名前自体は役人であり作家でもあったクン・ウィチットマートラーが一九二九年に出した同名の著作に由来しており、この年に王立学士院の恩賜賞を獲得したものであった。その内容はタイの歴史をこれら三つの要素から説明して、民族を愛し、仏教に帰依し、国王への忠誠を尽くすことを説いたものである。彼の『ラック・タイ』は一九三〇年代末からの大タイ主義の流行の根拠とされたものであり、タイ族がはるか昔中国やモンゴルを発祥の地とし、輝かしい歴史を築き上げてきたとの説は彼が主張したものであった。

写真61　朝の国歌演奏時の起立（2005年）

このラック・タイの言説自体は、実はワチラーウット王が声高に主張したものであった。中国の辛亥革命の影響でタイにいる華人の間で中華ナショナリズムが高まったことから、王はこれに対抗するためにタイ人のナショナリズムを鼓舞しようとした。「タイ人よ目覚めよ！」や「東洋のユダヤ人」などの著作で王はタイ人の民族意識を鼓舞し、ラック・タイの三要素である民族、宗教、国王を本格的に唱え始めた。一九一七年の第一次世界大戦への参戦を機にタイは従来の赤地に白象の国旗を現在の三色旗に変え、赤が民族、白が宗教、青が国王とこの三要素を視覚的に示した。クン・ウィチットマートラーの著作は、このような歴史を踏まえて書かれたものであった。

　このラック・タイを利用したナショナリズムの鼓舞は、さっそくピブーン時代に進められた。立憲革命後に国家の必要性を感じた人民党政府はクン・ウィチットマートラーの作詞による国歌を作成し、その後若干歌詞の手直しがなされて一九三六年に正式に完成した。ピブーンはラック・タイの象徴である国旗と国歌を用いてナショナリズムを高揚させることを考え、国家信条（ラッタニヨム）として毎日八時に一八時に国歌を流し、同時に国旗を掲揚、降納するという「伝統」を作り出した。これが現在まで続く、国歌が流れる中で人々が立ち止まり、国旗の掲揚と降納に敬意を払う日課の起源であった（写真61）。このナショナリズム高揚の結果が、フランスへの「失地」返還要求であり、一時的ながらそれは実現していた。

その後、このラック・タイはサリットの時代以降さらに強化されることになった。サリットは自らの正当性を国王の権威を利用して高めようと考え、その際にこのラック・タイを活用することにした。ラック・タイの中の仏教の擁護者としての国王の存在を利用し、自分は仏教の擁護者としての国王を守護しているとして、自らがラック・タイの擁護者であると主張したのであった。このラック・タイの原理は学校教育を通じて国民に教えられていったほか、国旗、仏像祭壇、国王の肖像というシンボルによって全国津々浦々に広まっていった。現在タイの学校や官公庁には必ずこれらのシンボルが存在し、個人の車や家の中でも国王の肖像を目にするようになったのは、このようなラック・タイ重視の結果と言えよう。また、一九六〇年代には共産主義との対決が本格化したことから、ラック・タイは共産主義に対抗する言説としても重要な意味を持っていた。

立憲革命後にいったんは低下した国王の権威が再び高まったのであるが、ここで目指されたのは家父長的な国王像であった。そのモデルはスコータイの第三代目の王ラームカムヘーンであり、国の父たる王（ポークン）が臣民たる子（ルーク）を温情主義的に統治することを目指したのである。タイでは「父の日」は国王誕生日、「母の日」は王妃誕生日となっているが、これも国王が「国民の父」である証であろう。この国民の父としての王の存在はサリットが期待したものであったが、プーミポン王もこれに積極的に対応し、全国各地へと頻繁に行幸し、国境地域の少数民族が居住しているような地域で王室計画と呼ばれる開発計画も次々に打ち出されていった。このような国王の動向はメディアを通じて国民に知らされ、国民にその存在感をアピールしていったのであった。今でも毎日夜八時には、テレビ各局とも王室ニュースの時間となり、王族の動向が報じられている。

こうしてラック・タイの国民統合のための言説として用いられ、国王の存在を重視するタイ式民主主義も国民の父としての王の存在も広く浸透していった。ラック・タイを利用して自らの権威を高めようとした独裁者たちのもくろみは最終的に失敗したが、プーミポン王の権威はますます高くなり、タイの国民統合のシンボルとしての国王の存在はきわめて重要となった。このような国王の権威の高まりが、国王の超法規的な政治的権力の行使を可能にしてきたことは言うまでもない。教育とメディアの普及によって少数民族の間にもラック・タイは浸透し、彼らも徐々に「タイ人」化されていった。

脅威であった共産主義も一九八〇年代半ばまでに消滅し、ラック・タイは勝利したかに見えた。すなわち、ラック・タイに基づく「堅い」社会が成立し、タイ社会は国王を敬愛して国体の維持を最優先する、均質的な「タイ人」によって構成されたかのように感じられたのである。国民国家を構築していく上で、均質な国民を作り出していくことは極めて重要な要素であるから、その意味ではタイは国民国家の形成に成功したと言えるのかもしれない。しかし、実はそれは幻想であったことが、二一世紀に入ってから露呈してきた。ラック・タイに対するあからさまな異議申し立てすら出現してきたのである。

変化する農村と都市

タイの農村社会は、伝統的に外延的に農地を拡大することで人口増加に対処してきた。元々人口の少ない「小人口世界」であったが、ある村において水田の拡大が難しくなると、若者は「ハーナーディー（良田探し）」と称して村を出て稲作に適した未開地を探し、その地を開拓して自らの生計を立ててきた。このような未開地、すなわち「フロンティア」が豊富に存在したことから、農村の余剰人口は伝統的な自給を主目的とした農業に吸収されることが可能であった。もっとも、より水利の良い場所から開田が進んだことから、新たに開拓される水田は徐々に水利が悪く、生産性の低い場所が多くなり、やがて一九六〇年代くらいまでに水田適地の未開地はほぼ消滅していった。

残ったのは水稲耕作に不向きな丘陵や山地であったが、折しも一九六〇年代からはトウモロコシやキャッサバのような商品畑作物の栽培が本格化し、フロンティアは水利の悪い地域へと移行した。「ナー（水田）」は得られなくなったものの、農民は稲作から畑作へと転換することで自らの農地を確保することができた。自給用のコメが手に入らない畑作のみに依存した農業は食糧の安定的な確保の面で問題があったが、それでもフロンティアが残っている限り、農民は農業で生計を立てることが可能であった。この商品畑作物栽培の急増が、タイの森林面積を大きく減らしたことは前に述べた通りである。

ところが、このような丘陵地や山地のフロンティアも一九七〇年代末までにほぼ消滅してしまい、伝統的な農地の外延的拡大は不可能となった。加えて、商品経済化の加速によって従来の自給自足的な農業のみに依存した生活は困難となり、金のかかる生活を行なうための安定的な現金収入の確保が重視されるようになった。これによって農村部の人々の農業離れが始まり、農村部の余剰人口は働き口を求めて都市へと移動することになった。一九六〇年代から本格化した工業化と急速な経済発展の恩恵を受けて、都市における労働市場は順調に拡大しており、農村から都市への人の流れは拡大の一途を辿った。彼らの多くが最初に参入したのがインフォーマルセクターであり、都市人口の急増がインフォーマルセクターの労働需要を拡大させていった。また、一部の者は国外の労働市場も目指すことになり、一九七〇年代から中東諸国への出稼ぎが増加し、一九八〇年代後半からは日本も含めた東アジア方面への出稼ぎが増加していった。

このような形で農村から都市への労働力の移動が進み、農村、都市の双方が大きく様相を変化させていった。農村部の近代化も進み、農村の生活も着実に豊かになってきた。二〇一〇年のセンサスによると、農村(自治区外)にある世帯のうち八九%で携帯電話を持つ人がおり、八六%が冷蔵庫を保有し、八二%がバイクを持っている。全国で農村部の電化がほぼ完了したのが一九九〇年代初めであったことから、その後二〇年間でタイの農村でも急速に生活の近代化が進んでいることがわかる。伝統的な木造高床式の家も残るものの、新たに建てられる家は鉄筋コンクリートの柱に煉瓦で壁を作って漆喰を塗った土間式の家が圧倒的に多い。屋根もトタンからコンクリート瓦や赤や青など原色系の金属板に変わり、茶色や灰色が目立っていた農村もカラフルになってきた。

農村部では若者の姿が少なくなり、高齢者が目立つようになってきた。学校を卒業すると仕事を求めて都市に

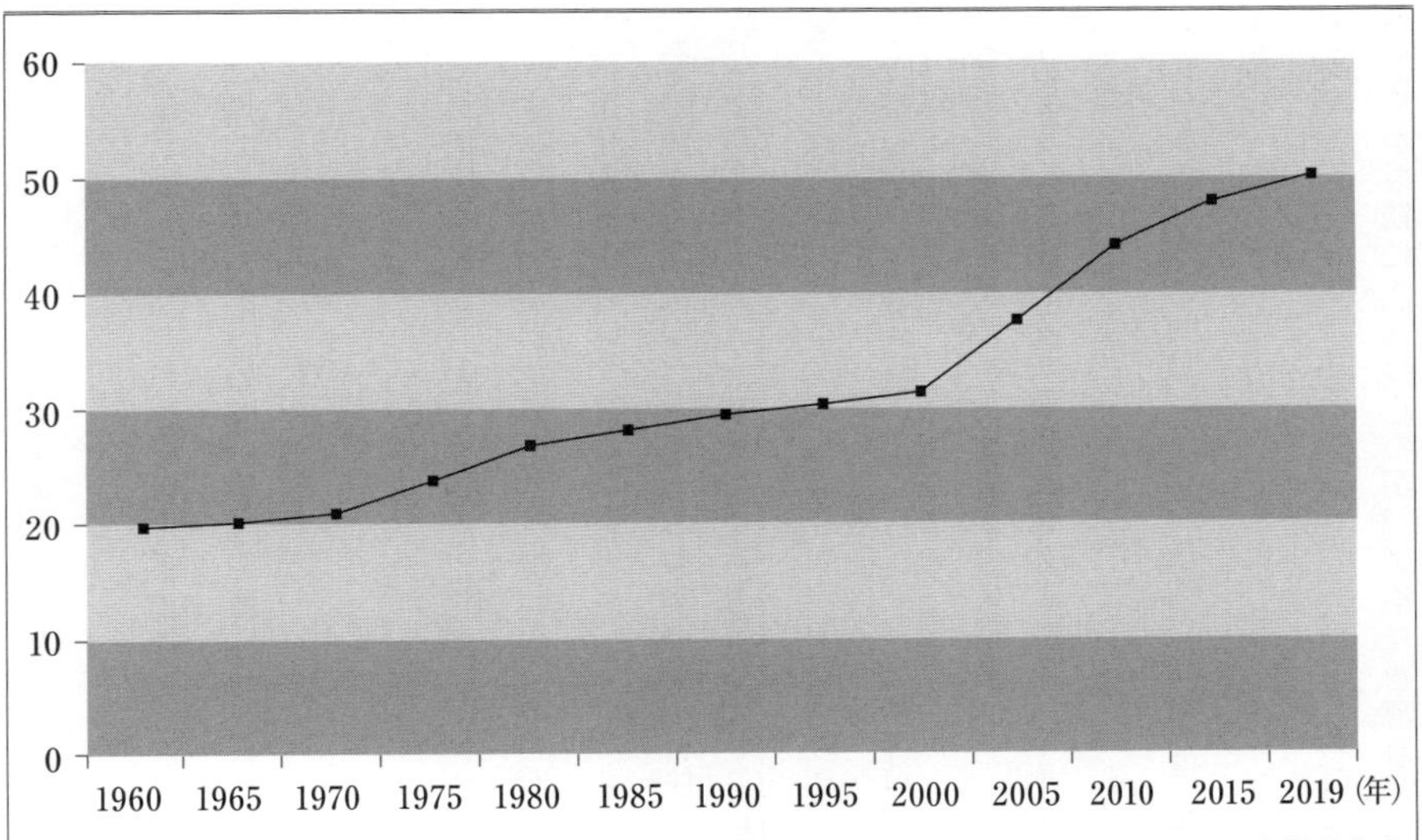

出所：World Bank, *World Development Indicators*より筆者作成

図27　都市人口比率の推移（単位：%）

出ていく若年層が増加し、農業の担い手の高齢化が進んでいる。タイの農村部ではまだ過疎化と呼べるような顕著な人口の減少は始まっていないが、県レベルで見れば農村部の多い地方の県の一部で人口の減少が始まっている。農業の形態も変化しており、中部を中心に経営規模を拡大して近代化や機械化を進める農民がいる一方で、零細な稲作農民を中心に自給用の食糧確保のための自給目的化する農民も確実に増加している。このような農家は都市で仕事をしている若年層からの仕送りによって生計が賄われており、農業は自給用の食糧、特にコメの確保を主目的に行なわれているに過ぎない。

それでも、このような自給用の農業はセーフティーネットとしての機能も果たしており、一九九七年の経済危機後に顕著であったように、都市で職を失った人々が一時避難する場としての役割も担っている。そして、都市で働く出稼ぎ者にとっては重要な託児所としても機能しており、共働きの両親が農村の実家に子供を預けることも珍しくない。依然として親子間の絆が相対的に強いタイでは、農村を出て都市で働いている子供からの仕送りが実家の家計を支え、実家の両親が孫を引き取って世話することで、相互扶助的に農村と都市の生活が成り立っているのである。

一方、都市に居住する人の数は確実に増加してきた。図27のようにタイの都市化率は一貫して上昇しており、一九六〇年には約二割であった都市化率は二〇一九年には五一％まで上昇してきている。タイの都市化率は前述した自治区（テーサバーン）人口に基づいており、衛生区（スカーピバーン）が自治区へと昇格したことも近年の急激な都市化率の上昇につながっている。それでも、一九六〇年の時点で国民の五人に一人しか都市に居住していなかった状況が、二〇一九年には都市住民が農村住民を上廻るようになったことは紛れもない事実であり、タイの中で農村社会と都市社会がほぼ同じ比重を持つようになったと言えるであろう。

ただし、急激にその範囲を拡大し、人口を増加させている都市には、さまざまな問題が発生している。一見すると日本の都市と同じような近代的な様相を見せるタイの都市であるが、他方でスラムと呼ばれるような劣悪な住環境で暮らす人々も存在する。農村から出てきた人々の多くが最初に住みつくのが、タイで過密地区（チュムチョン・エーアット）と呼ばれる簡素な住宅が密集する地域である。二〇一九年の時点でバンコクには計六五八ヵ所の過密地区が存在し、約六〇万人が暮らしている。高層の高級コンドミニアムが建ち並ぶ一角がある一方で、トタンや木材で作られた住宅が狭い路地を挟んで密集する一角も存在するのが、バンコクをはじめとする現在の都市の姿である（写真62）。

バンコクが典型的な首位都市のため、都市というとバンコクばかりが思い浮かべられがちだが、地方にも都市化の波は着実に波及している。各県の県庁所在地の都市でも市街地の拡大が進んでおり、近年は多くの都市で中心市街地を迂回するバイパスの建設が進んでいる。東部臨海地域でも都市化が進んでおり、バンコクから東部臨海地域のパッタヤーに至るまで、沿道の市街地が途切れる箇所は少なくなった。ハイパーマーケットやコンビニエンス・ストアも次々と地方都市に進出しており、後者は郡庁所在地でも珍しくなくなってきている。タイ全土でこのような都市化が進んでおり、都市住民はもはやバンコクとその近郊のみに一極集中しているのではなく、全国に散らばって存在している状況なのである。

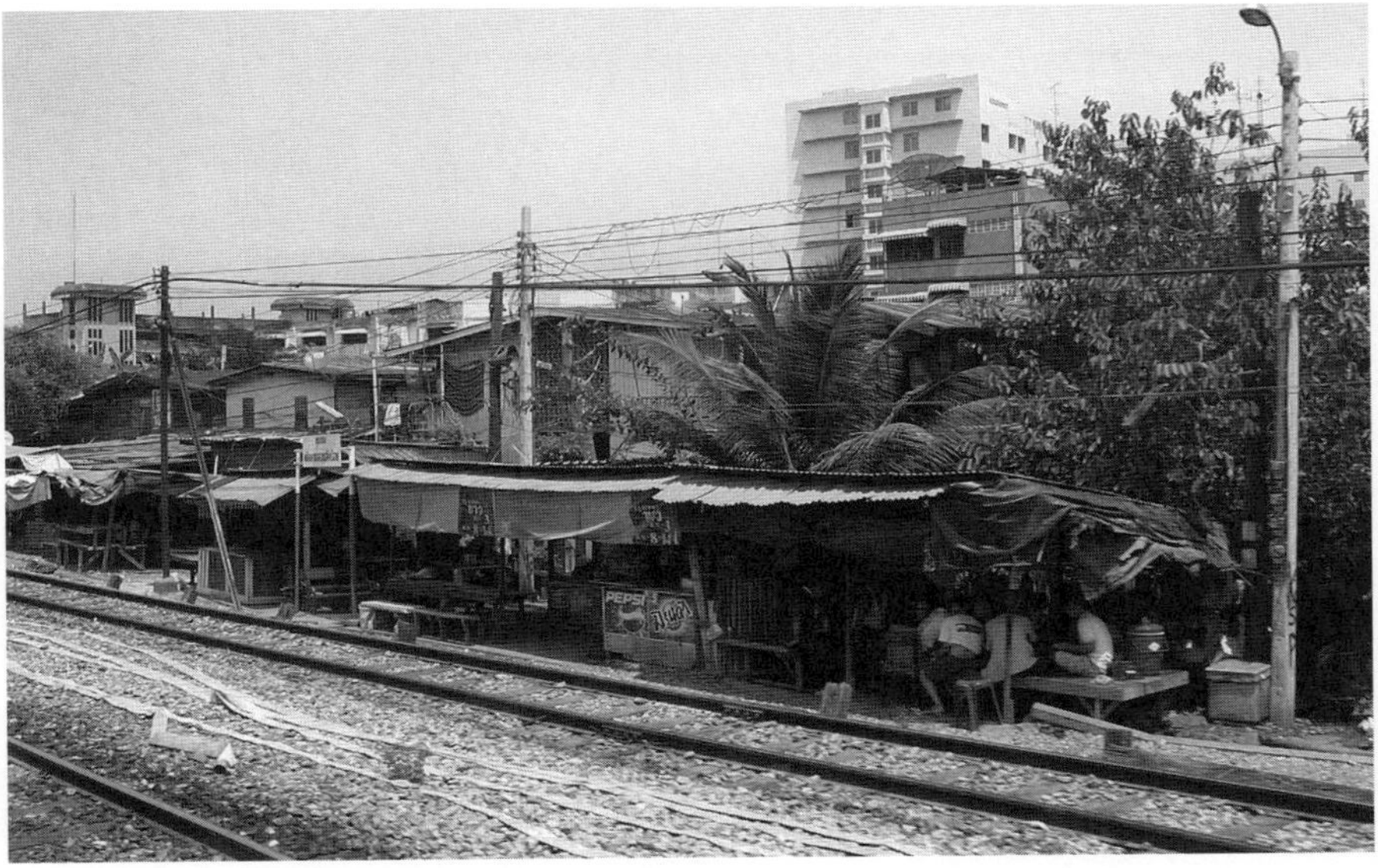

写真62　バンコクの線路沿いの過密地区(2009年)

少子化・高齢化の進展

少子化や高齢化というと日本をはじめとした旧西側先進国の問題と思いがちであるが、実はタイをはじめとするアジアの新興国でもこの問題は徐々に大きくなってきている。特に新興国では、先進国とは異なり社会保障制度が十分に整備されていない状況で少子化・高齢化が進展していることから、今後この問題は先進国以上に深刻化する可能性もある。

タイにおける少子化は、一九六〇年代から着実に進展してきた。図28のように、一九六〇年には合計特殊出生率、すなわち一人の女性が生涯に産む子供の数が六人を上回っていたが、一九七〇年代以降急速に減少し、二〇一八年には約一・五人まで低下している。この数値は同年の日本の数値とほぼ同じであり、タイの少子化のレベルは日本とほぼ同じレベルまで達したことになる。タイの合計特殊出生率は、将来にわたって同程度の人口を維持することのできる最低のレベルである人口置換水準の約二・一人を一九九〇年代以降一貫して下回っているこ

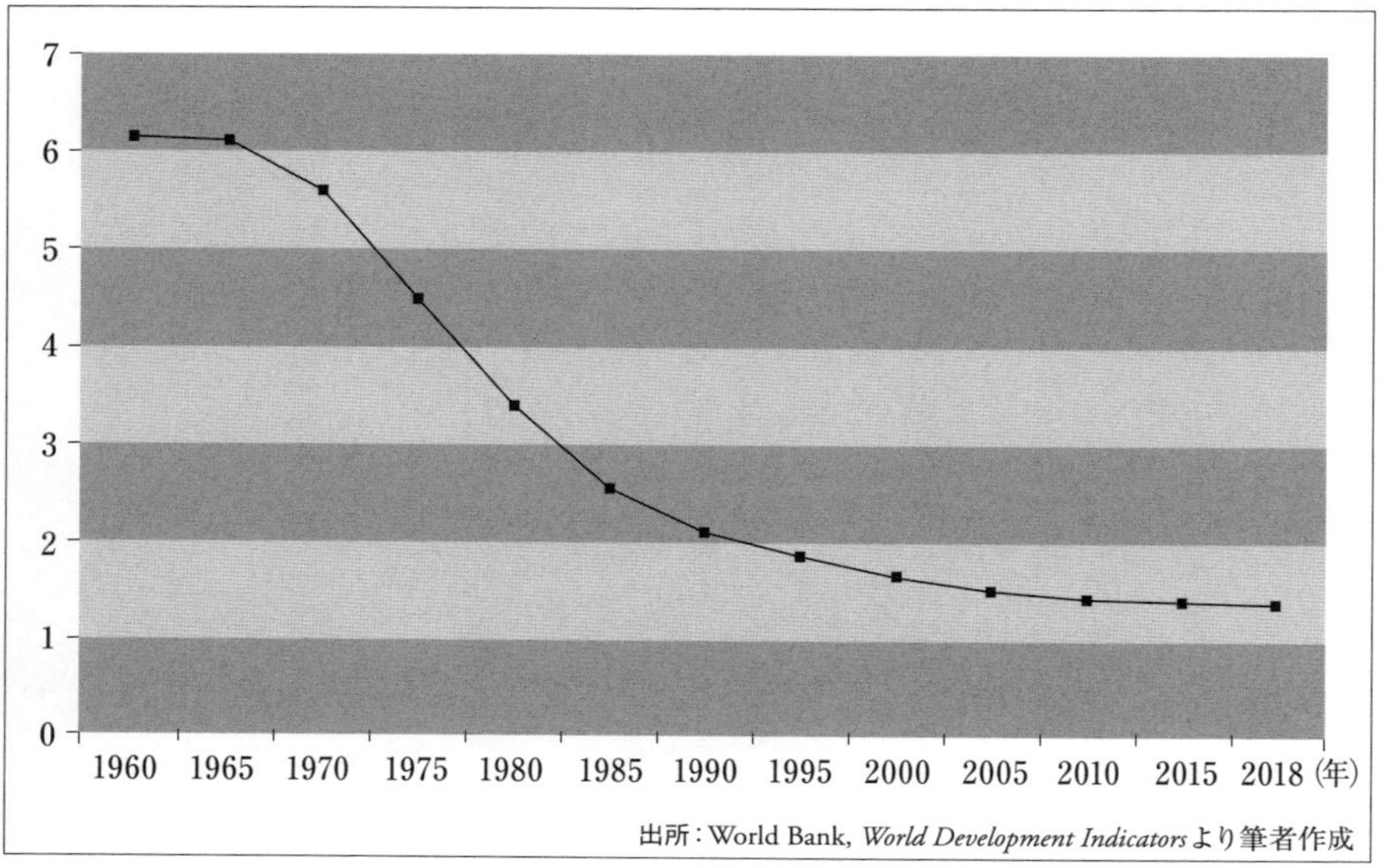

図28　合計特殊出生率の推移（単位：人）

とから、このまま行くと将来日本のように人口が減少するという事態になる可能性が高い。

通常、世界のどの地域においても、人口は「多産多死」から「多産少死」を経て「少産少死」へと移行してきた。公衆衛生が未整備の状況では子供が成長する過程で死亡する可能性が高く、一人の女性が産む子供の数は相対的に多かったが、公衆衛生の向上により子供の死亡率が低下すると、たくさん子供が生まれても途中で死亡する子供の数が少ないという多産少死型へと移行した。これが特にアジアやアフリカの途上国での人口爆発を引き起こしたことから、二〇世紀後半には家族計画を推進して子供の数を減らす少子化政策が各国で導入され、合計特殊出生率は低下の一途を辿った。ところが、生活の近代化に伴う女性の晩婚化、社会進出の拡大、子育て費用の高騰などの要因によって合計特殊出生率は想定以上に低下を続け、現在のような少子化を招いたのである。

このような少子化の結果として、タイでは高齢化も急速に進展してきている。図29のように、タイの六五歳以上の高齢者の比率は一九六〇年の三・三％から二〇一九年の一二・四％とこの間に約四倍となった。特にタイが経

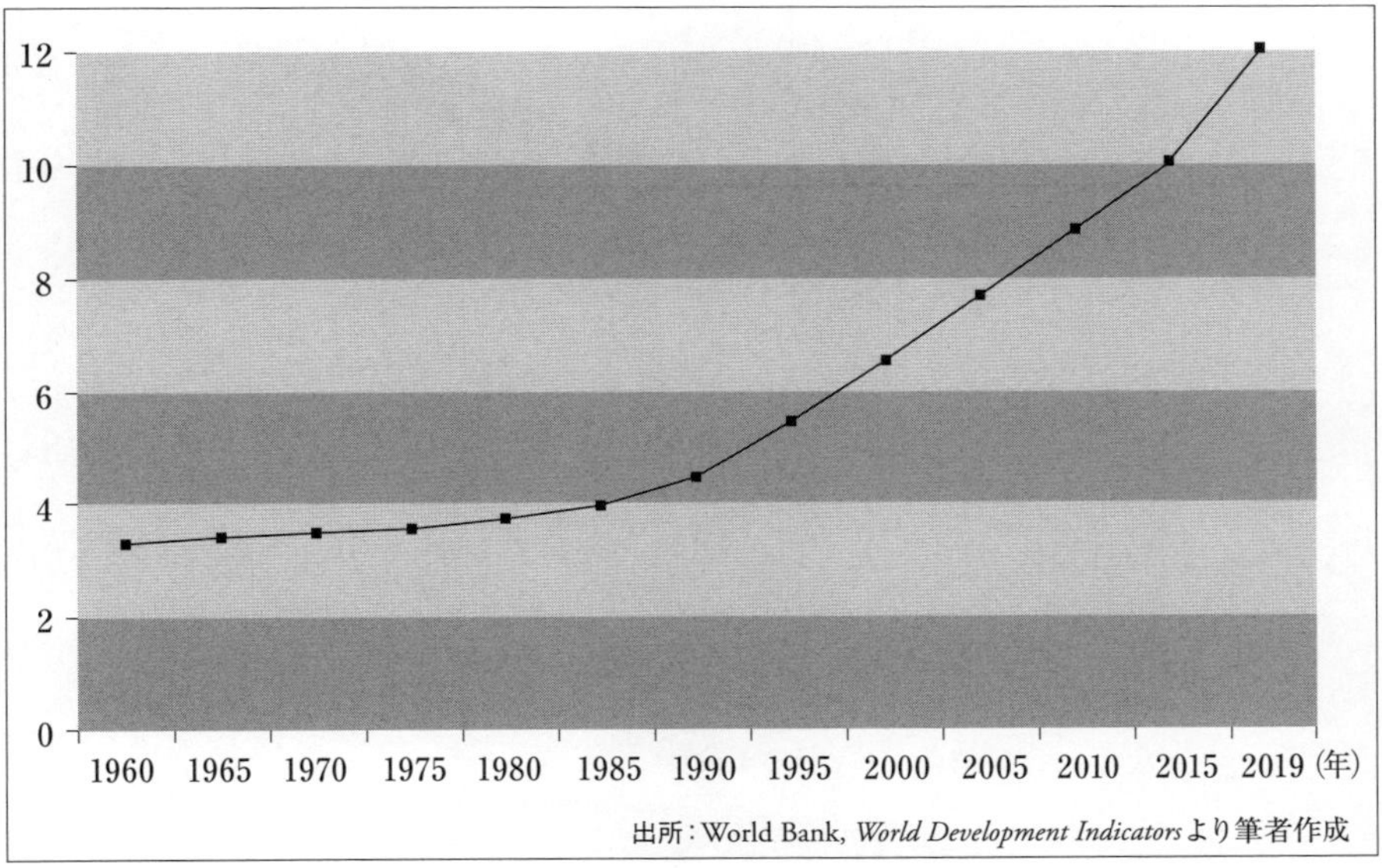

図29　高齢者(65歳以上)比率の推移(単位：%)

済ブームを迎えた一九八〇年代後半以降の伸びが大きく、過去三〇年間ほぼ同じペースで上昇してきている。日本の高齢化率は二〇一八年に二八%に達しており、これに比べればタイの高齢化率はそれほど高くないようにも見えるが、今後タイの高齢化率も着実に上昇するものと予想されている。

通常は高齢化率が七%に達すると高齢化社会、一四%に達すると高齢社会と呼ばれ、タイは二〇二〇年現在、高齢化社会にある。タイが高齢化社会に到達したのは二〇〇五年であったが、二〇二一年に高齢社会に到達すると推計されている。この高齢化社会から高齢社会への到達年数は、高齢化が先進していたヨーロッパでは四〇～五〇年以上かかっていたが、日本はわずか二四年で到達しており、タイはさらにそれよりも短い期間で高齢社会へ突入すると見込まれている。このように、タイの高齢化は日本以上の速度で進んでいるのである。

高齢化が進む中で、タイでも高齢者をどのように支えていくのかという問題が浮上している。タイの社会保障制度は国民全体をカバーしておらず、医療についてはタックシン時代に作られた三〇バーツ医療制度で国民皆保

写真63　東北部の農村の高齢者（1994年）

険が実現したものの、年金については自営業者や農民向けの自由加入型のものが二〇一五年からようやく始まったに過ぎない。六〇歳以上の国民を対象に月六〇〇〜一〇〇〇バーツが支払われる老齢手当もあるものの、その額は生計を立てていく上で十分ではない。このため、彼らは老後の生活費は子供に依存せざるを得ず、高齢者向けの福祉制度の不備は家族が補っているのが現状である。

前述したようにタイでは親子の絆が依然として強いことから、子供の多くは親の老後の面倒を見ることは当然のことと考えており、それによってこれまで高齢者の問題が表に出てこなかった側面が強いと思われる。日本でごく一般的に行なわれているような、子供が親の面倒を見ずに老人ホームや介護施設に預けてしまうといった行為は、多くのタイ人の「常識」からはかけ離れたものと捉えられてきた。しかし、平均寿命が延びて親の面倒を見る期間が長くなり、健康寿命を超えて自立した生活のできなくなった親が増えていく一方で、少子化の影響で世話をする子供の数は確実に減っていくことから、これまでのような親子関係に依存した高齢者福祉は自ずと限界を迎えるであろう（写真63）。

学歴社会の深化

少子化や高齢化が急速に進むタイは、実は学歴社会でもある。特に、近年は大学進学率が上昇し、農民の子弟の大学進学も珍しくなくなってきた。他方で、学歴に見合った職が見つからず、高学歴の失業者も増えている。

タイの教育制度は日本と同じ六・三・三・四制であり、現在では日本と同じく初等教育と前期中等教育（中学校）の九年間が義務教育となっている（図30）。図31のように、初等教育はさておき、中等教育も一九九〇年代以降急速に就学率を高めており、一九九〇年には二八％であった中等教育の就学率は二〇一七年には八一％まで高まっている。これは一九九一年から始まった前期中等教育の義務化によるものであり、現在は後期中等教育（高校）への進学も農村部も含めてごく一般的となっている。

中等教育の就学率の上昇も顕著であるが、注目すべきは高等教育、すなわち大学の就学率である。一九七〇年には三％と一握りのエリートのみが大学へ進学できる状況であったが、一九七〇年代後半からその数値が増加して一九八〇年代半ばには二〇％に達し、やや停滞した後一九九〇年代後半から再び上昇し、二〇一七年には五九％と半数以上が大学に進学するまでに就学率が高まったのである。これは日本の大学進学率とほぼ同じ水準であり、タイの大学が急速に大衆化したことを物語っている。

タイにおける大学進学率の上昇は、大学数の増加と密接に連動している。タイで最初の大学は一九一七年創立のチュラーロンコーン大学であり、その後タムマサート大学、マヒドン大学、カセートサート大学などが設立されたが、いずれもバンコクに設置されたものであった。地方への大学設置は一九六〇年代に入ってからであり、北部のチエンマイ大学、東北部のコーンケン大学が最初の地方大学として設立された。その後も地方の大学が徐々に増えていったが、大きな変化は一九九五年に行なわれた地方の師範学校の大学化であった。それまで教員養成を目的とした短大レベルの師範学校が全国に約四〇ヵ所存在していたが、これらがこの年に大学化され、現在はラーチャパット大学と呼ばれている。これによって地方の大学数は一気に増加し、特に農村部の子弟の大学へのアクセスが大きく向上した。また、バンコク、地方

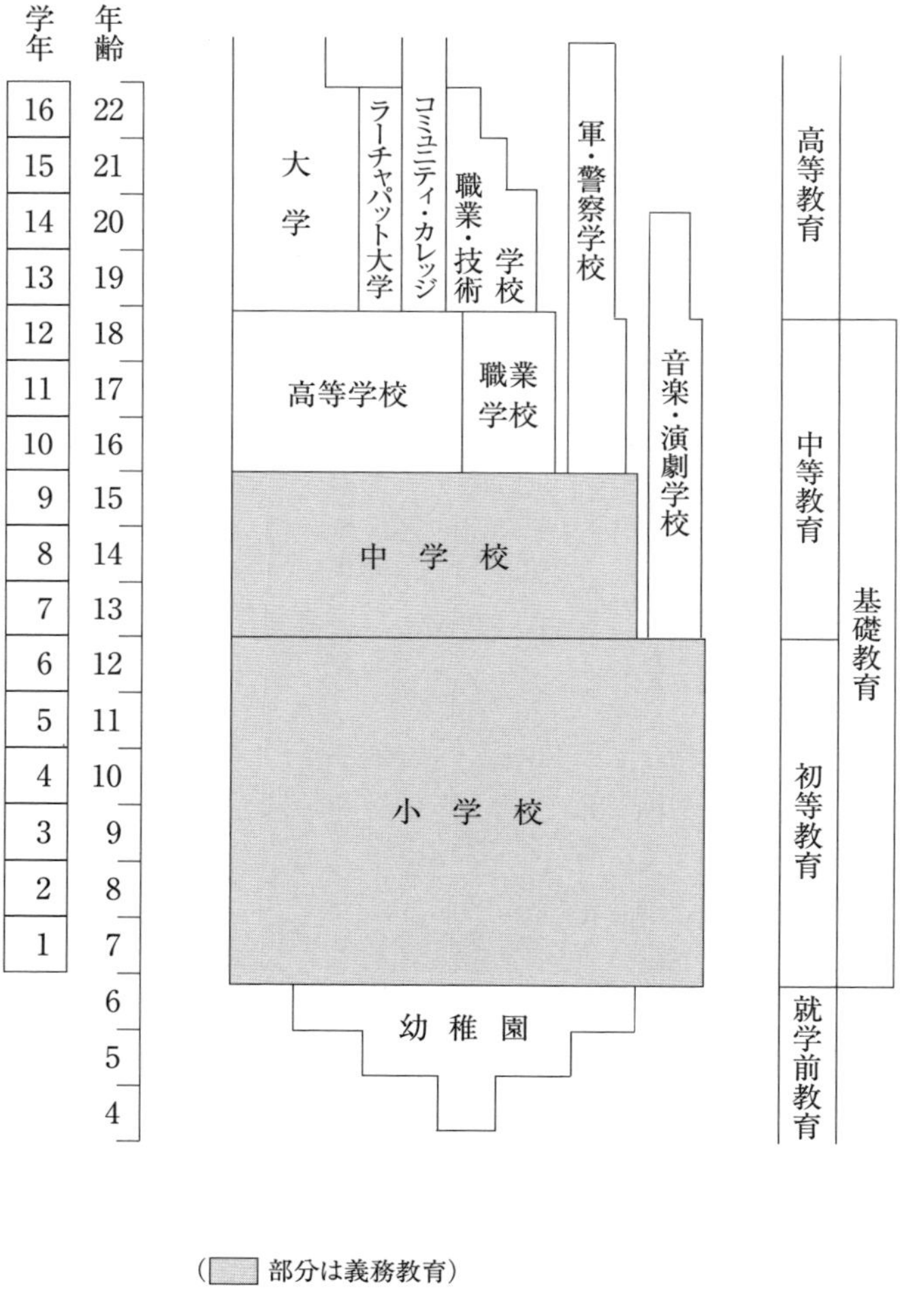

図30 教育制度

出所：日本タイ学会編，2009.

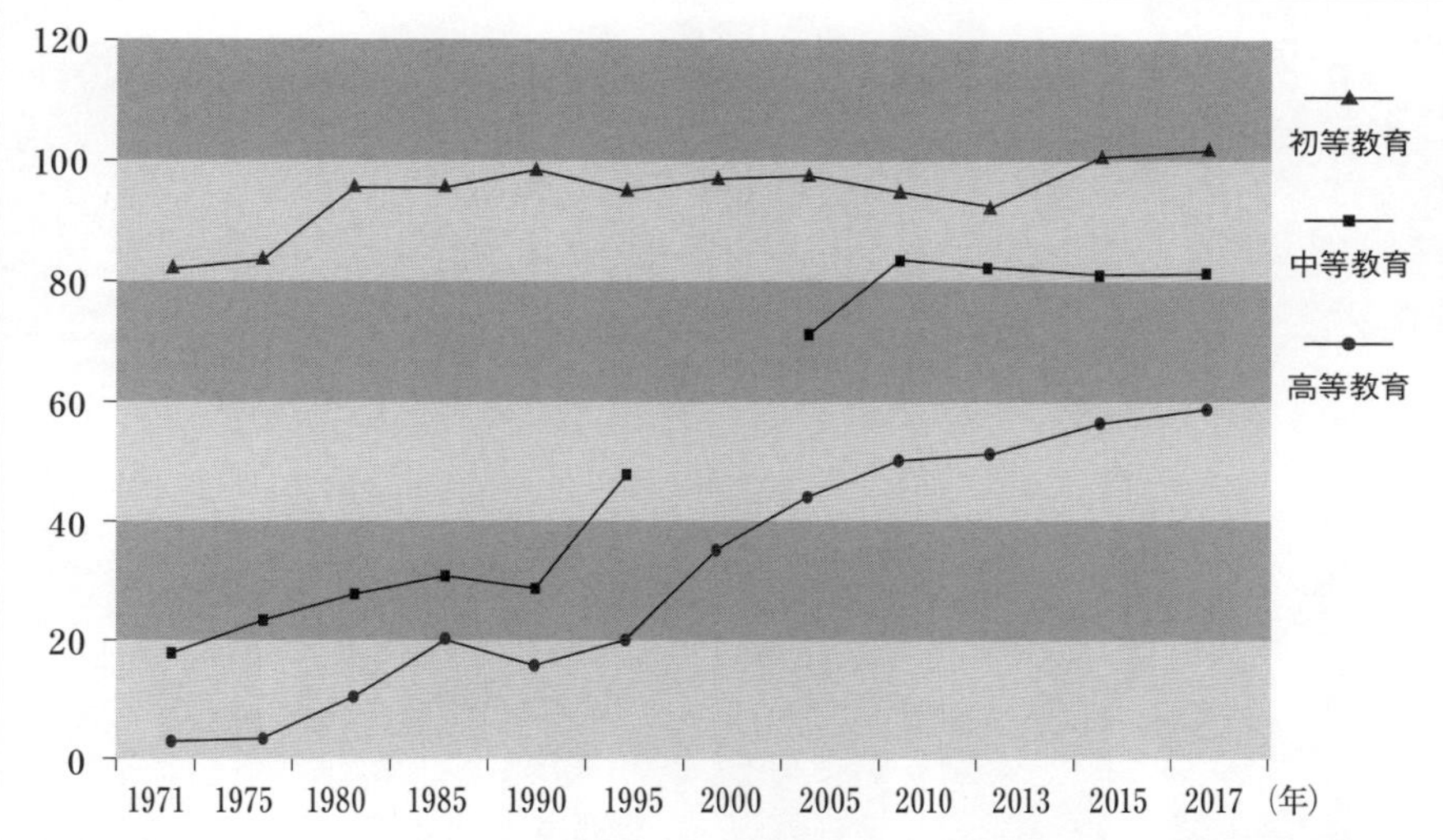

出所：World Bank, *World Development Indicators*、สำนักงานเลขาธิการสภาการศึกษา. 2557, 2561より筆者作成

図31　就学率の推移(単位：%)

を含めて私立大学も近年増加し、二〇一八年現在国立大学八五校、私立大学七四校、コミュニティーカレッジ二〇校の計一七九校の大学・短大が存在している（写真64）。

大学進学率を高めたもう一つの要因は、誰でも入学できる公開大学の存在である。これは高等教育機関の不足を解消するために設置されたもので、一九七一年にラームカムヘーン大学としてバンコクで開学した。この大学は入学試験がないことから、高校卒業の資格さえあれば誰でも入学できるものであり、授業に出席して単位を取る他にも、地方の学生のためにテレビやラジオを用いた放送授業も行なわれている。その後、一九八〇年には完全に放送授業のみに特化したスコータイ・タムマティラート大学も設置され、現在はこの二校が公開大学として毎年多数の学生を受け入れている。しかし、入学は容易であっても卒業要件は厳しく、途中で脱落してしまう学生も少なからず存在する。

大学と学生の数は大幅に増えたものの、チュラーロンコーン大学を頂点とする大学間の序列は日本と同じように存在する。難関校出身者のほうが社会に出てからもさまざまな面において優遇されるため、大学進学率が五〇

写真64　タイの大学生(1991年)

%を超えたものの、難関校を中心に受験競争が存在している。バンコクをはじめとして主要都市では受験産業が活況を呈し、たとえばバンコクではサイアムスクエアーやパヤータイ駅付近など交通の便の良い場所に塾が集積し、休日や学校の長期休暇には塾通いの子供で溢れている。また、希望する大学に入れなかった場合はランクの低い大学に入学して仮面浪人したり、あるいは公開大学に在籍したりしながら次年度の入試を狙う者もいる。

このような大学進学率の上昇によって、大学卒業者の就職先が問題となっている。二〇一六年には年間約四四・五万人が高等教育を卒業・終了しており、彼らが新たに労働市場へと参入することになる。しかしながら、彼らが自らの学歴に見合うと思うような働き口には限りがあり、結果として就職を見合わせるという就職浪人も少なからず存在する。二〇二〇年一月の時点でタイの失業率は一・一%であったが、高等教育卒業・終了者に限るとその数値は一・八%と最も高くなっており、約二二・五万人の高等教育卒業・終了者が失業状態であった。タイでは学歴によって賃金体系の格差が大きく、高卒と大卒、大卒と大学院卒で大きな差が存在している。このため、より良い賃金を得ることを第一義に大学、大学院へと進学する人が少なからず存在し、期待したような仕事が見つからないと、それが見つかるまで待つことも珍しくない。また、ひとたび仕事が見つかっても、より条件の良い仕事があれば簡単に転職する。特に、手に職を持たない文系学部の卒業生でこの傾向が強く、逆に理系は引く手あまたというアンバランスな状態が見られる。

さらに、農村出身の子弟の大学進学が増加することによって、都市部、特にバンコクとその周辺への一極集中がさらに加速するという問題もある。農民は子供がより良い仕事に就くために苦労して大学まで進学させるのであり、大学卒業後はそれなりの収入が得られる仕事に就くことが期待されている。しかし、そのような仕事は出身地の農村には存在せず、最寄りの県庁所在地レベルの都市でも非常に限定される。このため、彼らは卒業後に故郷を離れてバンコク首都圏や東部臨海地域などに出ていくことになり、若者の地方離れをさらに加速させる結果となる。タイの強みである農林水産業を今後も維持していくためには、学歴信仰を見直すとともに、高学歴者を第一次産業に誘導していくような施策が求められよう。

「自由」な社会と「不自由」な社会

タイは「自由」な国であるとよく言われる。これは「タイ」という語が自由という意味を持つことに由来する。すなわち、タイ人に言わせれば彼らは自由の民であり、誰からも束縛されず自由意思で行動できる人々なのである。このような言説が出てきたのは大タイ主義が出てきた一九三〇年代末のことと思われ、タイナショナリズムの高揚とともに重視されていった。一九三九年の国名の変更を筆頭にこの時期には盛んにタイという言葉が用いられることとなり、タイという語は国民に広く浸透していった。

確かにタイは自由な社会である。はじめに述べたように、タイが「居心地」の良い包容力のある社会であることは、自由な社会であるからこそ実現できるものである。二者関係が重視されるタイ社会では集団主義よりも個人主義的な様相が強くなり、その結果「緩い」社会という解釈まで出てきた。タイ人は他人に雇われるよりも自営業を好み、独立志向がきわめて強く、インフォーマルセクターに含まれるようなさまざまな新しいサービスを次々と生み出してきた。タイ社会は多様性が認められる社会であり、さまざまな階層の人々がそれぞれに見合う経済レベルで生活スタイルを構築している。性の転換にも寛容であり、ついこの間まで「男」であった人がある日突然「女」になることも珍しくなく、自分の欲求に基づいて人々が自分の好きな「性」を選んで生活している。そして、他人に迷惑を掛けない限りそのような人々の存在も黙認される。このような自由が、世界中から多くの人々を惹きつけているのであろう。

しかし、タイ社会にも「不自由」な側面は存在する。それは国王や王室に対する不自由さである。確かに、国王は二者関係から構築されるタイ社会の中で頂点にあり、「ピー」の最高峰に位置する存在である。その権威はラック・タイの下での国民統合の中で強化され、その存在は絶対化されてきた。このため、タイでは国王の存在に疑問を挟む余地がなくなり、王室批判はタブーとなっていった。タブーが存在するということ自体が、自由の国タイを否定していることになる。規範面のみならず制度的にも不敬罪というものがあり、刑法典には国王や王妃、王位継承者、摂政を侮辱する行為は禁固刑に処するという規定が存在している。不自由な社会の側面は、実はラック・タイが生み出した負の遺産であると言えよう。

ラック・タイの原理が効いている間は、たとえこのような不自由が存在しようと、多くの人々はそれを不自由であるとは思ってもみなかった。ところが、二一世紀に入って親タックシン派と反タックシン派の対立が顕著となると、親タックシン派の中から公然と王室批判をする人々が出現し、それを反タックシン派が不敬罪を用いて抑え込む動きが出てきた（写真65）。反タックシン派は王室擁護派であり、王室も反タックシン派による王室批判の動きが出てきたのである。このため、親タックシン派の言動に対して不敬罪のレッテルが張られる事態が相次ぎ、不敬罪容疑で逮捕される人が二〇〇六年のクーデター以降増加した。不敬罪がこのように政治的に利用されるようになると、内外からの反発はさらに高まることとなり、結果として王室批判の声をさらに高めることとなった。

自由な社会が魅力であるタイであるが、このような不自由な社会という一面もまた存在し、政治的対立がその不自由さをさらに高めている傾向がある。二〇一四年の

写真65　ルムピーニー公園を占拠した反タックシン派（2014年）

クーデター以後の軍事政権も不自由な状況を増長しており、政治的に自由に発言や行動ができずに抑圧されている人々もいる。しかしながら、親タックシン派と反タックシン派が自由にデモを行ない、その結果社会が混乱して不安が増加した状況を踏まえて、半ば強引に平穏が維持されている不自由な状況のほうが望ましいと考えるタイ人も少なからず存在する。

政治的な面に限らず、社会情勢や国際情勢の変化によってタイ社会の不自由さは徐々に拡大してきている。二〇〇〇年代に入って深南部のテロが活発化してから、バンコクのショッピングセンターや地下鉄の入口にも金属探知機が設置され、テロ対策が行なわれている。飲酒を抑制するためにアルコール飲料の販売時間が決められ、コンビニエンス・ストアでも厳守されている。さまざまな場面において規制が強まりつつあり、自由の国タイの実像が徐々に変わりつつある。交通マナーの面などあまりに自由すぎるのもどうかと思われる場合もあるが、逆にあまりに不自由な状況も自由の国タイにはそぐわない。自由と不自由の間の線をどこに引くかが、現在のタイ社会には求められているのであろう。

タイの15人

サリット・タナラット（一九〇八～一九六三年）

タイを「開発」の時代へと導いた「開発」独裁者であり、現在のタイの政治的、経済的基盤を作る上で重要な役割を果たした。陸軍士官学校に入り軍人としての道を歩み、一九四七年のクーデターに参加した後、プリーディー派と海軍のクーデターを鎮圧したことで陸軍内部で急速に力をつけ、一九五四年には陸軍司令官に就任した。警察局長パオとともにピブーン政権を支えていたが、パオとの間で確執が生じ、一九五七年の総選挙での国民の不満を利用して同年クーデターを決行してピブーン政権を崩壊させた。病気のため自ら首相の座には就かず腹心のタノームに首相を任せたが、一九五八年に再びクーデターを起こして権力を掌握し、翌年首相に就任した。

サリットは一九五八年のクーデターを「革命（パティワット）」と称し、暫定憲法を交付するまでの間は「革命団布告」という「御触れ」を法律代わりに出すなど、権威主義的な政治スタイルを貫いた。また、彼こそがタイ式民主主義の生みの親であり、ラック・タイの三原則を用いながら国王の権威を高め、国王を庇護する自らの立場の正当化を図った。経済面では、現在まで続く外資導入型の工業化の道筋をつけた。政府は外資誘致のためのダムや道路などのインフラ整備を推進した。

サリットは「開発」を旗印に掲げてさまざまな改革を進めたが、その中身は単に工業化を進めるだけではなく、景観や秩序の維持からなる「国の掃除」も含まれていた。彼は麻薬密売や売春の取り締まりの強化を始め、バンコク市内のサームロー（三輪自転車）や市内軌道の廃止を打ち出すなど、美観を回復しようとした。その強権的な施策により一時的にバンコク市内の混沌とした状況は改善されたが、一九六三年に彼が病死すると元に戻っていった。（写真66）

写真66 サリット
(คณะอนุกรรมการพิจารณาจัดพิมพ์หนังสือและอนุสรณ์เนื่องในพระราชทานเพลิงศพ ฯพณฯ จอมพล สฤษดิ์ ธนะรัชต์. 2507.)

10 対立の構図

「黄」と「赤」の対立は、タイという国を作り上げてきた「シャム」と、そのタイという国に組み込まれてきた「ラーオ」の対立と考えることもできるのではないだろうか。もちろん、これは単なる民族間の対立を意味するものではなく、「シャム」と「ラーオ」という語はあくまでも「黄」と「赤」のグループそれぞれの表象に過ぎない。

ラオスとイサーン

大メコン圏での経済開発が進む中で、タイと周辺諸国の関係は表面的には安定しており、「インドシナを戦場から市場へ」というスローガンが実現したかのごとく、かつての対立関係は友好関係へと変化した。それに伴って昔は緊迫していたタイの国境地域も、平和で活況のある場所へと大きく変貌した。それでも歴史的、文化的な問題が生み出した周辺諸国との対立は完全に解消したわけではなく、依然として各地で散発的に対立が発生している。

タイとラオスの関係を、タイ人はよく「きょうだい（ピー・ノーン）」であると言う。確かにメコン川中流域の主要民族はラーオであり、シャムと同じタイ族に属する。メコン川の左岸（東岸）にはラーオが中心となって作り上げたラオスという国があり、右岸（西岸）はシャムが中心となって作ったタイという国に属している。メコン川中流域のタイ領、すなわち東北部は現在イサーンと呼ばれているが、実質的に同じ民族が川を挟んで違う国に住んでいることになる。そして、数の上ではラオス側よりもタイ側に住むラーオのほうが圧倒的に多い状況である。タイ語とラーオ語もよく似ており、相互の意思疎通は容易である。

ところが、問題は「ピー・ノーン」関係で捉えた場合に、どちらがピーになるかという点である。ピーとノーンの間には必ず上下関係が存在することから、この言葉には双方は対等ではないことが含意されている。タイ人がタイとラオスの関係をピー・ノーンで表す際には、間違いなくタイがピー、ラオスがノーンであると捉えている。すなわち、タイのほうがラオスよりも格が上であると誰しも考えているのである。

確かに、タイのほうがラオスよりも格が上であるという理解は当然と言えるかもしれない。現在のタイとラオスの経済レベルを比べれば、明らかにタイのほうが経済発展の度合いは高い。二〇一九年の一人当たりのＧＤＰは、タイの七八〇八ドルに対してラオスは二五三五ドルと依然として大きな差が存在する。タイとラオスの貿易関係を見ても、タイからラオスへは工業製品や日用品が輸出され、ラオスからは農産物、鉱産物、電力が輸入されている。ラオスからタイのハイパーマーケットには毎日買い物客がメコン川を越えてやってきており、タイに働きに来るために川を渡ってくる人も珍しくない。メコン川沿いに住むラオスの人々は日常的に対岸から伝わってくるタイのテレビ番組を視聴しており、タイの通貨バーツをラオスの通貨キープと同じように使っている。どちらがピーでどちらがノーンであるかは、火を見るよりも明らかであろう。

しかし、タイ人のラオスを見る眼は、ピーからノーンへの慈悲深い眼というよりも、むしろ見下したような蔑視の眼であることが多い。これはシャムとラーオ（イサーン）の関係に起因している。伝統的な農業以外にさしたる生業がなかったイサーンはタイで最も貧しい地域であると認識されており、シャムからみるとイサーンの人々は「田舎者」であった。このため、昔日本において東北弁などの「なまり」が蔑視の対象となったことがあったように、イサーンの人々の喋る言葉が蔑視の対象とされていったのである。テレビ番組でもシャムの笑いを取るためにわざとイサーンの言葉を使うこともあり、シャムの間ではイサーンの言葉を聞くと何となく嘲笑する人が多い。もちろん、彼らはあくまでもタイ語の「方言」としてイサーンの言葉を捉えているに過ぎない。

ところが、シャムから見れば蔑視の対象となるイサーンの言葉、すなわちタイ語の「方言」は、隣国ラオスの正式な国語となる。このため、ラオスの国語であるラーオ語もシャムから見れば蔑視の対象となるイサーン語と同じものに聞こえてしまい、イサーンへの蔑視がそのままラオスへの蔑視へと「誤解」されることになる。そして、このようなイサーンへの蔑視を含んだタイのテレビ番組の電波はメコン川を越えてラオスへと届いており、自国のテレビ放送よりも充実しているとしてラオスの人々が広く視聴するところとなっている。彼らにとってはイサーンへの蔑視の眼はそのままラオスへの蔑視の眼と映っており、一方でタイのテレビ番組を楽しんでいながら、時にはそこに内在するイサーンへの蔑視を不快に思うのである。

実際に、タイのテレビ番組や映画に対してラオス側が不快感を表明することは頻繁に発生している。たとえば、二〇〇六年にはタイでラオスのサッカーチームがワールドカップに出場するという内容のコメディー映画『マーク・テ（サッカー）』が作成されたが、公開直前にバンコクにいるラオス大使がラオス人を侮辱しているとして内容の見直しを求めた。ラオス人に扮したタイ人がラオス語をしゃべるだけで、シャムにはコメディーになってしまうのである。結局この映画は架空の国に舞台を設定し直して上映される事態となった。

また、言語面のみならず、歴史認識を巡る対立が発生することもある。二〇〇一年に一六世紀のアユッタヤー朝でビルマ軍に果敢に戦って王を助けたシースリヨータイの生涯を描いた映画『スリヨータイ』が大成功を収めると、同じタイの四大女傑の一人であるスラナーリーの映画化が浮上した。スラナーリーは一九世紀初頭にラーンサーン王国のアヌウォン王によるバンコクへの「反乱」を失敗させた立役者として崇められている人物であるが、これに反対する声がラオスから上がり、結局映画化は見送られた。タイから見ればこの事件は属国の王による「反乱」であったが、ラオスから見ればバンコクの圧政から逃れようとした「英雄」による果敢な挑戦であった。タイとラオスの間には、文化的、歴史的な対立の火種が依然として存在するのである。

「宿敵」ミャンマー

タイとミャンマーも長い国境を接しているが、タイとラオスの間はメコン川が主要な国境線となっているのに対し、タイとミャンマーの境界は大半が山脈となっている。川は両岸に同じ文化を育むが、山は人の往来の障壁となり、文化圏の境界となることが多い。このため、タイとミャンマーの間の文化的な関係性は相対的に薄くなっている。それぞれの主要民族であるタイ族とビルマ族は言語系統的に異なっており、語彙を見ても共通点は非常に少ない。使用する文字ではインド起源という共通点はあるものの、それぞれ互いの文字を読むこともできない。

そして、タイにとってミャンマーは山脈を越えて何度も攻めてきた「宿敵」であり、アユッタヤーを滅ぼした張本人であるという意識が強いことから、タイとミャンマーの関係には常に歴史が影を落としてきた。先に述べたように、一六世紀に入るとビルマに成立したタウングー朝が勢力を拡大し、北部のラーンナータイが属国となったばかりでなく、アユッタヤーも一時ビルマの支配下に置かれることになった。そして、ナレースワン王によってアユッタヤーは再び独立を回復したものの、一八世紀半ばに成立したビルマのコンバウン朝が再びアユッタヤーを攻撃し、ついにアユッタヤーは陥落してしまったのである。その後、タークシン王によるビルマ勢の駆逐によってトンブリー朝が興り、それを継承したラッタナコーシン朝の初期にもビルマは再びタイを攻撃してきたが、タイはその撃退に成功していた。

このようなビルマ勢が何度もタイへ攻めてきたという歴史が、タイのナショナル・ヒストリーの中では常に強調されてきたことから、教育を通じてミャンマーはタイの宿敵であるとの認識がタイ人の間に植えつけられていった。教科書で扱われるタイ＝ミャンマー関係の中で必ず言及されるのが、両国の戦争の歴史であり、ビルマ勢によって偉大なアユッタヤー朝が崩壊したという屈辱の歴史であった。実際にはタイが現ミャンマー領のアンダマン海側の港町ダウェー（タヴォイ）、ベイッ（メルギー）を支配していた時期も存在するが、タイがビルマを攻撃した歴史ではなく、ビルマがタイを攻撃した歴史のみが強調されるのである。こうした歴史観が、双方の関係に悪影響を及ぼすであろうことは疑うに難くない。

そして、一九四七年のビルマの独立以降続いている少数民族による武力闘争も、双方の関係に悪影響を及ぼしてきた。独立したビルマは連邦制を採用したが、タイとの国境付近に分布しているシャン族やカレン族はビルマ連邦からの離脱を求め、それを阻止しようとする中央政府との間で武力闘争を行なってきた。中央政府が優勢となると少数民族側はタイとの国境付近に展開し、兵や砲弾の国境侵犯が相次いで発生するなど、中央政府と少数民族との戦闘がタイ側にも影響を与えてきた。タイ政府は少数民族を支援する形でビルマ政府に圧力をかけてきたが、一九八〇年代後半からの「戦場から市場へ」の方針転換の中で、経済的な利益を得るために内政不干渉を貫く形に関与政策を改めた。

その後、一九九〇年代末の第二次チュワン政権下では欧米諸国に追随してミャンマーの民主化を求める積極策に出たが、ミャンマー側の反発で両国の関係は悪化した。その結果、歴史認識を巡って双方が対立する事態にまで発展したのである。二〇〇一年にミャンマーの新聞紙上でラーマ四世を非難する論説が出され、タイ側がこれに

写真67　メーソートの国境を往来するミャンマーの人々（2015年）

反発するという事件も起こった。これは一九世紀半ばにラーマ四世がバウリング条約を結んだことを非難したものであり、ビルマが独立を守るためにイギリスと戦争をしているにもかかわらずタイがこのような条約を結んだのは、タイが西洋の奴隷となることを認めたようなものであると主張したものである。ミャンマー政府はタイを非難する内容の小・中学校の副読本も作成し、双方の関係はさらに悪化した。

この後、タックシン政権が元の内政不干渉政策に戻したことでこれ以上の対立の深化は回避され、タイは再び実利を得る方針へと戻った。さらに、二〇一〇年代に入ってミャンマー側の民主化も進み、基本的にはこのスタンスの継承によってタイとミャンマーの関係も表面的には良好に保たれている。ミャンマーの民主化と格安航空の就航に伴い、ミャンマーを訪れるタイ人も増加しており、新たな観光地として人気上昇中である。これまではタイ＝ミャンマー間の国境は往来に制限があり、ミャンマー側に入ってもその先ヤンゴンなどの主要地域に行くことができなかったが、二〇一四年からミャンマー側の規制緩和により陸路による入国にも制限がなくなった。

さらに、二〇一五年にはタイ人に対するビザ免除も始めたことから、ミャンマーを訪問するタイ人は年間三〇万人程度まで増加した。

しかし、急激に増加したタイ国内のミャンマーからの外国人労働者の存在が、今後タイ人とミャンマー人の間に新たな関係を構築していくものと思われる。タイの経済成長とミャンマーの経済停滞の影響で、タイに働きに来るミャンマー人は大幅に増加した（写真67）。国境や漁港周辺、あるいは東部臨海工業地域や南部のゴム園など居住域に偏りがあるため、一般のタイ人はミャンマーからの労働者の存在にあまり気がついていないが、実はタイ国内各地で彼らの活躍場所が着実に増えている。タイ人の対ミャンマー観は依然として宿敵という側面が強いが、今やミャンマーからの労働者抜きにタイ経済は成り立たない状況まで来ている。今後のミャンマーの経済発展次第では、タイへの出稼ぎ労働者が減っていくかも知れないものの、タイ国内で存在感を強めているミャンマー人とタイ人の対立が将来起こる可能性も否定できない。

カンボジアとの国境線問題

ラオス、ミャンマーとの対立が近年影を潜めているのに対し、カンボジアとの対立は二一世紀に入って再び顕著となっている。その根底にあるのが両国間の国境線問題であり、コーラート高原とクメール低地を隔てるパノムドンラック山脈上にあるカオ・プラウィハーン遺跡の帰属問題がその中心であった（写真68）。

カオ・プラウィハーン——カンボジアではプレアビヒアと呼ばれる九～一二世紀に建てられたクメール時代の遺跡は、パノムドンラック山脈のちょうど真上に位置している。このあたりのパノムドンラック山脈の南側は断崖絶壁が続いており、北のコーラート高原と南のクメール低地を隔てる障壁となっており、原則としてこの山脈の分水嶺がタイとカンボジアの国境線となっている。ここに国境が引かれたのは一九〇四年と一九〇七年にタイがフランスへカンボジア北西部を割譲した際であり、両国間の協定では山脈上の分水嶺を国境線とすることに決められていた。遺跡自体は分水嶺の北側に位置し、協定

写真68　カオ・プラウィハーン遺跡（2001年）

に従えばここはタイ領ということになる。しかし、その後フランス主導で作られた地図では国境線が遺跡の北側に引かれており、遺跡はカンボジア側にあることになっていた。

第二次世界大戦後にカンボジアが独立すると、この帰属を巡って双方の争いとなり、カンボジアが国際司法裁判所に訴えたところ、一九六二年に遺跡はカンボジア領との判決が出た。これによって、カオ・プラウィハーン遺跡はカンボジアのものとなったのである。その後はカンボジアの内戦によって遺跡も閉鎖されたままとなっていたが、カンボジア和平が実現した一九九〇年代に入ると観光資源として遺跡は公開されることになった。タイ側からしかアクセス手段がないことから、この遺跡は隣接するタイのシーサケート県最大の観光資源となり、数多くの観光客が訪れるようになった。

しかし、二〇〇八年にカンボジアが申請していたプレアビヒア遺跡の世界遺産登録がユネスコによって承認されると、タイ国内では領土の喪失であるとして抗議の声が上がった。この申請は前年にカンボジアが行なったものであり、タイ政府は領土問題とは切り離すことでこれを認めるとユネスコ側に伝えたので、晴れてプレアビヒア遺跡が世界遺産に登録されることになったのである。ところが、世界遺産登録が発表されるとタイ国内での反発が急速に高まった。当時は親タックシン派のサマック政権下であったことから、反タックシン派がこの問題を大々的に取り上げて親タックシン政権への攻撃の材料にしたのである。カオ・プラウィハーンを巡る問題は国際問題と国内問題の両面を持つようになり、タイ＝カンボジア間の関係もタイ国内の政治対立のとばっちりを受けることになった。

この後、カオ・プラウィハーンを巡る対立は激化した。二〇一一年二月には付近に展開していたタイ軍とカンボジア軍の間で衝突が発生し、緊張はさらに高まった。一九六二年の判決では遺跡のカンボジアへの帰属を認めたものの、その周辺の土地についての帰属については示されなかったので、カンボジアは国際司法裁判所に対して再び裁定を求めた。その結果、二〇一三年一一月に遺跡周辺の土地もカンボジア領とする判決が出され、これによって遺跡とその周辺地域がカンボジア領であることが確定したが、それ以外の土地についての判断までは踏み込まなかった。

二〇〇八年以降のタイ側の反発は確かに国内の政治対立による部分が大きかったものの、タイ側の主張はカオ・プラウィハーン周辺の土地がカンボジア領となると、国境沿いの他の地点でもタイの領土が多数失われかねないというものであった。これは分水嶺を国境線とするという協定とフランスが作成した地図との齟齬によるものであり、遺跡周辺以外にも同じようにフランスの作成した地図の中の国境線が分水嶺よりも北に引かれている場所が多数存在することから、それらを軒並み失うことになりかねないという危機感から生じたものであった。

二〇〇八年以降、タイ側から遺跡へのアクセスは閉鎖され、付近はカオ・プラウィハーン国立公園に指定されてはいるものの、肝心の遺跡は遠望することしかできない。他方でカンボジアは断崖絶壁の下から遺跡へ上るアクセス道路を建設し、現在はクメール低地側からしか遺跡には到達できない。地理的にはタイにあるが、政治的にはカンボジアにあるこの遺跡の現状は、残念ながらタイとカンボジアの対立の産物となってしまっている。

なお、現在は沈静化しているが、二〇〇三年にカンボジアで発生した大々的な反タイ運動も忘れることはできない。これはタイの有名女優がアンコール・ワットはかつてタイのものであったと発言したという噂が広まったことで、反発したカンボジア人が首都プノンペンのタイ大使館やタイ資本のホテルなどを襲撃したものであり、大使館は焼打ちに遭い、タイから派遣した軍用機が難を逃れてきたタイ人を本国に送還する騒ぎとなった。この騒動自体はカンボジア国内の政治対立に端を発したものであり、女優によるそのような発言も存在せず、タイがとばっちりを受けた感が強い。アンコール・ワットのあるシエムリアップはラッタナコーシン朝の成立後一九〇七年までバンコクが支配していたのは事実であるが、そのアンコール・ワットを作ったのがタイ人であると思っているタイ人はまずいないであろう。それでもカンボジアにおけるタイのオーバープレゼンスがカンボジア人の不満を醸成していたのは確かであり、急激に増加したタイ人観光客がアンコールの地がかつてタイの支配下にあったとカンボジア人に言うことも多かったらしい。この事件はタイ人に少なからぬ衝撃を与え、この後「タイ人よ、おごるべからず」的な報道がタイ国内でも見られた。

テロが続く深南部

現在タイの中で最も治安の悪い場所は、深南部と呼ばれる南部最南端の地域である。マレーシア国境に接するこの地域はマレー族の居住する場所であり、仏教徒が多いタイの中でもムスリムの多い異色の地域である。マレー族が多いのは東海岸のパッターニー、ヤラー、ナラーティワートの三県と西海岸のサトゥーンの計四県であるが、テロが深刻化しているのは東海岸の三県、旧パッターニー王国の版図となる。

アユッタヤー朝以来、シャムは南部の要衝ナコーンシータムマラートを介してマレー半島のムスリム王国を断続的に属国として支配してきたが、最終的に一九〇九年のマレー四州の割譲までに、そのほとんどはタイの領域から切り離され、英領マラヤへと組み込まれていった。しかし、一時は多数のイスラーム学者を輩出して小メッカと呼ばれたパッターニーのみがタイの領域内に残され、仏教徒が多数派を占めるタイの中でムスリムが多数派を占める孤島のようになってしまった。

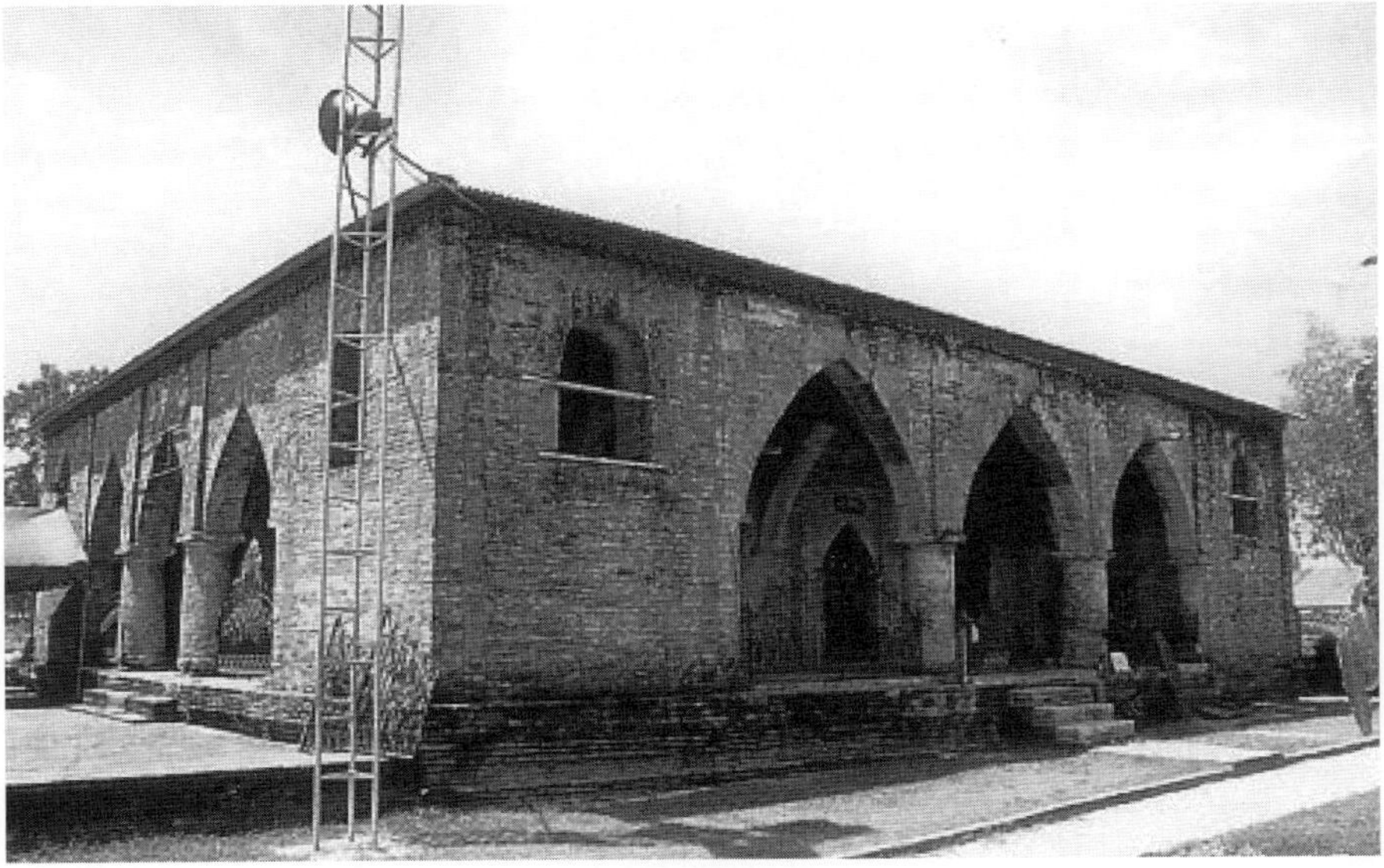

写真69　クルーセ・モスク(ประทุม. 2544.)

バンコクの中央政府がタイ化政策を推進したことからムスリムの反発は強まり、特にピブーン時代の極端な同化政策が不興を買った。このため、第二次世界大戦後には分離独立を求めるグループが活動を始めるようになり、パッターニー共和国革命戦線などの分離運動を行なうグループが次々と出現し、一九五〇年代から一九七〇年代にかけて活発に活動していた。隣接するソンクラー県にある南部最大の商業都市ハートヤイでもたびたびテロ事件が発生し、一九八〇年前後にはバンコクのドーンムアン空港の爆破事件や、ヤラーを訪問した国王に対する襲撃事件まで発生し、情勢は悪化していった。その後、政府の拙速な同化政策の見直しとプレーム政権の融和政策で分離独立派の投降が相次ぎ、一九八〇年代半ばからいったんは事態も鎮静化の方向に向かっていった。

ところが、二一世紀に入ると再び反政府活動が活発化し、深南部の治安は急速に悪化していった。特にタックシン政権下の二〇〇四年から大規模なテロが頻発するようになり、政府も強権を用いてこれを鎮圧しようと躍起になった。同年四月にはパッターニーをはじめ各地で警察署の同時襲撃事件が発生し、パッターニーの由緒あるクルーセ・モスクで武装勢力と政府側との間で銃撃戦が繰り広げられ、一〇〇人以上が犠牲となった（写真69）。その後、一〇月にはデモを行なって逮捕されたマレー族を移送する途中に多くの犠牲者を出したタークバイ事件が起きるなど、深南部でテロ事件とそれに対する弾圧による犠牲者が急増していった。このような強権的な手法は、タックシン批判をさらに強めることとなった。

この深南部のテロについては、実際誰が反政府活動を担っているのか真相が摑めていないのが現状である。タックシン政権の成立によって既得権を奪われた層が背景にいるとの見方や、一九八〇年代に設置されて分離運動の鎮静化に貢献したとされる南部国境県行政調整センターがタックシン政権時代に閉鎖されたことが要因であるとの見方も浮上していた。しかし、二〇〇六年にタックシン政権が崩壊した後に南部国境県行政調整センターを復活させても事態は沈静化せず、テロは続いた。その後二〇一三年に入ってマレーシアによるタイ政府とパッターニー共和国革命戦線の仲介が行なわれ、二月に和平対話の開始を盛り込んだ合意文書に双方が調印した。さらに、プラユット政権下では二〇一五年からは六つの武装グループの代表が参加したマラ・パタニという組織との間で和平交渉が進められてきたが、二〇一九年以降は交渉も停滞しており、残念ながらテロ行為の消滅には至っていない。二〇〇四年から二〇二〇年九月までのテロ件数は累計二万件に達し、死傷者数も二万人を超えている。

二一世紀に入ってからの深南部の治安の悪化については、シャムの支配に反対するマレー族という構図、すなわちマレー族による分離独立運動のみが原因であるとは断定できないのが現状である。しかし、どのような背景があるにせよ、この地がタイという国民国家を作り上げていく過程で最も「ひずみ」が出た場所であることは間違いない。二〇一四年のクーデター後は犠牲者の数も減少傾向にあるとはいえ、依然として毎日のようにどこかでテロが発生している。深南部の事件は連日メディアで報道されているものの、バンコクの人々の多くは遥か彼方の遠い国の出来事のように捉えており、同じ「タイ人」の過酷な状況を十分認識しているとは思われない。シャムによる「タイ」という国作りの矛盾が最も噴出しているのが、バンコクから最も遠い「ゾウの鼻の先端」なのである。

都市と農村

　これまで見てきたような周辺諸国との対立や民族間の対立の他に、二一世紀に入って顕著になってきた対立の構図としてタイ人同士の対立が挙げられる。マレー族もタイでは「タイ人」であるが、ここでのタイ人とは「タイ族」に近いものと考えておこう。これは言うまでもなく二〇〇六年以降現在に至るまで続いている親タックシン派と反タックシン派の対立に端を発するものであり、タイを二分するような非常に根の深い対立となっている。

　この親タックシン派と反タックシン派の対立の構図は、よく都市と農村の対立であると説明されてきた。すなわち、都市に居住している中間層と農村部に居住している農民層の対立であり、都市中間層が反タックシン派、農民層が親タックシン派であるという解釈である。都市中間層は知識人、専門職、ホワイトカラー、学生などから構成され、一九六〇年代の「開発」の時代の経済発展の恩恵を受けつつも、国内の経済的・社会的格差の拡大を憂慮して独裁政権に反対して民主化を希求し、一九七〇年代の「民主化」の時代を実現させた立役者であった。その後、民主主義が後退した後も一貫して民主化を唱え、一九九二年の「暴虐の五月」の引き金となった軍人首相の退陣要求運動を行ない、タイで最も民主的な憲法と言われる一九九七年憲法の実現に向けて重要な役割を果したと評価されてきた。

　この都市中間層はタックシンの行なったポピュリスト的政策の恩恵を受けず、逆に彼の権威主義的な手法や利益誘導型の政策、さらに国王を軽視するような態度に不満を募らせ、最終的に彼が一族の株式売却益を得たことでそれが爆発し、反タックシン運動に発展したと説明される。彼らの考えでは、農民層はタックシンのポピュリスト的政策の恩恵を受けて盲目的に彼を支持するようになり、選挙時の買収の効果もあって親タックシン派の大勝を招いたのであり、選挙結果は買収の成果であり民主的な選挙の結果とは言えないと主張するのである。これは数の上では農民に圧倒される少数派の中間層の言い訳にも聞こえるが、親タックシン派が選挙で勝つのは買収のためと頑なに信じている人が少なからず存在するのも事実である。

一方、農民の側から見れば、タックシンは貧困層の味方であり、これまで歴代の政治家が誰一人として本格的に取り組まなかった貧困削減策を初めて具体化し、その成果を目に見える形で披露した英雄であった。その強引な手法や過度な利益追求を疑問視する人もいるものの、自分たちのためになる政策を実行した人物であるとして、タックシンとその後継者への支持は依然として根強い。有権者の数は農民のほうが圧倒的に多いことから、選挙を行なえば間違いなく親タックシン派が勝利することになる。自分たちが支持するグループが選挙で政権を獲得できることを知った彼らは、反タックシン派が選挙結果を否定する形で親タックシン政権潰しを繰り返し行なってきたことを非難し、ひたすら民主主義のルールに基づいた選挙による政権樹立を求めてきた。「民主化の担い手」であるとされてきた中間層が選挙を否定し、民主主義に疎く買収の温床とされてきた農民層が民主的な選挙を求めるという、いわば逆転現象が発生しているのである。

中間層については、主体的に民主化を推進してきた民主化の担い手ではなく、単に反タックシンを提唱する守旧派に踊らされてきただけであるとの見方もある。それでも、反タックシン派が中間層、親タックシン派が農民層という対立の構図は大枠では正しいもののように見える。ただし、これを都市と農村の対立に置き換えてしまうのはやや性急かもしれない。先に述べたように、近年タイの都市化は急速に進んでおり、ついに都市人口が農村人口を上廻るまでになった。しかし、都市化とともに反タックシン派が増えているわけではない。都市に居住する農村出身者の存在が、親タックシン派のもう一つの基盤となっているのである。

これまで見てきたように、「開発」の時代以降、農村から都市への人の流れが急増し、都市に多数の「元農民」が流れ込んできた。彼らは主に工場労働者やインフォーマルセクター従事者となり、拡大する都市部の下層の労働市場を埋めていった。彼らの中には経済的に成功し、着実に所得を増やしていった人々もいた。彼らを新たな中間層と見なして、旧来からの中間層を「旧中間層」、新たに出現した彼らを「新中間層」と呼ぶ場合もある。この「新中間層」もポピュリスト的政策の恩恵を受け、親タックシン派の支持者となっていった。

たとえば、二〇一〇年のセンサスによると、バンコクのセンサス人口約八三〇万人のうち、バンコクで生まれた人の数はおよそ半分の約四二八万人であった。すなわち、バンコクに居住する人の約半数はバンコク以外で生まれ、後からバンコクに入ってきたことになる。このバンコク以外で生まれた約四〇二万人のうち、外国生まれと出生地不明者計九四万人を除けば、東北部で生まれた人が約一二五万人と最も多く、以下中部が約九五万人、北部が約五三万人、南部が約三六万人となる。彼らのすべてが元農民というわけではないが、これらの地方出身者の中に元農民層であった人々が少なからず存在するのは事実である。

このように、都市にも少なからぬ数の親タックシン派は存在し、実際にバンコクで親タックシン派のデモが行なわれた際にはバンコク在住の支持者も多数参加していた。単なる都市と農村の対立というよりも、「旧中間層」以上の人々と「新中間層」以下の人々の対立という構図が、このタックシンを巡る対立のより正確なイメージであろう。

「黄」と「赤」

反タックシン派と親タックシン派はそれぞれ黄色と赤色をシンボルカラーとして、その色のシャツを着てデモに参加していた。このため、両派の対立は「黄シャツ」と「赤シャツ」の争いとも呼ばれてきた。黄色はプーミポン王の誕生日である月曜日の色であり、王室のシンボルカラーとなっていたものである。二〇〇六年に反タックシン運動が盛り上がった直後に国王の即位六〇周年記念式典があり、この際に黄色のシャツを着るのが流行ったことから、この後黄色が反タックシン派のシンボルカラーとなったのである。一方の赤は二〇〇七年のスラユット暫定政権下で出された新憲法草案に反対するグループがシンボルカラーとして用い始めたものであり、やがて親タックシン派の各グループに広まっていった。

この「黄」と「赤」の対立は、当初はタックシンを支持しないグループとタックシンを支持するグループの対立であったが、対立が始まってから一〇年が経とうとする現在においては、もはやタックシンを支持するかしないかのみが争点ではなく、「黄」と「赤」の対立は現状維持を求める守旧派と変革を求める革新派の対立となっている。すなわち、守旧派は現在のタイ社会の中層以上を占める人々であり、バンコクを中心とする都市に居住して順調な経済成長の恩恵を被り、下層の革新派の辛苦に支えられて相対的に裕福な生活を享受できている層である。一方の革新派は、守旧派の豊かさを支えてきた社会の中層以下を占める人々であり、農村部で第一次産業に従事したり都市に出てきてインフォーマルセクターに参入しながら、ポピュリスト的政策の恩恵も受けて生活レベルを向上させつつあり、更なる上昇のためには守旧派を支える体制の変革が必要であると考えている層である。

守旧派はこれまでの体制の中で利益を享受してきた人々であるから、「伝統的」なタイ社会を守ろうとする。彼らが守ろうとするタイ社会の「伝統」の中で最も重要なものは王室の存在であり、それゆえ彼らは「勤王派」とも呼ばれ、国王をないがしろにしているとしてタックシンや親タックシン派を非難するのである。民主主義は重要であると唱えてはいるが、国体を揺るがしかねないような事態には「タイ式民主主義」の論理を優先することを容認し、革新派の政権を倒すためにはクーデターも有効であると考えている。また、彼らはナショナリストでもあり、タイ人が築き上げてきたタイという国を守ることを重視するため、カオ・プラウィハーン問題のようなタイの領土の一部が「奪われる」事態に対しても非常に敏感に反応する。つまり、守旧派が守ろうとしてきたものはまさに現在の「タイ」という国そのものであり、それを支えてきた体制なのである。

これに対し、革新派は「伝統的」なタイ社会を変えて、タイ社会の中での自分たちの地位を向上させようと狙っている。王室が守旧派の味方であることがわかると、革新派は急速に王室離れを進めていった。民主主義のルールをないがしろにする「タイ式民主主義」にも異議を唱え、ルールに従って選挙を行なってその結果を尊重するよう主張し、「タイ式民主主義」の論理でたびたびルールを破ろうとする守旧派に反発している。革新派は守旧派を支えている「タイ」という国を改革し、自分たちの社会的・経済的利益を拡大して守旧派との格差を是正することを求めている。そして、それを実現させるためには自分たちの理念と合致する政党を支持し、選挙で政権を獲得させようとしているのである。

このような「黄」と「赤」の対立は、タイという国を作り上げてきた「シャム」と、そのタイという国に組み込まれてきた「ラーオ」の対立と考えることもできるのではないだろうか。もちろん、これは単なる民族間の対立を意味するものではなく、「シャム」と「ラーオ」という語はあくまでも「黄」と「赤」のグループそれぞれの表象に過ぎない。端的に言えば、守旧派が「シャム」、革新派が「ラーオ」ということになる。ただし、「タイ国民」を作り上げることに成功してきたことから、彼らは共に自分たちのことを「タイ人」と認識しており、「シャム」、「ラーオ」というアイデンティティーは一切存在しない。

「シャム」はスコータイ以来、現在のタイの地に王国を築き上げてきたタイ族の一派であり、現在チャオプラヤー川中流域以南からマレー半島にかけて分布し、政治的、経済的にタイの中枢を占めている人々である。「シャム」はモーン、クメール、中国などさまざまな人々やその文化を受け入れて融合してきた点が特徴であり、混血が進んだルーク・チーン（中国人の子）と呼ばれる中国系タイ人も「シャム」に含まれる。中間層と呼ばれる人々の顔が日本人に似ているのは、その多くがルーク・チーンであるためであり、彼らが「シャム」の中でも政治的・経済的に主要な地位を占めているのである。

一方の「ラーオ」は、かつてシャムがラーオと見なしていた北部上部と東北部に住む人々を中心に、シャムの中層以下やその他諸々の民族も含む。彼らの祖先の多くはかつて独自の国を築き上げてきたが、「シャム」の影響力が拡大するにつれて「シャム」の支配下に入り、やがて「シャム」が主導するタイ化政策の下で「タイ人」として統合されてきた人々である。彼らの多くは農村部で伝統的な第一次産業に従事してきたが、農村から都市への移動が増えるにつれて都市のインフォーマルセクターや工場などにも進出し、上昇気流に乗る者も現れてきた。彼らは長らく「シャム」による支配の下で相対的に貧しい生活を余儀なくされてきたが、タックシンの出現とその失脚によって「シャム」に異議を唱えるようになり、「シャム」が作り上げてきたタイを変えることを目標にしたのである。

ただし、彼らを覚醒させたタックシンは典型的な「シャム」であり、「ラーオ」の中から出てきたリーダーではない点には留意しなければならない。彼自身は「シャム」であるものの、相対的に新参者であったので、守旧派の体制を打破して自らの利益をさらに追及することを望み、この点で「ラーオ」と利害が一致した。その意味では、タックシンはまさに「ラーオ」の覚醒者であった。

このように、「黄」と「赤」の対立は、「ラーオ」の犠牲の下で作られてきた「シャム」主導のタイに対する「ラーオ」からの反発に端を発したものであると捉えることができよう。一九世紀半ばからの帝国主義の嵐の中で独立を維持し、世界中で流行した国民国家の建設のために、王室の権威を利用しながら「タイ国民」を作り上げてきたのが「シャム」であり、一面的には東南アジアの優等生と言われるような経済成長を遂げて、「中進国」と呼ばれるレベルにまで到達させることができた。その成果を享受する「シャム」に対して置いてきぼりを食らったのが「ラーオ」であったが、タックシンが格差を是正する政策を採ったところ、「ラーオ」はこれに反応して自己主張を始め、多数派という立場を利用して「シャム」に異議を唱え始めたのである。すなわち、「黄」と「赤」の対立も、深南部でのテロと同じく現在のタイを築き上げる過程で生じた「ひずみ」に起因すると言えよう。

この「黄」と「赤」の対立、言い換えれば「シャム」と「ラーオ」の対立は、そう簡単に解消するものではない。二〇一四年のクーデターで一旦は対立が静まったが、プラユットが長い時間をかけて対立解消を唱え続けたものの全く成果はなかった。それどころか、二〇二〇年に入って学生が反政府デモを始めて王室改革も訴え始めると、これに反発する「勤王派」も「黄」シャツを着て対抗するデモを再開させており、対立はむしろ拡大傾向にある。「黄」がバンコクや南部に、「赤」が北部上部や東北部に多いのは事実であるが、これは単なる地域対立ではない。「シャム」が作り上げてきたタイという国を、どこまで「ラーオ」が求めるような形に改編することができるかが対立の行方を占う鍵となる。

タイでは民族名であるタイという国名を地域名であるシャムに戻すべきだという主張が一部にあるが、「シャム」に有利な現在のタイを単に名前だけ変えるだけよりも、タイという名のままで「シャム」と「ラーオ」の共存を目指すほうが望ましい。そのために必要なことが「シャム」の譲歩であることは、言うまでもなかろう。

タイの15人

スラナーリー（一七九八～一八五二年）

東北部ナコーンラーチャシーマーの副領主の夫人であり、一八二六年のアヌウォン王の反乱の際に、その軍勢を撃退したことから、タイの四大女傑の一人として崇められている。

ラーンサーン王国のアヌウォン王は一八〇四年にビエンチャンで王位に就いたが、メコン川中流域で勢力を拡大させようと画策した結果、バンコクのメコン川流域支配の拠点であったナコーンラーチャシーマーと対立することになった。このため、アヌウォン王はバンコクへの不満を募らせ、ちょうど西のビルマで英緬戦争が発生してビルマが敗退すると、次にイギリスがバンコクを攻撃するとの噂が入ったことから、バンコクへと出撃した。軍勢がナコーンラーチャシーマーを通過する時、同地の領主と副領主は不在であったが、副領主夫人のモー夫人が機転を利かせて足止めすることに成功した。その間にバンコクからの援軍が到着し、アヌウォン王の軍勢は退却した。タイの危機を救ったモー夫人は、ラーマ三世からターオ・スラナーリー（勇敢な女性）の称号を得た。

現在ナコーンラーチャシーマーの旧城壁の門の前にスラナーリーの銅像が立っているが、この像は立憲革命後に作られた。立憲革命後の一九三三年に王族のボーウォーラデート親王率いる反乱があり、その反乱軍の多くがナコーンラーチャシーマーに駐屯していた部隊であった。反乱の鎮圧後、ナコーンラーチャシーマーのイメージを良くするために、当時の県知事らが平民出身のスラナーリーの銅像を設置して、人民党政権の意向に沿うことを示そうとしたのである。現在もナコーンラーチャシーマー市民から崇められており、大学や工業団地にもスラナーリーの名前が用いられている。（写真70）

写真70　スラナーリー像(สายพิน. 2538.)

あとがき

私は二〇一五年五月から九月まで、四ヵ月間バンコクにいた。それほど長い期間ではないが、大学教員になってからは、授業のない夏休みと春休みの期間にそれぞれ最大で四週間しか訪タイできなかったことから、私にしてみれば久々の長期滞在であった。二〇〇六年以降、常にどこかでデモが行なわれていて騒々しかったバンコクは表面的には静かであり、国立公文書館での私の資料収集も滞りなく進んだ。しかし、一見すると平穏なバンコクも嵐の前の静けさという雰囲気が漂っており、ちょうど八月に起きたラーチャプラソン交差点のエーラワン祠での爆発事件が嵐の始まりのようにも思えた。幸い嵐はいったん収まったものの、いつまた再燃するかわからないという不安感を抱きながら、今は日本からタイを眺めている。

実際、私は日本にいても半分タイにいるような生活をしている。毎朝研究室に着くと、すぐにパソコンを立ち上げてタイのラジオをつけ、それを聞きながらタイの新聞を何紙も読むことになる。自分の関心がある交通や鉄道関係の記事をチェックするのであるが、新聞を読みラジオを聞いていると、その日のタイの状況がかなり体感できる。時にはタイのラジオ報道から日本で起こった事件の速報を知ることもある。このように、私の研究室は半分タイとつながっており、私は日本にいても毎日タイと関わりながら生活している。そして、日本にいながらタイの状況に一喜一憂しているのである。

そのようなタイに関する概説書を書くということは私にとっても光栄であったが、実際には骨の折れる作業であった。これまでに何冊もタイに関する一般書を書いてきたので、自分の専門外の話を書くことはそれほど苦にはならないが、今回は扱う範囲が非常に広いことから、まずは自分自身で各分野について勉強する必要があった。私のタイについての雑学的知識の中には思い込みも少なからず存在すると思われたので、それらを確認する作業が欠かせなかった。ひとりでタイのすべてを解説するという作業は私には少し荷が重すぎたが、自分自身の「タイの基礎知識」を再確認するよい機会となった。その意味では、本書が一番役に立ったのは、実は私自身なのかもしれない。

私が自らの「タイの基礎知識」を獲得するまでには、実に多くの人々のお世話になった。大学でタイ語を専攻した時に、タイ語とタイに関する多くの情報を教えて下さったのは東京外国語大学名誉教授の宇戸清治先生と元客員教授のウィチャイ・ピアンヌコチョン先生であった。特にウィチャイ先生には大学三年次の留学時にバンコクのご自宅に下宿させていただき、先生の親戚一家と過ごした一年間が私のタイ語能力の向上に非常に役立った。その後、大学院博士課程の際に実質的な指導教官として面倒を見てくださった東京大学社会科学研究所の末廣昭先生には、タイ経済や歴史面で様々なことを教えていただいた。さらに、大阪外国語大学名誉教授・大阪観光大学副学長の赤木攻先生からも、タイについての幅広い知識をご教授いただいた。他にも、本書の執筆に当たって数多くのタイ研究の先達や仲間の研究成果や著作から学ばせていただいた。すべての方のお名前を挙げることはできないが、この場を借りて御礼申し上げたい。

また、私の「タイの基礎知識」はこれまでに出会った数えきれないほどのタイの人々との交流の賜物でもある。学生時代の留学に際しても、その後継続して行なっている資料収集の際にしても、私がタイにいる時にはタイの人々から色々なことを学ばせていただいた。かれこれ在タイ期間を通算すると一〇年あまりになり、タイは私の第二の故郷である。そのような感情を抱かせるのは、タイが「居心地」のよい社会であり、タイの人々が私のようなよそ者も寛容に受け入れてくれるからに他ならない。私が最大限の謝意を表すべきは、やはりタイの人々に対してであろう。最近はタイをめぐるニュースにも不穏なものが増えているが、願わくば「微笑みの国」の名に相応しい魅力ある社会を維持してほしいものである。

最後に、本書を執筆する機会をくださったためこんの桑原晨氏と写真を提供してくださった愛知大学の加納寛氏に深く感謝するとともに、毎年定期的に不在となる私に代わって家庭を支えてくれた妻と、文句も言わず留守番をしてくれている二人の子どもに本書を捧げたい。

二〇一五年一二月

柿崎一郎

หนังสือและอนุสรณ์เนื่องในพระราชทานเพลิงศพ ฯพณฯ จอมพล สฤษดิ์ ธนะรัชต์(サリットの生涯と業績).
เฉลิมพระยศเจ้านายฉะบับมีพระรูป. 2538.（王族の位階）.
ชาญวิทย์ เกษตรศิริ. 2552. *ลัทธิชาตินิยมไทย/สยามกับกัมพูชา: และกรณีศึกษาปราสาทเขาพระวิหาร.* มูลนิธิโครงการตำราประวัติศาสตร์และมนุษยศาสตร์（タイとカンボジアの信条）.
เดลีนิวส์ (ออนไลน์)（デイリーニュース）.
ธนวัฒน์ ทรัพย์ไพบูลย์. 2543. *55 ตระกูลดัง*. สำนักพิมพ์กรุงเทพธุรกิจ（55有力家系）.
ประชาชาติธุรกิจ (ออนไลน์)（プラチャーチャート・トゥラキット）.
ประทุม ชุ่มเพ็งพันธุ์. 2544. *ประวัติศาสตร์อารยธรรมภาคใต้*. สุวีริยาสาส์น（南部の文明史）.
ผู้จัดการ (ออนไลน์)（プーチャットカーン）.
รัฐบาลไทย. 2483. *ไทยในปัจจุบัน: ที่ระลึกงานฉลองวันชาติ 2483*. รัฐบาลไทย（現在のタイ）.
วริศรา ตั้งค้าวานิช. 2557. *ประวัติศาสตร์ "สุโขทัย" ที่เพิ่งสร้าง*. มติชน（作られたばかりのスコータイの歴史）.
วุฒิชัย มูลศิลป์ (บรรณาธิการ). 2533. *สมเด็จพระนเรศวรมหาราช: 400 ปี ของการครองราชย์.* คณะกรรมการชำระประวัติศาสตร์ไทยและจัดพิมพ์เอกสารทางประวัติศาสตร์และโบราณคดี（ナレースワン大王）.
ศูนย์ข้อมูลมติชน. *บันทึกประเทศไทย* (รายปี). มติชล（タイの記録）.
สรศัลย์ แพ่งสภา. 2539. *หวอ: ชีวิตไทยในไฟสงครามโลกครั้งที่ ๒*. สำนักพิมพ์สารคดี（第2次世界大戦下のタイ人の生活）.
สายพิน แก้วงามประเสริฐ. 2538. *การเมืองในอนุสาวรีย์ท้าวสุรนารี*. มติชน（スラナーリー像の政治）.
สำนักงบประมาณ. 2510. *ผลงานของรัฐบาล จอมพลถนอม กิตติขจรเป็นนายกรัฐมนตรี รอบปีที่ 4 ปีงบประมาณ 2510*. สำนักงบประมาณ（タノーム政権第4年目の成果）.
สำนักงานข้าหลวงใหญ่ผู้ลี้ภัยแห่งสหประชาชาติ. 2563. *รายงานประจำปี 2562.* สำนักงานข้าหลวงใหญ่ผู้ลี้ภัยแห่งสหประชาชาติ（2019年タイ国連難民高等弁務官事務所年次報告書）
สำนักงานเลขาธิการสภาการศึกษา. 2561. *สถิติการศึกษาของประเทศไทยปีการศึกษา 2559-2560.* สำนักงานเลขาธิการสภาการศึกษา（2016-17年タイ教育統計）
สำนักงานเลขาธิการสภาผู้แทนราษฎร. 2557. *Academic Focus เมษายน 2557: โครงการจำนำข้าว.* สำนักงานเลขาธิการสภาผู้แทนราษฎร（籾米担保融資制度）.
สำนักงานสถิติแห่งชาติ. 2555. *สำมะโนประชากรและเคหะ พ.ศ. 2553*. สำนักงานสถิติแห่งชาติ（2010年人口センサス）.
สำนักงานสถิติแห่งชาติ. 2563. *สรุปผลการสำรวจภาวะการทำงานของประชากร (เดือนมกราคม พ.ศ. 2557)* สำนักงานสถิติแห่งชาติ（国民就業調査　2020年1月版）.
สำนักนายกรัฐมนตรี. 2535. *๖๐ ปีสำนักนายกรัฐมนตรี*. สำนักนายกรัฐมนตรี（総理府60周年記念）.
สำนักบริหารแรงงานต่างด้าว. 2563. *สถิติจำนวนคนต่างด้าวที่ได้รับอนุญาตทำงานคงเหลือทั่วราชอาณาจักรประจำเดือนธันวาคม* 2562. สำนักบริหารแรงงานต่างด้าว（全国外国人労働者数統計2019年12月）
สำนักยุทธศาสตร์และประเมินผล. ม.ท. *สถิติ กรุงเทพมหานคร 2562*, สำนักยุทธศาสตร์และประเมินผล（2019年バンコク統計）.
สุเนตร ชุตินธรานนท์ (บรรณาธิการ). 2556. *ไทยในสายตาเพื่อนบ้าน*. จุฬาลงกรณ์มหาวิทยาลัย（近隣諸国から見たタイ）.
สุเนตร ชุตินธรานนท์ และคณะ. 2557. *ชาตินิยมในแบบเรียนไทย* มติชน（タイ教科書のナショナリズム）.

パースック・ポンパイチット&クリス・ベーカー（北原淳・野崎明監訳）．2006．『タイ国——近現代の経済と政治——』刀水書房．

林行夫．2000．『ラオ人社会の宗教と文化変容　東北タイの地域・宗教社会史』京都大学学術出版会．

船津鶴代・永井史男編．2012．『変わりゆく東南アジアの地方自治』アジア経済研究所．

水野浩一．1977．『タイ農村の社会組織』創文社．

村嶋英治．1996．『ピブーン　独立タイ王国の立憲革命』岩波書店．

桃木至朗他編．2008．『新版　東南アジアを知る事典』平凡社．

Aldrich, Richard J. 1993. *The Key to the South: Britain, the United States, and Thailand during the Approach of the Pacific War, 1929-1942.* Oxford University Press.

Bangkok Post (online edition).

Carter, A. Cecil ed. 1988 (1904). *The Kingdom of Siam 1904.* The Siam Society (reprint).

Deep South Watch. 2020. *Summary of Incidents in Deep Southern Thailand, September 2020.* Deep South Watch.

Government of Thailand. 1968. *Thailand Official Year Book 1968.* Government of Thailand.

Grossman, Nicholas ed. 2009. *Chronicles of Thailand: Headline News since 1946.* Editions Didier Millet.

Keyes, Charles. 2014. *Finding Their Voice: Northeastern Villagers and the Thai State.* Silkworm Books.

May Kyi Win & Harold E. Smith. 1995. *Historical Dictionary of Thailand.* Scarecrow Press.

Ministry of Transport. *Transport Statistics.* (各年版) Ministry of Transport.

Nation, The (online edition).

National Statistical Office. *Statistical Yearbook of Thailand.* (各年版) National Statistical Office.

Sng, Jeffery & Pimpraphai Bisalputra. 2015. *A History of the Thai-Chinese.* Editions Didier Millet.

Wright, Arnold & Oliver T. Breakspear. 1994 (1903). *Twentieth Century Impressions of Siam: Its History, People, Commerce, Industries, and Resources.* White Lotus (reprint).

กรมวิชาการ. 2527. *แนวพระราชดำริเก้ารัชกาล*. กรมวิชาการ（9代の国王の思想）.

กระทรวงคมนาคม. 2552. *รายงานประจำปี 2551*. กระทรวงคมนาคม（2008年運輸省年次報告書）.

กรุงเทพธุรกิจ (ออนไลน์)（クルンテープ・トゥラキット）.

กิตติพงศ์ สนธิสัมพันธ์. 2553. *Red Why: แดง...ทำไม.* โอเพ่นบุ๊กส์（赤シャツ派の謎）.

คณะกรรมการจัดทำรายงานแสดงผลการดำเนินการของคณะรัฐมนตรีตามแนวนโยบายพื้นฐานแห่งรัฐ. 2547. *4 ปีซ่อมประเทศไทยเพื่อคนไทยโดยรัฐบาลพันตำรวจโท ทักษิณ ชินวัตร (ปี 2544-2548).* คณะกรรมการจัดทำรายงานแสดงผลการดำเนินการของคณะรัฐมนตรีตามแนวนโยบายพื้นฐานแห่งรัฐ（タックシン政権によるタイ人のための修復の4年間）.

คณะกรรมการดำเนินการจัดงาน 20 ปี 6 ตุลา. 2539. *20 ปี 6 ตุลา.* มหาวิทยาลัยธรรมศาสตร์（10月6日事件20周年）.

คณะอนุกรรมการพิจารณาจัดพิมพ์หนังสือและอนุสรณ์เนื่องในพระราชทานเพลิงศพ ฯพณฯ จอมพล สฤษดิ์ ธนะรัชต์. 2507. *ประวัติและผลงานของจอมพล สฤษดิ์ ธนะรัชต์.* คณะอนุกรรมการพิจารณาจัดพิมพ์

参考文献

ここでは文献案内に載せた本以外の主要参考文献・資料を示す。

『朝日新聞』

石井米雄．2015.『もうひとつの「王様と私」』めこん.

石井米雄・桜井由躬雄編．1999.『東南アジア史Ⅰ　大陸部』山川出版社.

石川幸一・清水一史・助川成也編．2013.『ASEAN経済共同体と日本　巨大統合市場の誕生』文眞堂.

外務省領事局政策課.『海外在留邦人数調査統計（各年版）』外務省領事局政策課.

柿崎一郎．2011.『東南アジアを学ぼう　「メコン圏」入門』筑摩書房.

――――．2014.『都市交通のポリティクス　バンコク1886～2012年』京都大学学術出版会.

加納啓良．2014.『【図説】「資源大国」東南アジア　世界経済を支える「光と陰」の歴史』洋泉社.

北原淳編．1989.『東南アジアの社会学　家族・農村・都市』世界思想社.

国際交流基金編．2020.『海外の日本語教育の現状　2018年度日本語教育機関調査より』国際交流基金.

櫻井義秀・道信良子編．2010.『現在タイの社会的排除　教育、医療、社会参加の機会を求めて』梓出版社.

柴山信二朗．2009-2020.「タイ南部国境地域事情　その1～その53」『タイ国情報』43(5)-54(5).

末廣昭編．1998.『タイの統計制度と主要経済・政治データ』アジア経済研究所.

末廣昭．2006.『ファミリービジネス論　後発工業化の担い手』名古屋大学出版会.

末廣昭・南原真．1991.『タイの財閥　ファミリービジネスと経営改革』同文舘.

末廣昭・安田靖．1987.『タイの工業化　NAICへの挑戦』アジア経済研究所.

総務省統計局.『世界の統計（各年版）』総務省統計局.

竹口美久．2014.「タイの外国人労働者（1）～（3）」『タイ国情報』48(3)-(5).

玉田芳史．2010.「司法による政治統制：はじめの一歩」『タイ国情報』44(6).

――――．2011.「なぜカンボジアと諍いを起こすのか」『タイ国情報』45(2).

――――．2012.「民主主義と王室をめぐって」『タイ国情報』46 (2).

――――．2014.「講演録　タイ政治の民主化：政治混乱の歴史的背景」『タイ国情報』48 (6).

玉田芳史・船津鶴代編．2008.『タイ政治・行政の変革　1991－2006年』アジア経済研究所.

チャーンウィット・カセートシリ編（吉川利治訳）．2007.『アユタヤ』タイ国トヨタ財団.

『日本経済新聞』

ノスティック，ニック（大野浩訳）．2012, 2014.『赤VS黄　第1、2部』めこん.

遠藤環. 2011.『都市を生きる人々 バンコク・都市下層民のリスク対応』京都大学学術出版会.
大泉啓一郎. 2007.『老いてゆくアジア』中央公論新社.
————. 2011.『消費するアジア』中央公論新社.
柿崎一郎. 2010.『王国の鉄路 タイ鉄道の歴史』京都大学学術出版会.
加藤和秀. 1996.『タイ現在政治史 国王を元首とする民主主義』弘文堂.
柴田直治. 2010.『バンコク燃ゆ——タックシンと『タイ式』民主主義』めこん.
末廣昭. 1993.『タイ 開発と民主主義』岩波書店.
———. 2009.『タイ 中進国の模索』岩波書店.
玉田芳史. 2003.『民主化の虚像と実像 タイ現代政治変動のメカニズム』京都大学学術出版会.
外山文子. 2020.『タイ民主化と憲法改革 立憲主義は民主主義を救ったか』京都大学学術出版会.

社会・文化

飯田淳子. 2006.『タイ・マッサージの民族史——「タイ式医療」生成過程における身体と実践』明石書店.
石井米雄. 1991.『タイ仏教入門』めこん.
伊東照司. 2007.『東南アジア美術史』雄山閣.
岩城考信. 2008.『バンコクの高床式住宅——住宅に刻まれた歴史と環境』風響社.
重富真一. 1996.『タイ農村の開発と住民組織』アジア経済研究所.
菱田慶文. 2014.『ムエタイの世界 ギャンブル化変容の体験的考察』めこん.
村田翼夫. 2007.『タイにおける教育発展 国民統合・文化・教育協力』東信堂.
山田均. 2003.『世界の食文化 タイ』農山漁村文化協会.

語学・文学

宇戸清治. 1992.『やさしいタイ語 文字の読み書き』大学書林.
宇戸清治訳. 2012.『現代タイのポストモダン傑作短編集』大同生命国際文化基金.
宇戸清治・川口健一編. 2001.『東南アジア文学への招待』段々社.
冨田竹二郎編. 1997.『タイ日大辞典』日本タイクラブ.
松山納. 1998.『タイ日・日タイ 簡約タイ語事典（合本）』大学書林.
三上直光. 2002.『タイ語の基礎』白水社.
水野潔. 2007.『ニューエクスプレス タイ語』白水社.

日タイ関係

赤木攻. 1992.『タイの永住日本人』めこん.
石井米雄・吉川利治編. 1987.『日・タイ交流六〇〇年史』講談社.
西野順次郎. 1984.『新版増補 日・タイ四百年史』時事通信社.

文献案内

タイのことをさらに知りたい人のために、日本語で書かれた一般書を中心に、
タイに関する基本的な本を分野別にまとめた。

全般

［概説書］

赤木攻監修．2010．『タイ検定』めこん．

綾部恒雄・石井米雄編．1995．『もっと知りたいタイ　第2版』弘文堂．

綾部真雄編．2014．『タイを知るための72章　第2版』明石書店．

［事典］

石井米雄・吉川利治編．1993．『タイの事典』同朋舎．

日本タイ学会編．2009．『タイ事典』めこん．

［雑誌］

『タイ国情報』日本タイ協会．

『年報タイ研究』日本タイ学会．

地理・歴史

飯島明子・小泉順子編．2020．『世界歴史大系　タイ史』山川出版社．

石井米雄．1999．『タイ近世史研究序説』岩波書店．

柿崎一郎．2007．『物語　タイの歴史』中央公論新社．

――――．2014．『タイ謎解き散歩』KADOKAWA．

小泉順子．2006．『歴史叙述とナショナリズム――タイ近代史批判序説』東京大学出版会．

田坂敏雄編．1998．『アジアの大都市（1）　バンコク』日本評論社．

友杉孝．1994．『図説　バンコク歴史散歩』河出書房新社．

トンチャイ・ウィニッチャクン（石井米雄訳）．2003．『地図がつくったタイ――国民国家誕生の歴史』明石書店．

吉川利治．2011．『泰緬鉄道――機密文書が明かすアジア太平洋戦争――』雄山閣．

「特集　バンコク――国際化の中の劇場都市」『アジア遊学』57（2003）．

政治・経済

赤木攻．2019．『タイのかたち』めこん．

赤木攻．2008．『復刻版　タイの政治文化――剛と柔――』エヌ・エヌ・エー．

遠藤元．2010．『新興国の流通革命　タイのモザイク状消費市場と多様化する流通』日本評論社．

わ

や

ら

ま

な

は

た

さ

か

索引

略語

あ

柿崎一郎（かきざき・いちろう）　横浜市立大学国際教養学部教授　1971年生まれ。1999年東京外国語大学大学院地域文化研究科博士後期課程修了。横浜市立大学国際文化学部専任講師、同助教授、同国際総合科学部准教授、同教授を経て2019年より現職。博士（学術）。
第17回大平正芳記念賞（『タイ経済と鉄道1885～1935年』）、第2回鉄道史学会住田奨励賞（『鉄道と道路の政治経済学　タイの交通政策と商品流通　1935～1975年』）、第40回交通図書賞（『都市交通のポリティクス　バンコク1886～2012年』）、第30回大同生命地域研究奨励賞（「タイを中心とする東南アジアの交通・鉄道に関する社会経済的実証研究」）を受賞。
主要著書　『タイ経済と鉄道　1885～1935年』（日本経済評論社、2000年）、『物語　タイの歴史』（中公新書、2007年）、『鉄道と道路の政治経済学　タイの交通政策と商品流通　1935～1975年』（京都大学学術出版会、2009年）、『都市交通のポリティクス　バンコク1886～2012年』（京都大学学術出版会、2014年）、『タイ鉄道と日本軍　鉄道の戦時動員の実像　1941～1945年』（京都大学学術出版会、2018年）など。

アジアの基礎知識 1

タイの基礎知識

初版第1刷発行 2016年4月20日
初版第2刷発行 2021年3月10日

定価2000円+税

著者	柿崎一郎©
装丁	菊地信義
発行者	桑原晨
発行	株式会社めこん
	〒113-0033 東京都文京区本郷3-7-1 電話 03-3815-1688　FAX 03-3815-1810 ホームページ　http://www.mekong-publishing.com
組版	字打屋
印刷	株式会社太平印刷社
製本	株式会社新里製本所

ISBN978-4-8396-0293-2　C0330　¥2000E　0330-1602293-8347